国家社科基金
后期资助项目

消费品市场漂绿问题及治理

Greenwashing and Its Governance of
Consumer Product Market

杨 波 / 著

社会科学文献出版社
SOCIAL SCIENCES ACADEMIC PRESS (CHINA)

国家社科基金后期资助项目
出版说明

后期资助项目是国家社科基金设立的一类重要项目，旨在鼓励广大社科研究者潜心治学，支持基础研究多出优秀成果。它是经过严格评审，从接近完成的科研成果中遴选立项的。为扩大后期资助项目的影响，更好地推动学术发展，促进成果转化，全国哲学社会科学规划办公室按照"统一设计、统一标识、统一版式、形成系列"的总体要求，组织出版国家社科基金后期资助项目成果。

全国哲学社会科学规划办公室

摘 要

20世纪80年代后半期兴起的绿色消费运动对消费者的消费活动、企业的生产活动、政府的相关政策影响深远。受利益诱导，一些企业和组织开始误导、夸大甚至捏造其产品或服务的环保特性，这一行为被称为漂绿。漂绿现象在商品市场、资本市场和政治市场上都会出现，以商品市场特别是消费品市场为主。西方发达国家治理漂绿多年，取得了一些成效，也面临着严峻的挑战，并没有从根本上遏制漂绿现象增加的势头。漂绿在我国出现较晚，但蔓延速度很快。深刻分析漂绿这种新的经济现象，把握其规律，实现有效治理，成为摆在我们面前的重要课题。我国绿色经济和生态文明的建设才起步，这一问题的解决显得更为紧迫。

本书首先对漂绿的生成与演化、漂绿对绿色消费品市场和绿色消费的影响进行了理论和实证研究，对漂绿在中国的本土特征和出现的深层次原因进行了分析。绿色消费的勃兴是漂绿的诱发因素，漂绿的生成原因有三类：外部驱动因素、企业组织内部的因素、决策者个体的心理因素。纵向来看，漂绿表现形态的演化是一个协同演化的过程，反映了企业、政府、公益性社会组织、消费者四个子系统之间的长期反馈关系。横向来看，漂绿表现形态多样性的外部原因有绿色偏好、监管环境和绿色技术的差异；内部原因是企业的异质性。漂绿目前在我国表现出以下本土特征：多集中于食品、家具等行业，呈现出行业性高发的特征；多采取公然欺骗或购买绿色标识等比较直接的方式；被公众识别后继续漂绿成为常态。我国消费品市场漂绿问题的深层原因包括文化、制度和环境的原因。在此基础上，本书分析了生产商和中间商漂绿的不良影响，并以生态标签存在漂绿为例，分析了存在漂绿现象的市场运行和消费者的行为选择，证实了漂绿会通过降低绿色信任和增加绿色搜寻成本两条路径，来降低消费者的绿色消费倾向。

其次，对漂绿的治理方式和治理机理进行了理论分析。市场、政府、第三部门及企业社会责任在漂绿治理中各有其优势，也需要满足不同的条件。在市场体系比较完备的情况下，市场治理漂绿具有成本低和自运行的优势；政府规制效率比较高，特别在处理代表性漂绿事件中具有优势；第三部门治理的优势在于能有效深入民间，凝聚各种社会资本，整合各阶层的利益要求及资源；企业社会责任则有自发性和低成本的优势。本书分别对四种市场治理方式、两类政府规制措施、以及第三部门、企业社会责任等治理漂绿的条件和机理进行了研究。为了实现对漂绿的有效治理，需要市场、政府、第三部门、企业联合起来，以获得治理的协同效应。

最后，对西方发达国家和我国治理漂绿的实践进行了分析和对比，并提出相应的政策建议。漂绿在西方发达国家出现了两个新动向：伪造和模仿标签大量出现；企业和非盈利性组织合谋导致的漂绿增多，出现治理者被"俘虏"的现象。西方发达国家在治理漂绿方面获得了一定的成效，其经验有：不断完善法律法规，为治理漂绿奠定了制度基础；严格依法监管，培育了治理漂绿的良好环境；政府积极引导，市场和行业协会充分发挥作用，保证了绿色认证行业的规范运行；充分发挥环保和消费者 NGO 的积极作用。但也面临以下挑战：现行法律体系决定或可通过诉讼的方式对漂绿进行惩罚，但实施成本高；企业社会责任对漂绿的事前防范作用有限，约束力不足；NGO 对漂绿的治理取决于多种因素，具有较大的不确定性。漂绿在我国尚处于发展的初期阶段，且没有受到强有力的约束和治理。我国治理漂绿可以按照以下思路进行：培育各种治理方式充分发挥作用的条件，为治理漂绿奠定现实基础；现阶段以政府规制为主，政府、市场、第三部门和企业协同互动，逐步实现多中心治理。提出了我国治理漂绿的具体对策：完善相应立法；强化政府规制；培养企业的环境社会责任；培育生态公民；回归第三部门的民间性质，在规范的基础上发挥其积极作用。

关键词： 消费品市场　漂绿　绿色消费　治理

Abstract

Green consumption activity rising from the second half of the 1980s made deep effect on consumers' consumption, firms' production, government's policy. Some firms and organizations began to mislead, exaggerate or fabricate its product's environmental characteristics. This phenomenon is calledgreenwashing. Greenwashing appears in commodity market, capital market and politics market. Western developed countries made some results in greenwashing governance. However, they can't fundamentally stem greenwashing. Greenwashing appears in China very late, but spreads quickly. To analyze greenwashing, realize effect governance is a very important problem.

First, the book made theoretical and empirical research on generation and revolution ofgreenwashing, affection on green consumer consumption and green product market. Rising of green consumption is the inducing factors of greenwashing, and the main reason of greenwashing includingexternal driving factors, internal factors and decision maker's psychological factors. Vertically, greenwashing revolution is a co-evolution process, reflecting the feedback relationship of the firms, government, social organizations and consumers. Laterally, the diversity of greenwashing is derived from green preference, governance environment and the green technology difference, the firms' heterogeneity. The characteristics of greenwashing in China including greenwashing mainly appears in product and furniture industry, mainly use way of cheating publicly or buying eco-label, greenwash repeatedly. The reason of greenwashing in China include culture, system, and environment. The book also analyzed the bad influence of producer and middleman greenwashing, discussed the greenwashing market running and behavior choice of consumers, confirmed greenwashing reduce green trust and increase green searching cost, to realize reduce consumers' green consumption tendency.

Second, the book analyzed the governance patterns and mechanism ofgreenwashing. Market, government, the third department, CSR also has privilege in greenwashing governance, also need to meet some conditions. If the market system is complete, market's governance on greenwashing have advantage of low cost and running automatically, government have the advantage of high efficiency, the third department has the advantage of integrate social capital and the interest requirements form different class, CSR has the advantage of low cost and running automatically. The book discussed the four ways' condition and mechanism in greenwashing governance. To get effective governance, we should unite market, government, the third department, and enterprises.

Lastly, the book analyzed thegreenwashing governance in western developed countries and China, gave some suggestions. Greenwashing had two trend in western developed countries, including fake and imitation the eco – label, the enterprise uniting non – profit organization to greenwash. The experience of western developed countries including continuously completing law and regulation to lay the institutional basis, strictly regulating to cultivate good environment, actively guiding to make the green certification industry run rightly, playing the active function of environment protecting organization and consumer NGO. However, western developed countries also faced some challenges, including the working cost is very high in current law system, CSR having limited function in greenwashing guarding against, NGO having large uncertainty in greenwashing governance. Greenwashing is in early stage of development in China, and hasn't got powerful restriction and governance. We can regulate greenwashing along the way of thinking, cultivate the condition for all governance patterns to run effectively, let government governance as main way and let government, market and the third department collaborative interaction, to realize Polycentric governance step by step. The book also gave some suggestions on greenwashing governance, make relevant law perfect, strengthening government regulation, cultivate firms' CSR, cultivate ecological citizens, restore the private property of the third department to specify and play its role.

Key Words: Consumer Product Market   Greenwashing   Green Consumption   Governance

目　录

第1章　导论 …………………………………………………… 1
　一　问题的提出 ………………………………………………… 1
　二　文献回顾 …………………………………………………… 3
　三　研究意义 …………………………………………………… 9
　四　总体框架、研究方法和可能的创新 …………………… 10

第2章　绿色消费的勃兴与漂绿的生成和演化 …………… 13
　一　绿色消费诱发漂绿出现 ………………………………… 13
　二　漂绿的生成分析 ………………………………………… 17
　三　漂绿的形态多样性及演化：历时与共时的分析 ……… 32
　四　我国消费品市场漂绿问题的深层次原因探析 ………… 38

第3章　漂绿对绿色产品市场和绿色消费的影响 ………… 46
　一　生产商漂绿对消费者和绿色产品市场的影响：负的内部性
　　　和柠檬效应 ……………………………………………… 46
　二　中间商漂绿对消费者和绿色产品市场的影响：以大型零售商
　　　为例 ……………………………………………………… 52
　三　存在漂绿现象的市场中消费者的行为选择：以食品生态标签存在
　　　漂绿为例 ………………………………………………… 58
　四　漂绿抑制绿色产品消费的路径 ………………………… 70
　五　我国消费者对漂绿的认知及漂绿对绿色消费意愿的影响 …… 81

第4章　漂绿的治理方式与治理机理 ……………………… 90
　一　市场治理 ………………………………………………… 90
　二　政府规制 ………………………………………………… 102
　三　第三部门治理 …………………………………………… 115
　四　企业社会责任治理 ……………………………………… 121

五　几种治理方式在治理漂绿中的关系：多中心的视角 …………… 124

第5章　西方发达国家治理消费品市场漂绿的实践与挑战 ……… 128
　　一　西方发达国家治理消费品市场漂绿的成效与漂绿的新动向 …… 128
　　二　西方发达国家治理消费品市场漂绿的经验 …………………… 135
　　三　西方发达国家治理消费品市场漂绿面临的挑战 ……………… 140

第6章　我国消费品市场漂绿治理的思路、制度与对策 ………… 143
　　一　我国消费品市场漂绿的治理现状：基于典型案例的分析 …… 143
　　二　我国消费品市场漂绿的治理思路与对策 ……………………… 146

第7章　总结与展望 ……………………………………………………… 154
　　一　本书研究的贡献与局限性 ……………………………………… 154
　　二　未来的研究方向 ………………………………………………… 158

附录
　　PART 260 – GUIDES FOR THE USE OF ENVIRONMENTAL
　　MARKETING CLAIMS ……………………………………………… 160

参考文献 ………………………………………………………………… 190

索　引 …………………………………………………………………… 203

Contents

Chapter 1 Introduction / 1
1. Problem Presentation / 1
2. Literature Review / 3
3. Research Significance / 9
4. General Framework, Research Method and Possible Innovation / 10

Chapter 2 The Rise of Green Consumption and the Generation and Revolution of Greenwashing / 13
1. Green Consumption Induces Greenwashing / 13
2. The Generation of Greenwashing / 17
3. The Diversity and Revolution of Greenwashing: From the Diachronic and Synchronic Aspects / 32
4. The Reasons of Chinese Consumption Product Greenwashing / 38

Chapter 3 The Impact of Greenwashing on Green Product Market and Green Consumption / 46
1. How Producer's Greenwashing Affects Green Consumers and Green Product: Negative Internality and Lemon Effect / 46
2. How Middleman's Greenwashing Affects Consumer and Green Product Market: Take the Big Retailer as an Example / 52
3. Consumers' Behavior Choice in Greenwashing Market: Greenwashing in Eco-label as an Example / 58
4. Path of Greenwashing Restrains Green Product Consumption / 70
5. Cognition of Chinese Consumers to Greenwashing and How Greenwashing Affects Green Product Consumption / 81

Chapter 4 Governance Pattern and Mechanism of Greenwashing / 90
1. Market Governance / 90

2. Government Regulation / 102

3. The Third Department Governance / 115

4. CSR Governance / 121

5. Relationship of Main Governance Pattern in Greenwashing Governance: From the Multicenter Aspect / 124

Chapter 5 Practice and Struggle of Governing Greenwashingin Consumer Product Market in Western Countries / 128

1. Effect and New Trends of Governing Greenwashingin Consumer Product Market in Western Countries / 128

2. Experience of Governing Greenwashingin Consumer Product Market in Western Countries / 135

3. Struggle of Governing Greenwashingin Consumer Product Market in Western Countries / 140

Chapter 6 Thinking, Institution and Countermeasures of Chinese Consumer Product Market Greenwashing Governance / 143

1. GovernanceStatus in Chinese Consumer Product: Based on Typical Case / 143

2. Thinking and Countermeasures of Greenwashing Governance in Chinese Consumer Product Market / 146

Chapter 7 Conclusion and Prospect / 154

1. Contributions and Limitations / 154

2. Future Research Direction / 158

Appendix

Part 260 - GUIDES FOR THE USE OF ENVIROMENTAL MARKETING-CLAIMS / **160**

Reference / 190

Index / 203

第 1 章　导论

进入工业文明后，人类在创造出巨大物质财富的同时，也付出了巨大的资源和环境代价。资源和环境的压力促使各国政府、企业和消费者开始关注绿色生产和绿色消费，这一趋势在20世纪80年代之后表现得越发明显。20世纪80年代后半期，英国率先掀起了"绿色消费者行动"。后来这一运动席卷欧美各国，对消费者的消费活动、企业的生产活动、政府的相关政策影响深远。受利益诱导，一些企业和组织开始误导、夸大甚至捏造其产品或服务的环保特性，这一行为被称为漂绿（Greenwashing），[①] 这种现象在消费品市场中表现尤为突出（Scot Case，2010）。根据漂绿行为的最新进展，漂绿在资本市场、政治市场上也会出现，本书将研究范围界定在消费品市场。[②] 漂绿损害消费者利益，对绿色产品（含服务，下同）的市场运行、绿色产品的消费，进而对绿色产品生产都产生了严重的冲击，最终影响绿色经济的实现（Ed Gillespie，2008）。漂绿在我国出现较晚，但发展速度很快。党的十八大报告首次单篇论述"生态文明"，提出"推进绿色发展，建设'美丽中国'"。研究消费品市场中漂绿这种新的经济现象的危害，分析漂绿的治理以保证绿色经济的实现和生态文明的建设，无论对理论创新还是指导实践都具有重要意义。本章在提出本书研究问题的基础上，说明研究的理论意义和现实意义，并对总体框架、方法和创新点进行论述。

一　问题的提出

人类社会正在进入生态文明时代，绿色经济则是人类发展的全球共识

---

① 漂绿是由"绿色"（Green，象征环保）和"漂白"（Whitewash）合成的一个新词，由美国环保人士 Westertveld 于1986年创造，用来讽刺当时一些酒店环保措施不力，却在店内鼓吹环保的行为。该词1991年在一本名为 *Mother Jones* 的左翼杂志中作为文章标题而广为人知。漂绿有企业和产品两个层面，与当前主流研究方向相一致，本书讨论的是产品层面的漂绿。
② 在资本市场上，有的企业进行漂绿，以获得倾向环保的资金的青睐；在政治市场上，一些政治人物也进行漂绿，以获得倾向环保的选民的拥护。

和发展方向。生态文明是对农业文明和工业文明的扬弃，是对人与自然关系的修复和发展。关注自然，关注生态，追求人与自然的和谐相处，实现人类社会的可持续发展，是这一时代显著的标志。在这一背景下，绿色经济的理念和发展模式逐步形成。绿色经济遵循生态规律和经济规律，发展生产，保护生态，培植可再生资源，提供人类社会需要的物质财富和优美环境，把经济发展调整到良性生态循环和经济循环的轨道上，形成经济效益、生态效益、社会效益的有机统一。

绿色产品市场的良好运行是实现绿色经济发展模式的重要基础。绿色产品市场的产生和发展反映了人们在消费领域里环境保护意识的觉醒，它的良好运行对于通过经济手段激励绿色产品的生产、保护绿色消费者的利益、促进绿色产品消费具有重要意义。绿色产品消费以保护生态环境为出发点，强调人类的消费行为与自然环境相和谐，与人类社会的可持续发展相统一，与经济的可持续发展相适应。绿色产品消费通过对生产的引导实现绿色经济。没有绿色产品市场的良好运行，没有绿色产品的生产和消费，绿色经济就无从谈起。

漂绿的出现对绿色产品市场、绿色产品消费、绿色产品生产，进而对绿色经济发展模式产生了阻碍和破坏作用。20世纪80年代以来，由于绿色溢价，绿色商品价格普遍高于非绿色商品，但人们对绿色商品的需求增长依然强劲。这客观上助长了漂绿现象在世界范围的蔓延。西方发达国家治理漂绿多年，取得了一些成效，也面临着严峻的挑战，并没有从根本上遏制漂绿现象增加的势头。以北美市场为例，著名的环境营销公司 Terra Choice 对北美市场 2007 年的调查发现，1018 件宣称有环保性能的产品，仅有 1 件没有涉嫌漂绿；2009 年针对 2739 件商品的再次调查发现，仅有 6 种产品没有涉嫌漂绿；2010 年针对 4744 件产品的调查发现，有 21 件产品没有涉嫌漂绿。虽然涉嫌漂绿的比率有所下降，但仍然处于较高水平。与西方发达国家相比，漂绿现象在我国出现较晚，但问题已经比较严重，发生了一系列重大事件，如重庆沃尔玛销售假绿色猪肉、贵州茅台酒有机原料涉嫌漂绿等。零点研究咨询集团董事长袁岳指出："2009 年上半年，稍有实力的企业都一哄而上，开始宣传自己的环保行为。从总体来看，目前企业宣传环保以忽悠为主，自己声称的东西大多缺乏对应的标准。宣称要用环保技术进行企业更新换代的，却只听到口号，更像是在玩概念。"漂绿会抵消人们对环境保护的种种努力，破坏生态环境（Greenpeace,

1992），也会使绿色产品市场出现逆向选择，不利于绿色产品消费和绿色产品生产。因此，世界各国都非常重视对漂绿的治理（毕思勇、张龙军，2010）。我国绿色经济才刚刚起步，这一问题的解决显得更为紧迫。

本书着重考察以下几个问题。

（1）漂绿如何随绿色消费出现，为什么出现以及其如何演化发展，我国消费品市场漂绿现象的深层次原因有哪些。

（2）漂绿对绿色市场运行和绿色产品生产有哪些负面影响，漂绿阻碍绿色产品消费的路径以及对消费者行为的影响：理论与实证。

（3）市场、政府、第三部门和企业社会责任四种途径治理漂绿的实现条件和实现机理。

（4）西方发达国家治理漂绿的经验与面临的挑战；漂绿在中国的治理现状，以及我国治理漂绿的思路与对策。

二 文献回顾

20世纪90年代，关于漂绿的外文文献开始出现，主要分布在经济学和管理学两个领域。我国对漂绿的介绍和研究则始于2008年。① 总体而言，漂绿是一种比较新的经济现象，虽然这种现象非常普遍，但国内外的相关文献并不多，国内的研究则刚刚开始。② 现有的相关研究主要从以下几个方面展开。

漂绿是一种随绿色消费潮流出现的经济现象，关于漂绿的界定在学术界尚未达成共识。③ Lyon & Maxwell（2004）认为漂绿是指一些企业、政府或其他组织对外宣称环保，实际上却反其道而行之。Horiuchi & Schuchard（2009）则认为即使没有破坏环境，但在环保方面只要做的比说的少，就是漂绿。Delmas & Durbano（2011）支持这一观点，并将漂绿总结为"实际环境绩效表现差，却宣称其环境绩效良好"。《牛津简明英语词

---

① 国内第一篇介绍漂绿的文献刊登在《商学院》2008年第2期，2009年《南方周末》的系列相关报道和漂绿榜则将漂绿带入公共视野。
② 笔者以"漂绿"作为关键词对中国学术期刊网截至2013年6月的数据库进行了查询，发现以漂绿为主题发表在中文核心期刊上的共有12篇论文；笔者以"Greenwash"作为关键词对CASHL外文数据库进行模糊查询，发现截至2012年12月，以漂绿为主题发表在外文核心期刊上的英文论文共有25篇。
③ Westertveld在创造漂绿一词时，并没有给出定义。

典》1990年版借鉴了以上观点，将漂绿界定为"为呈现对环境负责的公众形象，一个组织编造虚假信息的行为"。Bazillier（2007）则将漂绿的范畴扩展到组织传递含糊不清的环境信息，引起消费者误解的情况。Laufer（2003）将混淆（Confusion）、掩饰（Fronting）、忸怩作态（Posturing）作为构成漂绿的三个关键要素，这一观点被学术界广泛接受。Lyon & Maxwell（2011）认为"歪曲信息"是以上对漂绿界定的最核心要素，因此可以将漂绿看作"选择性地发布组织正面的环境信息，有意掩饰负面环境信息"。虽然有些分析将漂绿主体泛化到个人——如政治人物，但是现有的主流文献主要是在两个层面上讨论漂绿现象：企业（组织）层面和产品层面。组织层面的漂绿是指企业或组织对外宣称开展或参与一些环保公益活动，但实际行动却与之相冲突（Beers & Capellaro, 1991）。[①] 产品层面的漂绿是指企业或组织误导、夸大甚至捏造产品或服务的环保特性。当前，几乎所有的文献讨论的都是产品层面的漂绿现象（Delmas & Durbano, 2011），这不仅是因为产品层面的漂绿比较常见，而且因为产品层面的漂绿直接侵害消费者的权益，冲击绿色消费和绿色经济的发展，危害性较大。而企业层面的漂绿，其影响也可以最终归结到产品层面。在大量调查的基础上，Terra Choice公司（2009）总结了当前商品市场中漂绿行为的主要表现形式，已被广泛认可，包括公然欺骗、隐瞒弊端（如号称节能的电子产品其实含有危险物品）、举证不足（如洗发水广告上自称"被认证为有机产品"，但实际上没有出具可信的认证）、含糊不清（如有产品号称100%使用天然品，不含添加剂，但许多自然生成的物质如砷和甲醛是有毒的）、混淆视听（比如杀虫剂宣称"不含氯氟烃"，其实这种物质早已被禁用）、避重就轻（有些宣称环保的产品分散了消费者的注意力，从而使人忽视了该类产品整体形成的环境危害，如"有机"香烟或者"环保"杀虫剂）、自制像环保标识的标章，等等。

漂绿是一种迎合绿色消费需要却又欺骗消费者的行为，现有文献主要从企业利润最大化选择、信息、制度三个方面对漂绿的动因进行了探讨。

（1）漂绿是企业的理性选择。消费者偏好起到了重要的作用：对绿色产品的市场需求正持续增加，即使在经济不景气的条件下，绿色产品的需

---

① 企业层面漂绿的例子是通用电气公司对外宣称将启动"绿色创想计划"以提升公司的环境绩效，却极力反对美国环保署的《清洁空气法案》。

求依然旺盛。政府的鼓励也起到了助推的作用：环保产业、绿色产品在许多国家成为发展的重点领域，相关的企业往往会得到政府的环境补贴和政策倾斜（Horiuchi & Schuchard, 2009）。企业如果成功漂绿，可以扩大市场份额，击败竞争对手，还可以获得关注社会责任和环境保护的投资机构的青睐。企业承担企业社会责任动力不足的时候，漂绿的倾向就会比较强（Laufer, 2003）。在治理体系有漏洞或者监管不得力、不严格的情况下，漂绿的成本往往很低，漂绿成为追逐利润最大化企业的理性选择。漂绿可以看作虚假的绿色营销。对企业和消费者的完全信息博弈的分析表明，企业进行虚假绿色营销和真实绿色营销的利润差距越小，政府的处罚越重，进行虚假绿色营销的行为就越少，而我国现实中因法律和行政处罚的力度不足，企业虚假绿色营销盛行（黄中伟, 2004）。地方保护主义行为也是我国伪绿色产品泛滥的主要原因（王晓东, 2004）。绿色体系认证只能提升漂绿的成本，却很难让其完全消失。企业为获得环境标识上的"准租"而生产伪绿色产品（柳思维等, 2002）。企业伪社会责任的深思熟虑（PORE）模型表明，为追求经济利润，压力、借口、机会和曝光可能性小都可能成为漂绿的直接动因（肖红军等, 2013）。

（2）信息不对称是漂绿出现的重要原因。绿色产品具有信任品属性，即使在消费后，消费者也很难判断该产品是否环保，这一特征导致绿色产品在市场上虚假信息较多（Darby, 1973）。消费者的绿色知识不足加剧了这种状况（毕思勇、张龙军, 2010）。虽然绿色认证和绿色标识在绿色产品市场广泛使用，但信息不对称问题并没有得到完全解决：一方面，一些绿色标识和认证的认知度不高，消费者并不完全了解这些显示绿色的信号；另一方面，绿色标识和认证也有可能是虚假的（Kollman & Prakash, 2001）。更为严重的是，即使绿色认证是真实的，由于感知成本、消费者监督和惩罚方面的不同，企业会通过"象征贯标"与"实质贯标"的策略选择进行漂绿（Christmann & Talyor, 2006）。

（3）制度因素也是漂绿出现的重要原因。对工业化国家绿色广告的研究表明，由于缺乏有效的制度安排，企业普遍存在机会主义行为（Carlson et al., 1993）。在惩罚足够大时，强制性披露信息制度会比NGO监督更能有效地抑制伪绿色产品（Lyon & Maxwell, 2011）。目前各国的法律对漂绿的相关界定仍有模糊地带，一些企业借机进行漂绿（Ackerstein & Lemon, 1999）。道德是制度的重要形式之一，在中国的调查发现，企业家普遍认为漂绿仅是道德问题而非法律问题，而道德对此的约束力并不强（王豫刚，2008）。漂绿是一种商业欺诈，我国处于经济社会双转型的时期，商业欺诈是社会经济转型时期的伴生现象（宋则，1999）。

漂绿行为和绿色消费是直接对立和冲突的，它的出现冲击了绿色产品市场的运行，抑制了绿色消费。作为一种新的消费理念，绿色消费因强调消费过程中的环境保护而备受关注。1994年，UNEP的报告《可持续消费的政策因素》对绿色消费的定义为：提供服务以及相关产品以满足人类的基础需要，提高生活质量，同时使自然资源和有毒材料的使用量减少，使服务或产品的生命周期中所产生的废物和污染物最少，从而不危及后代的需求。虽然现有文献对绿色消费的本质归纳不完全一致：一些文献将绿色消费的本质特征归纳为"5R"原则，有的文献将绿色消费概括为"3E"原则和"3R"原则，但都认为绿色消费的核心和本质是鼓励消费者购买对环境污染最低的产品（高倩等，2008）。消费者的个人绿色消费行为极大地依赖于其生态知识、生态感情和意图（Chan & Lau，2000），也面临着多种障碍或有利条件（Tanner & Cast，2003）。消费者对绿色产品和绿色标识的认知和信赖程度是影响绿色消费的主要因素之一（王学评，2002）。在我国，绿色欺诈现象败坏了绿色产品的声誉，扰乱了绿色产品市场秩序，阻碍了绿色消费（牟晶，2006）。大量的调查表明，由于漂绿行为的蔓延，消费者对绿色声明会产生不信任感，是导致绿色消费态度 - 行为缺口的重要原因（Kapelus，2004）。漂绿导致消费者对绿色声明的不信任感，会对绿色消费产生直接和间接的负面影响（Chen & Chang，2012）。不仅如此，漂绿会误导消费者，直接降低消费者的福利状况（Greenpeace，1992）。基于信号传递理论的研究表明，如果虚假的绿色企业模仿真实的绿色企业进行环境信息披露，会形成混同均衡，使环境披露信号的作用无法发挥（吴红军，2010）。漂绿会导致绿色产品市场出现逆向选择，极端情况下会使绿色产品市场萎缩甚至消失（Polonsky et al.，2010）。中间商漂绿则会使流通系统的过滤作用失效，鼓励生产商的漂绿行为，进而影响绿色经济的实现（杨波，2010）。不仅如此，实证研究表明，漂绿很可能会影响企业自身的长期竞争力（肖红军等，2013）。

漂绿对绿色产品市场和绿色经济产生的危害性，使对其治理成为研究的重要问题。国外的学者主要对市场、行政、企业社会责任、第三部门几种治理漂绿的方式进行了分析。1992年，美国联邦贸易委员会就制定了

《环保营销指南》(简称《绿色指南》),明确规定了可以接受和不能接受的环境营销手法。该法律已经根据形势变化修订了 3 次。其他西方发达国家也出台了相近法律,这些法律对治理漂绿起到了积极作用。欧盟及其成员国有关漂绿广告等法律监管历程表明,《欧盟不公平商业行为指令》(the Unfair Commercial Practices Directive,UCPD)以及其他相关法律,实现了"最大协调"的立法模式,对治理漂绿起到了积极作用(Rohmer & Bardford,2007)。基于归因理论的研究分析了持续评级制度防范漂绿的作用机理,同时又认为持续评级制度的有效性尚未经受严格的实践检验(Parguel and Larceneus,2011)。对环保诉求和外部标签系统进行规范性管理,可以有效抑制漂绿(Kirchhoff,2000)。在经济全球化的大背景下,还需要全球生态标签网络的成员之间开展合作,以确保标准的建立和验证之间的协调(Case Scot,2010)。通过构建漂绿的理论模型发现,虽然环保机构可以对企业行为进行审查,并对只公布积极环境信息而刻意隐瞒消极方面的企业进行处罚,从而通过这些压力机制阻止企业的漂绿行为,却使得企业选择公开更少的环保绩效数据(Lyon & Maxwell,2011)。虽然当前企业社会责任的约束力不强,但加强企业社会责任的作用也是治理漂绿所需要的(Laufer,2003)。虽然西方发达国家对漂绿的治理取得了一些成绩,但漂绿仍然处于高发期,治理仍然任重道远(Case Scot,2010)。国内学者针对我国经济社会转型的特征和漂绿现状,也提出了一些治理措施。在组织合法性和利益相关者视角下的绿色广告监管模型基础上,提出从规制体系(法律体系)、规范体系(道德体系)和认知体系(社会认可体系)三个层面对漂绿进行监管(戴鑫,2010)。从内部治理和外部治理两个视角出发,提出实行压力治理、机会治理、借口治理和曝光治理等策略(肖红军等,2013)。应采取普及绿色产品知识、加强对消费者的绿色教育,制定科学的绿色标准,规范认证,实行绿色税收政策,扶持真正的绿色企业,加大对漂绿的监管处罚力度(周培勤,2009;毕思勇、张龙军,2010)。从生态公民的视角出发,提出培育生态公民是有效监管漂绿的基础,并借助调整适应理论和多中心治理理论,具体讨论了生态公民对漂绿实施有效监管的机理(陈宏波,2012)。漂绿会导致伪绿色产品泛滥,而伪绿色产品横行是市场秩序紊乱的一种表现。治理我国市场秩序的核心原则应当是在必要的法制行政管理以及制度完善的基础上,进行利益重构和协调,实现利益和谐以及利益和谐下的市场有序(纪宝成等,2003)。

同时，需要积极发挥行业协会的作用，支持绿色产品行业协会的自我监督和自我管理，形成行业自律体系（王德章等，2011）。同时，还需要构建适应市场经济和市场秩序的道德体系（徐从才等，2005）。但现有研究也指出，由于现行法律、监管等诸多方面的不足，漂绿在我国的监管治理明显滞后，存在大量空白区域（郑友德、李薇薇，2012）。

  以上对本书相关的主要文献进行了不完全的回顾。为了给本书提供一个相对全景式的文献基础，同时为了使研究者更好地把握文献，在回顾中又对检索到的文献进行了精简，因此上述综述内容难免遗漏一些文献。即使如此，以上回顾还是展示了漂绿的成因与危害、漂绿的治理等与本书主题密切相关的文献概况。从中可以得出以下几个方面的启示：①现有研究指出绿色消费的兴起是漂绿的最大诱因，并多角度地研究了为什么会出现漂绿这一经济现象，但现有分析均从经济学视角出发，把企业这一组织看作理性经济人来展开分析。考虑到企业的组织性质，有必要从组织内部来进一步研究这一问题，挖掘导致企业漂绿的管理和组织因素，以更全面地了解漂绿出现的原因。②现有的研究对漂绿的界定和形态表现已经有了比较充分的研究，但对于漂绿表现形态的变化，即漂绿的演化还需要进一步研究，以更好地把握漂绿形式的变化规律及其与绿色消费的关系。③现有研究指出了漂绿对绿色消费、绿色信任都有负面影响，但尚没有分析漂绿通过何种路径来影响绿色产品消费和绿色信任的文献，而这是把握两者之间关系的关键问题。④现有研究提出了多种治理漂绿的对策，对一些治理方式如持续性评级制度、政府监管的作用机理进行了研究，针对中国的研究则充分地考虑了我国处于经济社会双转型期间市场和社会所表现出的一些特征，但也有一些治理对策值得进一步讨论。首先，一些治理方式如市场、第三部门治理漂绿的作用机理还有待进一步深入分析；其次，现实中一般是多种治理方式并用，根据具体的经济社会条件和漂绿现象的特征，几种治理方式的关系如何处理还需要分析；最后，对于漂绿在西方发达国家的最新趋势和中国本土的特征还需要通过案例分析进行归纳，以便于恰当而不是盲目地借鉴西方的经验，科学地制定应对思路和措施，有效治理我国的漂绿问题。现有的研究，为本书研究的开展奠定了基础。本书试图在他们留下的思想空间里展开对漂绿与绿色消费的冲突及治理这一主题的研究。

三 研究意义

2009年6月，首届全球绿色经济峰会在天津通过了《天津宣言》，发出了以下呼吁："各国政府积极推行'绿色新政'，建立绿色市场，发展绿色贸易，大力促进绿色产业发展；全球企业自觉履行社会责任，应用绿色技术，生产绿色产品，加强绿色管理，注意保护生态环境、节约资源，维护与自然生态的平衡，保持与利益相关者的和谐；所有公民树立绿色理念，选择健康、文明、有利于节约资源和环境保护的生活方式和消费方式，主动参与推动绿色经济发展的社会活动。"这是在经济发展与资源环境的矛盾日趋尖锐的当下，人类社会取得的共识。我国高度重视绿色经济的发展：党的十五大报告明确提出实施可持续发展战略；党的十七大报告进一步明确提出了建设生态文明的新要求，并将到2020年成为生态环境良好的国家作为全面建设小康社会的重要要求之一；党的十八大报告首次单篇论述生态文明，首次把"美丽中国"作为未来生态文明建设的宏伟目标。作为一种仍在不断发展的新现象，漂绿对绿色消费方式、绿色经济产生了严重的冲击，已经成为绿色经济和绿色消费发展的一大阻碍。

对现有文献的评述表明，虽然关于漂绿的研究在逐渐增加，但现有文献特别是国内的研究并不多，对漂绿的理论分析在一些问题上仍需要探索和进一步深入。西方发达国家经过20多年的治理，漂绿现象仍没有从根本上得到控制，也部分反映了对漂绿的规律研究得不够，相应的治理措施不得力。我国正大力发展绿色经济，由于市场机制尚不够完善、相关法律法规不健全、社会监督力量弱化、企业社会责任约束力不足等诸多原因，漂绿这种不良的经济现象蔓延速度非常快，且具有一些独特的本土特征，加上我国处于经济社会双转型所带来的复杂性，实现有效治理的难度很大。本书在前人研究的基础上，探讨漂绿的成因与演化、对绿色产品市场的冲击，治理漂绿各种方式的工作机理，在借鉴西方发达国家经验的基础上，探求中国治理漂绿的对策，具有重要的理论意义和现实意义。

四 总体框架、研究方法和可能的创新

1. 总体框架

本书由四部分共 7 章内容组成。总体研究思路如图 1-1 所示。

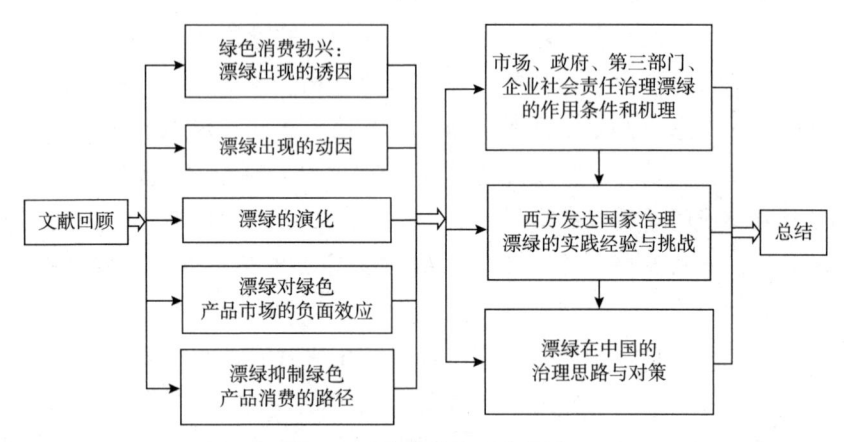

```
文献回顾 → 绿色消费勃兴：漂绿出现的诱因
         → 漂绿出现的动因           → 市场、政府、第三部门、
         → 漂绿的演化                  企业社会责任治理漂绿
         → 漂绿对绿色产品市场的负面效应  的作用条件和机理
         → 漂绿抑制绿色产品消费的路径  → 西方发达国家治理漂绿  → 总结
                                       的实践经验与挑战
                                    → 漂绿在中国的治理思路与对策
```

图 1-1　本书总体研究思路

第一部分，第 1 章。这部分主要是提出问题，回顾文献，确定研究框架和方法，探讨可能的创新之处。该部分力图理清现有研究的现状和可以进一步研究的领域，阐明研究的意义和思路，为后续研究奠定基础。

第二部分，第 2 章和第 3 章。这部分主要对商品市场中漂绿的生成演化、危害机理进行理论研究和实证研究。首先讨论漂绿与绿色消费运动的关系，漂绿出现的内外部原因，以及漂绿形态的演化规律，揭示我国出现漂绿问题的深层次原因。其次分生产商漂绿和中间商漂绿两种情况，对漂绿影响绿色产品市场运行和绿色消费进行理论分析。最后，对漂绿抑制绿色产品消费的路径、漂绿（以生态标签存在漂绿为例）影响绿色消费者的行为进行实证研究。这部分力图分析漂绿对绿色产品消费、绿色产品市场的冲击，为后续的漂绿治理提供思路。

第三部分，第 4~6 章。这部分主要研究漂绿的治理。首先，对市场、政府、第三部门和企业社会责任四种方式治理漂绿的条件和实现机理进行理论分析，对几种治理方式之间的关系进行探讨，这是理论研究部分。其次，对漂绿在西方发达国家的状况及治理进行分析，结合典型案例，总结

西方发达国家治理漂绿的经验和面临的挑战。最后，研究漂绿在中国的治理现状，提出治理的思路和对策。这部分力图理清各种治理漂绿的方式的作用条件、机理和彼此之间的关系，并在分析现实情况的基础上进行对策研究，也是本书的最终目的。

第四部分，第7章。这部分对本书进行总结，指出可能的创新之处、局限性和未来的研究方向。

2. 研究方法

（1）结构方程模型。在处理多个原因、多个结果的关系，或者碰到不可直接观测的变量（即潜变量）时，结构方程模型具有传统统计方法所不具备的优势。本书将对漂绿影响绿色消费倾向的路径、漂绿影响绿色信任的路径进行实证研究，模型中有多个潜变量，可以充分发挥结构方程模型的优势。

（2）博弈论。市场、政府、第三部门在治理漂绿时，企业会与以上主体进行博弈，根据对方的行动，选择自己的最优行动，因此，漂绿的治理过程就是一个博弈的过程。本书在多处如绿色信号机制、绿色声誉机制、绿色保证机制、第三方介入、政府规制、第三部门等方式治理漂绿的机理分析中用到了博弈论的方法。

（3）二值因变量模型。消费者"购买"或是"不购买"绿色产品是一个二元选择问题，在漂绿对绿色消费意愿影响的实证研究中，需要运用二值因变量模型。为了保证结果的可靠性和对数据进行深度挖掘，本书对比使用三种二值因变量模型 LPM、Logit、Probit。

（4）问卷调查和案例研究。由于研究问题的性质，需要获取关于消费者个体和其在绿色消费中行为的微观数据，本书研究通过发放问卷方式获得以上数据。为保证数据的质量，对发放过程、数据处理都进行了一定的技术处理。在分析漂绿的成因时，为了佐证理论的分析结论，本书采取了案例研究法，在归纳西方发达国家漂绿及治理状况、漂绿在中国的本土特征时，也对若干典型案例进行了剖析。

3. 可能的创新

本书可能的创新点体现在以下几个方面。

（1）对漂绿影响绿色产品消费的路径进行了理论研究和实证研究。现有的研究已经指出了漂绿会对绿色产品消费产生不利的影响：降低消费者对绿色产品的信任，增加消费者的搜寻成本，但对于漂绿影响绿色产品消费的路径研究不足，而这一问题恰恰是理解漂绿对消费者行为决策影响的关键环节。本书将绿色消费者困惑、绿色感知风险与绿色信任联系起来进行分析，证实了绿色消费困惑和绿色感知风险在漂绿和绿色信任之间起到了部分中介作用；本书还运用中国的调研数据，对漂绿现象降低消费者的绿色信任、增加搜寻成本进行分析，从而较为全面地研究了漂绿影响绿色产品消费的路径。这些研究可以进一步深入理解消费者的绿色消费行为，也可以为相应的政策制定提供依据。

(2) 对市场、政府、第三部门和企业社会责任治理漂绿的条件和机理，彼此之间的关系进行了理论分析；在归纳漂绿在中国本土特征的基础上，提出了治理漂绿的思路。绿色产品市场是典型的信息不对称市场，漂绿现象的出现也是信息不对称的结果。因此，本书借鉴现有治理信息不对称市场的文献，结合漂绿的特点，对政府、市场、第三部门和企业社会责任抑制漂绿的机理进行了理论分析。分析了四种治理方式各自的优势，其发挥作用需要满足的不同条件。在此基础上，结合中国的实际，提出了现阶段加大行政治理的力度，以行政治理为主，积极培养其他治理方式充分发挥作用的条件，实现政府、市场、第三部门和企业协同互动，多中心治理的治理思路。

(3) 结合我国的实际，对因漂绿引发的生态标签信任问题进行了理论研究和实证研究。西方发达国家，消费者往往对正式机构发放的生态标签信任度很高（Parguel，2011）。我国处于经济社会双转型时期，社会整体的信任度较低，再加上生态标签机构普遍的委托-代理问题，导致正式机构发放的生态标签仍然存在低信任度问题。在某种意义上，这一问题是包括中国在内的市场转型国家在近期推行绿色经济和绿色消费时出现的独特现象。通过实例化建模和问卷调查，本书对这种情况下消费者的行为选择和市场运行进行了分析，讨论了生态标签弱化为"指标"，仅发挥门槛作用时，品牌和生态标签联合作用，发送绿色信号的过程。

第 2 章　绿色消费的勃兴与漂绿的生成和演化

漂绿是一种成因复杂的经济现象，与绿色消费有紧密的关系。本章分析漂绿如何随着绿色消费的兴起而出现，从外部环境因素、组织内部因素和决策者个人因素三个方面讨论漂绿的成因，并从历时和共时双重视角对漂绿的表现形态进行研究。

一　绿色消费诱发漂绿出现

20 世纪 60 年代之前，环境保护并不是一个存在于社会意识和科学讨论中的概念，大自然仅仅是人们征服与控制的对象，而非保护并与之和谐相处的对象。实际上，也正是在这一理念指引下，人类文明获得了诸多进展。1962 年，美国海洋生物学家蕾切尔·卡逊（Rachel Carson）出版了《寂静的春天》一书，第一次向这个理念的正确性提出了质疑。这本书运用历经四年的调查数据，分析了为提高农产品产量，在全世界广泛和大量使用的化学杀虫剂对环境和生态系统造成的危害，描述了若再继续按现有模式走下去，人类将迎来"没有鸟、蜜蜂和蝴蝶的世界"，指出人类应该走"另外的路"。《寂静的春天》的出版被看成现代环保运动的肇始，也播下了绿色运动的种子。这本书在世界范围内激起了人们对野生动物的关注，唤起了人们的环境意识，引发了各国政府对环境问题的注意，各种环境保护组织纷纷成立。1971 年，绿色和平组织成立。1972 年 6 月 12 日，联合国在斯德哥尔摩组织召开了环境大会，各国签署发布了《人类环境宣言》，正式开始了人类的环境保护事业。我国的环境保护事业也是从禁止 DDT 的生产和使用开始。自此，越来越多的人们认识到人类应该将自己的活动与自然环境和社会环境协调起来，建立"绿色文明"。绿色消费就是在"绿色运动"中发展出现的。

绿色消费的勃兴是在对人类消费活动进行理性反省与批判的基础上发

展起来的，始于 1977 年德国政府推动的蓝天使环保标识（Blue Angle Mark）计划。德国是世界上第一个推动全国性环保标识制度的国家，该计划的目的是引导消费者购置对环境不利影响较小的产品，鼓励制造开发及生产对环境友善的产品，以环保标识作为一种市场导向的环保政策，力图通过消费行为导向提升环境质量，但此活动并没有受到各国的广泛接受。20 世纪 80 年代后半期，英国掀起了"绿色消费者运动"，绿色消费成了一种潮流，这一潮流席卷了欧美各国（地区）并普遍被世界各国（地区）接受。1987 年，在《环境与发展报告》中，联合国首先提出"可持续发展"的概念，以此为起点，各国开始普遍重视并推行各种绿色消费运动。1992 年，全球政府首脑峰会正式提出"可持续发展"，绿色消费被视为全球可持续发展的重要目标和途径。

根据联合国环境发展署的相关统计，2009 年，全球范围内与环保相关的产品和服务的市场已达 1.3 万亿美元，到 2015 年，这个数字将会再翻 3 番。全球的环保广告在 1979～2009 年间增长了近 10 倍（Terra Choice，2009）。相当一部分消费者对绿色消费持肯定态度，并且这一群体还在增长。实际上，绿色消费者并不是一个地域概念，而是一个行为和心理概念。[①] 然而，不少消费者有强烈的购买绿色产品的需求，却缺少绿色产品的相关知识。中国环境标识产品认证委员会 2003 年在上海进行了一次大型的"公众绿色消费调查"活动。调查结果显示，58% 的消费者对绿色产品完全分辨不清，仅有 25% 的消费者表示能分辨绿色产品的真伪。[②] 中国海洋大学的毕思勇和张龙军

---

① 2009 年 "绿色品牌全球调查" 的调查结果显示，世界各地的消费者对环保理念和举措有着大致相同的认知。例如，美国、中国、英国、印度、巴西、德国、法国七个国家的消费者都认为绿色商品的成本相比 "非绿色商品" 更高，但自己仍然愿意在未来支付更多的钱用于购买绿色商品。而且，中国、印度和巴西三国的消费者更愿意为此负担额外的支出：如 73% 的中国受访者和 78% 的印度受访者表示愿意增加相关消费；73% 的巴西消费者计划增加在绿色产品上的开销。调查显示，在增加购买绿色产品的预算方面，愿意将开销增加至少 30% 的占受访者总人数比例的为 8%（英国）到 38%（巴西）。在调查中，当各地消费者被问到 "产品是否由绿色企业生产对消费决策的重要性" 一题时，77% 的消费者认为 "比较/非常重要"。在印度和中国，这个比例更高，分别是 87% 和 98%。另外，七国消费者都认为在产品本身以及生产过程中减少有毒危险物质的排放是成为绿色企业的必备条件。

② 毕思勇、张龙军：《企业漂绿行为分析》，《财经问题研究》2010 年第 10 期，第 97～100 页。

于 2006 年 6 月对山东省淄博市张店区的消费者做了一次"绿色产品市场调研"。① 调查对象包括小学生、初中生、高中生、大专生、本科生以及学生家长六个不同年龄层次，调查结果显示，有 37.6% 的消费者表示不了解绿色产品，34.1% 的消费者表示对绿色产品不太了解。这些数据表明，相当多的消费者对绿色产品认识不清楚，不知道如何辨别绿色产品，同样意味着消费者在对伪绿色产品的认知上存在障碍。消费者绿色产品知识的缺乏，给一些企业创造了钻"空子"的机会，使它们可以利用消费者的无知进行漂绿，来销售其伪绿色产品。

绿色消费的勃兴也促使了绿色消费者抵制非绿色企业，促使企业的策略发生重大转变。企业的注意力开始从单纯追求利润，转变为在生产和营销中注重生态环境的保护，促进经济与生态的协调发展上来。

为了从绿色产品和绿色服务这个大市场中获益，在绿色消费蓬勃发展的同时，越来越多的企业开始进行漂绿，误导消费者相信其产品或服务的环保性质。漂绿一词由美国的环保主义者 Jay Westerveld 针对他所见到的自我粉饰的虚假环保诉求而创造出来。1986 年，他注意到许多旅店在客房中放有提示牌，鼓励旅客不要每天更换毛巾、床单，而是尽可能地多用几天。他认为这些旅店实际上是以环保的名义降低成本，因为这些旅店往往都没有花力气去循环利用垃圾。之所以垃圾不被重视，主要是对垃圾进行环保处理带来的经济收益微乎其微。为此，他创造出了漂绿一词进行讽刺。1991 年，David Beers 和 Catherine Capellaro 在美国的 *Mother Jones* 杂志上刊登了一篇名为"Greenwash"的文章，用来说明企业或社会组织没有采取真正的绿色营销活动，而是通过传播虚假的绿色信息以获得具有环保责任感的绿色形象，由此这一概念为社会公众所逐渐熟悉。漂绿现象在商品市场特别是消费品市场中比较常见。

对于漂绿的常见表现，最具代表性的是美国 Terra Choice 环境营销公司 2009 年发布的《漂绿七宗罪》中所列举的以下七大类漂绿行为。第一，隐藏交易。第二，举证不足。第三，模糊陈述。第四，无关陈

---

① 毕思勇、张龙军：《企业漂绿行为分析》，《财经问题研究》2010 年第 10 期，第 97~100 页。

述。第五，避重就轻。第六，虚假陈述。第七，虚假标签。① 如企业为了迎合消费者对绿色建材和环保家具的需求，私自在未经权威环保机构受理认证的产品上张贴"十环认证"标识（中国环境标识产品的认证标识），有的甚至私刻"绿色家居环保施工工艺推荐单位"字样的铜牌，诱骗消费者上当。另外，当前市场上"绿色包装"的标识日益增多，但是相关审查标准的缺失使得这些标识并不能证明包装物的真实环保性能，而消费者在购买商品和选择包装时却大多以此为参考。②

商品市场特别是消费品市场中的漂绿现象，已经成为一个全世界的问题。2007 年，加拿大研究公司 Terra Choice 在北美六家大型专卖店检查了 1018 件所谓的"绿色产品"，只有一件产品完全符合其宣称的环保卖点。2009 年，该公司在上述四国调查了 2739 件产品，发现 98% 的产品有漂绿的嫌疑。2010 年，调查了 4744 件产品，发现 94.5% 的产品有漂绿的嫌疑。③ 英国广告标准管理局的年度报告指出，企业对于环境广告的重视程度在提高，同时这些环境广告往往又模糊不清充满了误导，自 2006 年以来，对绿色广告的投诉开始急剧增多，2006 年为 117 件，2007 年，则上

---

① 隐藏交易指企业隐匿其产品可能造成环境污染或者非"绿色"的因素，而仅基于少数的属性就将一个产品归类为"绿色产品"，再贴上"绿色商标"进行"绿色宣传"。例如，企业大力宣传从可持续采伐的森林中生产的纸张或木材制品具有可再生的特征，却回避其生产过程中的高能耗和造成的环境污染等负面问题。举证不足指企业没有任何证据证明其产品的"绿色"性能或环保声明，就在商品上自行贴上没有权威第三方认证的绿色标识，或者在广告中宣传没有相应证明的有关环保信息等。比如固特异轮胎公司声称其新产品 Eagle LS2000 是一种革命性的环境友好型轮胎，后经调查，该公司承认该项宣传缺乏实质证据。模糊陈述指企业在其商品或者服务上使用的"绿色"或者环保概念界定不明确或者过于宽泛，导致社会公众和消费者误解其真正含义，甚至忽略其本质属性。如很多食品或化妆品声称是"全天然材质"，但事实上"全天然"并不一定等于"绿色"，因为天然物质中还有很多可能于人体或者环境有害的物质，过分宣传其"全天然"属性，即存在误导消费者忽视其自身其他属性的可能。无关陈述指企业做出的绿色承诺或环保声明可能是真实的，但对消费者选择绿色产品毫无用处。家用电器产品中"不含氯氟烃"的宣传内容即丧失其应有的实际意义。避重就轻指企业生产的某一类产品本身可能会对人体健康或者环境资源造成严重影响，但其所声称的部分绿色或环保性能会分散消费者对前述严重影响的关注，即使这些环保声明是真实的，也涉嫌漂绿。如生态白酒、有机香烟等。虚假陈述指企业谎称产品或者服务具有绿色或环保性能，或者以获得绿色商标授权或环保标识认证来欺骗消费者。虚假标签指企业自行伪造与绿色认证标识类似的标签，自行制作虚假绿色标签，或冒充经第三方批准的环保认证标识，达到误导或者欺骗消费者的目的。

② 毕思勇、张龙军：《企业漂绿行为分析》，《财经问题研究》2010 年第 10 期，第 97~100 页。

③ www.sinofgreenwashing.org。在该公司网站上，最新的报告为 2010 年度。

升到561件,是2006年的4.8倍。我国消费品市场中的漂绿现象出现得较晚,但问题已经比较严重。例如,2006年,农业部在"三品"蔬菜例行监测中发现,在标称绿色食品的蔬菜当中,名不副实的占了66.2%。又如,零售巨头沃尔玛2008年对外宣称打造"绿色供应链",但2009年绿色和平组织在北京沃尔玛超市的检测中发现,沃尔玛并没有很好地履行其承诺,涉嫌漂绿。也正是由于这个原因,从2009年起,《南方周末》每年都推出漂绿榜,给漂绿的企业施加压力,以引起广大消费者的重视。

绿色消费诱发漂绿出现后,各国都试图进行治理,也取得了不小的成绩,但总体上漂绿的蔓延没有得到非常有效的控制。1992年,美国联邦贸易委员会颁布了《绿色指南》,随后,1998年、2012年又对此进行了修订和升级。《绿色指南》公布后,美国企业的漂绿行为有所减少,但漂绿的现象仍然较多。美国环境营销公司Terra Choice的报告表明,2010~2013年,北美市场上涉嫌漂绿的商品种类仍在不断增加。我国类似的条例出现较晚,但由于这些法律法规并没有明确界定漂绿等名词,在实践中往往导致执法机构和社会团体不能依法有效制止漂绿行为。[①] 再加上目前针对消费者的公益诉讼在我国较为薄弱,因此漂绿行为从行政、民事角度都难以得到有效的规制。本书的第5章和第6章将对西方发达国家和我国漂绿的治理现状进行系统的研究。

二 漂绿的生成分析

绿色消费的勃兴只是漂绿的诱发因素。漂绿的生成是多因素共同作用的结果,也是一个复杂的过程。本书从组织外部、组织内部、决策者个人三个角度,全面地分析漂绿生成的原因,再运用企业绿色过程模型,分析环境承诺为什么演变为漂绿。

1. 漂绿的成因:组织外部、内部和决策者个体的多重角度

现有的研究对于企业为什么会漂绿从不同角度进行了分析。首先是经济利益的驱动。Horiuchi and Schuchard(2009)认为,绿色产品行业是许

---

① 李薇薇:《我国新能源汽车的绿色知识产权战略研究》,华中科技大学博士学位论文,2012。

多国家发展的重点领域，企业标榜为绿色企业可以得到绿色溢价，从而更容易从市场中获益，如果漂绿的成本很低，企业的理性选择就是漂绿。李学军（2010）发现：实施行为的低成本是漂绿行为的诱因，因为漂绿往往只需企业口头承诺即可，虽然漂绿行为并非总是低成本（通过绿色体系认证这种"硬信息"需要一定的成本）。Bazillier（2007）对存在实施成本的情况下企业的漂绿行为进行了研究，发现企业会在真正执行社会责任与漂绿之间进行权衡，不过，即使企业会在社会责任上进行投资以致不能全盘漂绿，只要有一些空间仍会选择部分漂绿。企业伪社会责任的深思熟虑（PORE）模型表明，为追求经济利润，压力、借口、机会和曝光可能性小都可能成为漂绿的直接动因（肖红军等，2013）。王晓东（2004）指出地方保护主义行为也是我国伪绿色产品泛滥的主要原因。绿色体系认证只能提升漂绿的成本，却很难让其完全消失。柳思维等（2001）分析了企业为获得环境标识上的"准租"而生产伪绿色产品的过程。

  其次，信息因素也是非常重要的原因。Kollman and Prakash（2001）的研究认为，绿色产品市场是典型的信息不对称市场，发布绿色信息的企业是否真正执行社会责任，对公众来说获知真实信息成本太高。虽然，绿色认证和绿色标识作为绿色信号传递机制很流行，绿色市场仍然存在较严重的信息不对称问题。一方面，这些绿色标识和认证的认知度还有待提升，消费者并没有完全了解这些信息。另一方面，绿色标识和绿色认证也常常出现虚假现象，存在真认证与假认证的博弈。更严重的是，即使绿色认证是真实的，Christmann and Taylor（2006）发现，由于感知成本、消费者监督和消费者惩罚方面的不同，企业会并用象征惯标和实质惯标的策略来欺骗消费者。第三类观点强调制度因素。Carlson 等（1993）在比较了西方发达国家的环境广告后，发现这些国家的企业普遍存在机会主义，并认为目前世界各国普遍缺乏有效的抑制漂绿的制度。黄中伟（2004）则建立了企业和消费者的完全信息静态博弈模型，对漂绿进行了分析，证实了企业选择漂绿和选择真绿的利润差额越小，政府的罚款越重，漂绿的企业也就越少。现实市场中因法律和行政处罚的力度不足，漂绿的差额利润较大，致使企业在漂绿问题上肆无忌惮。[①] 现有的研究对于漂绿的形成原因，

---

① 杨波：《环境承诺为什么演变为漂绿——基于企业绿色过程模型的解释》，《管理现代化》2012 年第 4 期，第 37~41 页。

提供了很好的思路,但并不全面,很多分析并不在同一层面上。而且,现有的研究在分析中都将企业看作理性经济人,没有关注到其组织的特点,因而缺乏对组织内部原因的讨论。本书从组织外部(包括制度和市场)、组织内部和决策者个体三个方面,全面讨论漂绿的成因。

漂绿可以看作企业产品实际的环保性能与所宣称的偏离。在产品实际环保性能一定的情况下,主要的分析就放在了解释企业进行环保宣示方面。基于组织理论,本书归纳企业漂绿的原因有三类:第一类是企业外部驱动因素,主要包括规制和监督状态、市场的状况;第二类是企业组织内部的因素;第三类是决策者个体的心理因素。这三类因素相互作用,最终导致企业漂绿,见图 2-1。

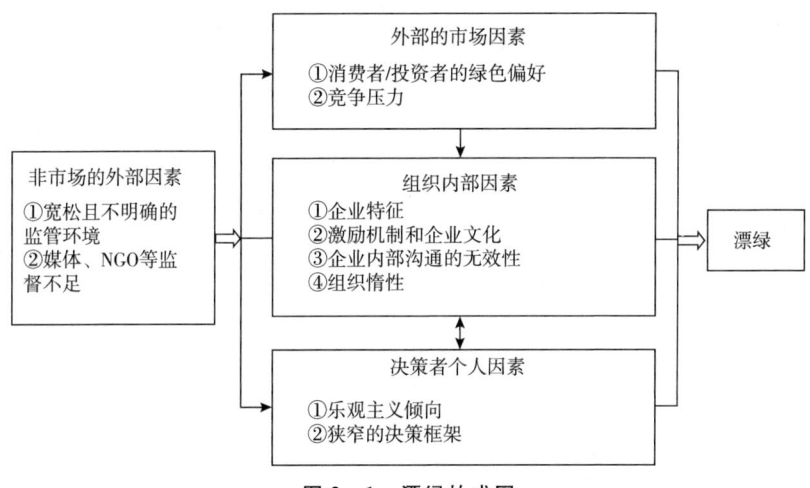

```
非市场的外部因素            外部的市场因素
①宽松且不明确的          ①消费者/投资者的绿色偏好
  监管环境              ②竞争压力
②媒体、NGO等监
  督不足                   组织内部因素
                       ①企业特征
                       ②激励机制和企业文化        →  漂绿
                       ③企业内部沟通的无效性
                       ④组织惰性

                         决策者个人因素
                       ①乐观主义倾向
                       ②狭窄的决策框架
```

图 2-1 漂绿的成因

(1) 市场的外部驱动

市场的因素主要包括:消费者的偏好、投资者的偏好以及业内竞争的压力。由于社会各界对环境保护的重视,企业面临着消费者和投资者要求产品环保的双重压力。在无力或者改善产品环保性能在经济上是不合算的情况下,一旦外部监管比较薄弱,企业就有可能选择漂绿。在其他条件不变的情况下,消费者和投资者对绿色环保产品的偏好越强,企业漂绿的倾向就越强。

产业内竞争的压力也会影响企业是否漂绿。当产业内的一些企业漂绿没有受到相应的处罚甚至还获得成功时,就会有其他企业模仿它们进行漂绿以免落在产业内竞争者之后，以保持其在产业内的竞争优势。因此，当产业内的竞争者纷纷对其产品或服务进行环保宣示时，企业也倾向于选择环保宣示。

（2）非市场因素的外部驱动

规制的宽松与执行的不确定性是引发漂绿的非市场外部因素。从全世界范围来看，多数国家对漂绿的规制都是比较宽松的。这主要是因为企业的环保行为属于社会责任范畴，并不带有强制性。美国对漂绿规制较严，但也仅有《联邦贸易法》的第五部分对漂绿有所约束。按法律规定，联邦贸易委员会有权力中止企业的不公平或欺骗性的环保宣传。若联邦贸易委员会发现广告商违反了该项规定，可以要求它停止播放该广告，若广告商拒绝执行，可以给予最高金额为10000美元的罚款或1年的监禁。但总体而言，由于界定不清、取证困难等诸多原因，这样的诉讼案件非常少。1999~2000年，这样的诉讼案件共计37件，2000~2009年为零，2009年为5件。从企业的角度来看，它们的环保宣示是否违反了《联邦贸易法》在多数情况下是含糊不清的。有的诉讼案件相对明确，如1993年针对Perfect Data公司的诉讼，该公司宣称其生产的一种喷雾剂产品"不破坏臭氧层""不含CFC等破坏臭氧层的化学物质"，经查实产品中含有破坏臭氧层的成分。但不少诉讼案件就比较模糊。例如，联邦贸易委员会2009年向凯玛特超市提出诉讼，控告其发出错误的环保宣示，即宣称其一种食物托盘是生物可降解的。理由是这类托盘往往是通过垃圾填埋、焚烧、回收再利用等方式来处理，实际上在一个合理的短时期内，垃圾填埋场里没有一件产品是生物可降解的。这一件诉讼案说明，当一个企业进行环保宣示时，其受到的规制面临着很大的不确定性。美国有些州如加利福尼亚州也制定了针对环保类广告的规制，但这些规制都没有联邦贸易委员会的严格，企业往往会冒着被联邦贸易委员会处罚的风险进行漂绿。因为从整体上来说，这种被处罚的可能性非常小。

美国的跨国公司在多个国家经营时，在环保宣示上也会受到子公司所在国家的规制。在一些国家包括少数发达国家，对企业的环保宣示并没有相应的规制。在有相应规制的国家，其规制的标准相差也很大。在西方发达国家，与美国联邦贸易委员会职能相似的机构有英国的广告标准管理局（ASA）、澳大利亚的竞争和消费者委员会（ACCC）、加拿大的标准化协会（CSA）。加拿大标准化协会和加拿大竞争局于2008年发布了《产业和广告环保宣示指南》，要求企业对它们的环保宣示提供证据，不要使用模糊的语言。企业发布误导性的广告，将会受到罚款、没收产品甚至监禁等处罚。在英国，食品和农业事务局的环保部，也发布了类似的指南，并将国际环保标准指南如 ISO14021 整合了进去。ISO14021 是一个由国际标准委员会提出的环保类国际标准，其中提出了对自我环保宣示的要求。它列出了在环保宣示中常用的术语清单，并对它们的使用给出了质量标准，为评价和核实构建了大体的框架。虽然这一标准是自愿的，但澳大利亚、法国、挪威等国家都支持并实施了该标准，违反该标准将受到处罚。实际上，除了少数一些例外如有毒物质的排放，美国政府并不强制要求企业披露环境信息。毫无疑问，对环境信息的强制性披露和第三方的审计监督将会使企业成功漂绿的难度加大。

社会监督漂绿的力量不足也是重要原因。在西方发达国家，消费者维权组织、非政府组织（NGO）、媒体作为非正式力量，对监督漂绿发挥着重要的作用。这些组织常举行活动，公开反对企业漂绿的行径，向公众公布一些企业漂绿的细节。绿色和平组织有一个著名的"停止漂绿"的网站，网址为 http：//www.stopgreenwash.org，上面有典型的漂绿案例和涉嫌漂绿的企业名单。一些网站如 goodguide.com 为消费者提供了大量的产品环保性能的知识，供消费者在购买产品时参考。除此之外，维权组织和NGO 领导的反对漂绿的活动起到了更积极的作用。例如，维权组织和NGO 成功联合抵制了"绿色山脉"公司，该公司向市场销售所谓的"绿色能源"计划，实际上运用的是有污染的燃烧技术。这些组织在联络消费者时用到了现代网络信息平台如"Twitter"和"Facebook"，这些平台的使用明显地降低了信息传播和分享的时间和成本。

维权组织、NGO、媒体的积极参与，使一些进行漂绿的企业的行径曝光于公众面前，给了企业社会的压力，对阻止漂绿的蔓延起着积极的作用。可以预见，随着消费者、社会公众、投资者对环境保护重视程度的提高，这类组织将在社会生活中发挥越来越重要的作用，不过，毕竟这些组织的监督属于非正式规制范畴，只能给漂绿的企业带来声誉方面的负面影响，作用力比较有限。如果有比较严格的法律规制和处罚措施相配合，这类组织曝光企业漂绿行径的作用就会大大增强。

（3）组织内部的因素

企业外部的因素是造成企业漂绿的重要原因，同时，企业内部的因素即组织因素也不可忽视。打开企业这一黑箱，会发现企业的特征、激励机制和企业文化环境、组织的惯性、组织内部沟通的有效性都会对企业是否漂绿产生一定的影响。企业的诸多特征，包括其规模、所在的行业、赢利能力、产品所处的生命周期阶段、特殊的资源和竞争力都会影响其全局战略选择，影响其某项特殊行动的成本和收益，影响其对外部压力的反应。

首先，企业漂绿的收益如消费者对其产品的偏好增强，受到投资者的青睐等，都会由于企业的基本特征的不同而有所变化。与服务型企业相比，消费品生产型企业面临的来自消费者的压力要大得多。类似的，经常进行资本运营的大企业往往是社会责任投资所关注的对象，因此这些企业面临的投资者压力比中小企业大得多。

其次，企业漂绿的成本，即因为漂绿而被发现甚至被处罚的可能性以及由此可能带来的成本，也会由于企业基本特征的不同而不同。以美国为例，相比较而言，消费品生产企业受到《联邦贸易法》第五部分规制最为严格，也更容易受到维权组织、消费者NGO、媒体的关注。同样情况下，大品牌和知名企业一旦进行漂绿，更容易受到维权组织和媒体的指责。一些污染比较严重的行业，如石油化工、公用事业行业，更容易成为维权组织、消费者NGO、媒体关注的对象。实际上，石油化工、公用事业行业的企业经常处在一些公益性组织如绿色和平组织所列漂绿榜的前列。利润比较丰厚的企业，在漂绿过程中，一旦被揭露或引发诉讼，其承担名誉受损的能力更强，也更有能力承担诉讼成本和处罚。

激励机制和企业文化也是重要的组织因素之一。实证研究表明，企业的激励机制和伦理环境会对企业的社会伦理道德行为产生重要的影响。不道德的行为通常被描述为一种对他人有害的行为，要么是不合法的，要么在大的人群范围内是不可接受的。因此，企业的激励机制和伦理环境会成为影响企业漂绿的因素之一。一般来说，以经理在任职期内某些不尽合理的效益指标为考核依据，向经理发放薪酬，容易诱发管理者的不道德行为。

另一个因素是企业内部的伦理气氛。组织内部的伦理环境可以分为三种基本的类型：利己主义、仁爱、原则。在利己主义伦理气氛中，公司的规范往往支持个人利益的满足；在强调仁爱的伦理气氛中，公司的规范往往支持全体成员的利益最大化；在强调原则的伦理气氛中，公司强调一些与所处情境无关的抽象原则如外部的法律法规和内部的道德规范。企业伦理气氛影响不道德行为的发生：遵循道德规范伦理气氛和遵循法律制度伦理气氛与不道德行为呈负相关，利己主义的伦理气氛则与不道德行为呈正相关。由于漂绿是一种典型的不道德行为，因此，这种行为更容易在利己主义伦理气氛的组织中发生。企业内部如果有严格的道德规范，漂绿的可能性就会较小。

组织惯性也是一个重要的因素。组织惯性是一种现存于组织内部的力量，它会阻止企业战略的改变。一般来说，组织惯性在大企业或是成立时间较长的企业中作用较明显，而在中小企业和成立时间较短的企业中作用不明显。因此，组织的惯性可以比较好地解释当管理层表达出公司更加注重绿色环保意愿的时候，企业内部行动的滞后性。例如，BP 公司的首席执行官 Bob Dudley 就因组织的惯性被指责为漂绿，因为他上任后，对于改进生产过程，提高产品的环保性能做了很多承诺，但公司内部接受并进行实质性改变的速度非常慢。

最后是组织内部沟通的有效性。当组织内部的各部门，如生产部门和营销部门、包装部门等部门间沟通较少，或是有效性较差时，也容易引发漂绿。例如，如果生产部门和其他部门之间沟通不够，营销部门和公共关系部门一般倾向于夸大公司产品的绿色环保性能。产品创新的研究文献发现企业的研发部门和其他部门经常交流能提高研发项目的有效性。可以将这一发现用于分析漂绿：如果营销部门和生产部门缺乏直接和经常的沟通，很可能会导致企业漂绿。

组织内部的运行状况往往受到外部压力的影响，如组织内部交流的有效性、激励机制和伦理气氛都受监管环境的影响。在一个监管宽松的环境中，企业就没有动力去提升其内部交流的有效性、改善其激励机制和伦理气氛以减少漂绿的可能性。

(4) 决策者个人的因素

在分析和解释企业的行为时，决策者起着非常重要的作用。心理学、行为决策理论和行为经济学的文献都指出：过于狭窄的决策框架、过高的跨期折现因子、过度乐观这些情况非常普遍，在不确定和信息不完全的情况下，往往导致有限理性，会对个人的决策产生重大的影响。而宽松的漂绿监管环境恰恰提供了这一条件。实际上，对漂绿处罚的不确定性和相关标准的缺乏，都使企业漂绿给自身带来的损害是不确定的。另外，企业的领导者、管理层和员工对于企业是否涉嫌漂绿也缺乏统一的评判标准。这都会导致企业出现夸大其产品环保特征的行为。

狭窄的决策框架往往导致决策者在封闭的条件下做决策。一个典型的例子是，统计研究表明，当人们收到关于未来收入可能变坏的消息时，在独立决策时，往往不会将他们的消费水平向下调整。在组织内，决策者很可能决定今天去宣示其产品的环保特征，但没有充分地考虑未来如何去实现它；或者决策者只看到漂绿给企业带来的短期收益，并没有考虑到长期对企业的不利影响。如果拓宽决策的框架和参与者范围，就有可能更合理地评价漂绿的得与失，避免漂绿的发生。

决策者若有过于乐观的倾向，会使得其过高估计事情的正面效应，低估事情的负面效应，这也可能会导致漂绿的发生。过于乐观可以表现为三种形式：对自我不切合实际的过高评价；对未来的计划不切实际的乐观；对掌控事物的错觉。在2010年对美国年轻企业家的调研发现，当提到他们对自己成功和自己所在企业成功的估计时，80%的企业家认为成功的概率在70%或更高，还有1/3的企业家则认为成功率为100%。这个调查还发现，企业家对这一成功可能性的估计和他们所受的教育程度高低、原先的管理经验丰富程度关系都不大。平均来看，他们认为自己成功的可能性为59%，而这一数据明显高于现实的情况（现实中成功的可能性仅为30%左右）。企业的决策者很可能过高估计漂绿可能带来的收益，如获得更大的市场份额、吸引到更多的SRI投资，低估了漂绿可能带来的成本，如被监管机构处罚、被消费者抵制或受到维权组织的批评。

以上四类因素是相互联系和相互作用的。对上述因素的分析表明，宽松的外部环境不仅会直接导致企业选择漂绿的可能性增加，而且会通过对内部的诸多因素的影响间接导致企业选择漂绿的可能性增加。基于此，以上分析就具有非常清楚的政策含义：治理漂绿的关键在于培育严格的外部环境。

2. 环境承诺为什么演变为漂绿：基于典型案例的分析[①]

从企业内部考察其绿色过程，相关的文献有三类。第一类文献是企业社会绩效的文献。自霍华德（1953）提出"企业应自愿地承担社会责任"

---

① 杨波：《环境承诺为什么演变为漂绿——基于企业绿色过程模型的分析》，《管理现代化》2012年第4期，第37~41页。

的观点之后，学术界和企业界开始接受和讨论企业的社会责任问题。企业社会绩效（CSP）模型即是整合这一议题的框架模型。Carroll（1979）构建了一个包含企业社会责任、社会议题和社会响应三个维度的CSP模型。在此基础上，Wartick和Cochran（1985）指出，企业社会责任实施是内部的动态过程。Wood（1991）认为，Carroll的CSP模型不足以全面反映企业社会绩效的内涵，其建立的CSP模型包括企业社会责任、企业回应过程和企业行为结果三个层面。Winn（1995）运用这一模型解释了企业的绿色进程：由企业高层意识到环境问题的重要性为起点，然后企业做出承诺，最后是在企业经营过程中加以落实。但他们也指出，这一进程并不总是沿着高层到基层的顺序进行，有时没有企业高层的介入，生产线经理和职员也可能会开展企业的绿色进程。

第二类是企业环境政策的文献。国际标准协会将企业环境政策界定为"企业关于其环境绩效的正式声明，一般会包括其环境目标和行动安排"。Ramus和Steger（2000）发现，企业的环境承诺和员工实施环境政策存在正相关关系。但King和Lenox（2000）的研究表明，企业的自律并不能很好地保证企业会实施其环境政策，即使在同一个行业，企业实施其环境政策的程度差别也很大，因此需要独立的第三方来评价和监督其实施过程。King和Lenox（2000）进一步指出，如果企业观察到实施环境保护政策能获得潜在的经济收益，企业才会实施该政策，由于对经济环境变化的感知不一样，不同企业实施其环境政策就会有差别。Sharfman和Tihanyi（2004）的研究表明，不同的跨国公司即使在内部组织和外部环境压力一样的情况下，对环境的承诺和实施也不一样。

第三类是企业环境管理的文献。Meffert（1993）指出，企业是个跨部门的系统集成，从企业内部来讨论环境管理非常有必要。典型的企业环境管理文献是构建一个三阶段或五阶段的发展路径，说明企业从被动环境行为到主动环境行为的过渡，同时提高实施环境政策的等级。如Hunt和Auster（1990）的五阶段模型将企业环境管理看作多要素驱动、从低到高不断进行的过程。Arnfalk和Thidell（1992）针对瑞典制造企业环境管理的实证研究表明，在企业从被动进行环境管理到适应性环境管理的演进过程中，那些既影响企业环境政策又影响企业环境实施的因素也在同时进化。也有少数实证研究发现，企业的环境政策和环境管理是相互独立的（Hass，1996）。

这三类文献都指出企业变绿从承诺到落实是一个较复杂的过程。本书借鉴这三类文献所强调的"承诺"和"实施"是两个不同的要素和环节，尝试建立一个企业绿色过程模型，来对漂绿的出现进行解释。可以将企业变绿的过程看作"承诺动力"、"实施能力"和"实施动力"三个维度共同作用的结果，并把承诺动力、实施能力和实施动力分为"强"和"弱"两种状态。那么，企业的绿色行动过程就是一个三维向量决定的状态，见图2-2。

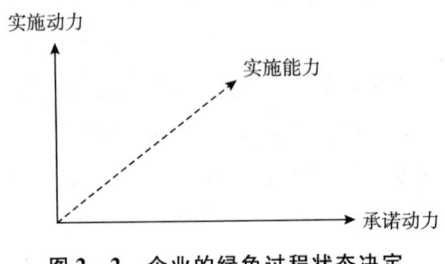

图2-2　企业的绿色过程状态决定

这样，从静态来看，企业在变绿的过程中，共有八种可能的状态。第一种状态是企业的环境承诺动力、实施能力、实施动力都很强，即（强，强，强）。这类企业一般有以下特点：往往是同行业中的环境行为领导者，占同类企业中的少数；会在所有的重大决策时考虑环境因素，原料从采购、投入到制造设计会从环境角度出发；企业内部各种资源充足，而且组织的执行力非常强，环境政策能够很快地从高层管理人员传递并落实到基层单位和职员。第二种状态是企业的环境承诺动力、实施能力都很强，但实施动力不足，即（强，强，弱）。这类企业一般有以下特点：企业仅通过环境承诺就能够获得竞争优势和经济利益；企业也有资源和能力实施；但实施成本较大，实施的净收益较小甚至是负值，企业倾向于主动选择漂绿。第三种状态是企业的环境承诺动力、实施动力都很强，但实施能力较弱，即（强，弱，强）。这类企业一般有以下特点：进行环境承诺并在经营中落实，会给企业带来较大的净收益，但由于企业的资源有限或是企业组织的执行力较差，环境承诺很难落实，企业由于无力兑现承诺而涉嫌漂绿。第四种状态是企业的环境承诺动力很强，但实施动力和实施能力都很弱，即（强，弱，弱）。这类企业一般有以下特点：仅通过环境承诺就能够获取收益，而真正实施起来成本很大，净收益较小甚至是负值，而且企业没有能力真正实施，企业倾向于主动选择漂绿。

第五种状态是企业的环境承诺动力较小，但企业的实施动力和实施能力都很强，即（弱，强，强）。这类企业一般有以下特点：企业通过环境管理，能够获得明显的收益（如降低成本）；企业处在环境保护压力较小的市场条件下，这时企业会实施环境管理，但并不对公众进行环境承诺，正好和漂绿的行为相反。第六种状态是企业的环境承诺动力小，企业的实施动力和实施能力也较弱，即（弱，弱，弱）。这类企业一般有以下特点：企业所处的环境对企业环境保护压力不大，实施环境管理的成本和难度都较大，这时企业不会进行环境管理，也不对外承诺。第七种状态是企业的环境承诺动力小，企业有实施环境管理的能力，但实施动力不足，即（弱，强，弱）。这类企业一般有以下特点：外部对企业进行环境管理的压力小，企业进行环境管理的净收益也小，虽然企业有环境管理的能力，但不实施，也不对外承诺。第八种状态是企业的环境承诺动力较小，企业的实施能力较差，但企业实施环境管理的动力较强，即（弱，弱，强）。这类企业一般有以下几个特点：外部环境对企业进行环境管理的压力小，企业通过环境管理能够获得显著的收益，但由于企业内部的资源或执行力不足，环境管理无法落实，企业不进行环境承诺，虽有环境管理的实施准备和计划，但无法落实。

总结起来，在第二、第三、第四这三种状态下，企业选择漂绿。漂绿可能是以下三种不同的状态所导致的：一是承诺能获益，也有能力实施，但实施无法获益；二是承诺和实施都能获益，但没有能力实现；三是承诺能获益，实施无法获益，也没有能力实施。现有将企业当作黑箱的研究，其实讨论的都是漂绿的第一种情况，将企业黑箱打开后，不难发现漂绿现象的出现原因比原先研究的要更为复杂。

受企业内部和外部环境变化的影响，企业在绿色过程中所处的状态是动态和不断调整的。外部冲击（如绿色技术、消费者偏好、市场制度）和内部变化（如企业的执行能力、企业资源的丰富等）都会使企业的状态发生变化。下面就几种典型的情况加以分析。

情况一：绿色技术发生突破。企业的环境管理实施成本会明显降低，实施环境管理的净收益提高。第一种状态的企业继续担当本行业的环境管理领跑者。第二种状态的企业由漂绿转变为真正进行环境管理。第三、第四种状态的企业很可能仍然会选择漂绿。第五、第六、第八种状态的企业保持原有状态。第七种状态的企业会改变状态，实施环境管理，但仍然不对外承诺。总体来看，绿色技术发生突破会使环境管理实施能力强，但因实施收益不足而进行漂绿的企业放弃漂绿，不影响其他类型的漂绿企业（这类企业将继续漂绿）；使环境管理实施能力强，仅因实施收益不足没有进行环境管理的企业转向环境管理，不影响其他类非漂绿企业。因此，这一变化有助于减少漂绿行为和推动企业实施环境管理。

情况二：消费者的绿色偏好显著增加。这会提高企业进行环境管理承诺和实施环境管理的净收益。第一种状态的企业维持原状。第二种状态的企业放弃漂绿实施环境管理。第三、第四种状态的企业仍然选择漂绿。第五、第六、第八种状态的企业可能会由原状态转向漂绿。第七种状态的企业会改变状态，选择漂绿或实施环境管理。总体来看，消费者对绿色的偏好显著增加，会使环境管理实施能力强，但因实施收益不足而进行漂绿的企业放弃漂绿，不影响其他类型的漂绿企业；使原先的非漂绿企业可能转向漂绿，也可能使部分非漂绿企业转向环境管理。可见，这一变化既会导致漂绿现象增加，又会导致实施环境管理的企业增加。

情况三：政府对漂绿的惩罚力度明显加大。第一种状态的企业维持原状态。第二种状态的企业可能会放弃漂绿，但仍然不实施环境管理。第三、第四种状态的企业可能会放弃漂绿。第五、第六、第七、第八种状态的企业保持原状态。总体来看，政府对漂绿的惩罚力度明显加大，会减少漂绿现象，但并不能推动企业实施环境管理。

情况四：企业内部的管理水平和执行能力明显提高。第一、第二状态的企业保持原有状态。第三种状态的企业由漂绿转变为实行真正的环境管理。第四种状态的企业仍然选择漂绿。第五、第六、第七种状态的企业保持原有状态。第八种状态的企业实施真正的环境管理，但并不进行承诺。总体来看，企业内部管理水平和执行能力提高既会减少漂绿现象，又会推进企业的环境管理。

下面就用该框架来分析我国的两个案例。这两个案例中的企业均被《南方周末》列入2012年"中国企业漂绿榜"，企业的相关信息均是从腾讯财经栏目公开的新闻调查或者企业的年报中获得。

(1) 哈药集团子公司哈药制药总厂"污染门"事件

哈药集团子公司哈药制药总厂被曝光排污严重超标之前，其上市公司哈药股份以"健康""环保"为名的公益广告覆盖全国已达10年。

2011年6月，自然之友、公众环境研究中心、绿家园志愿者、绿色龙江四家环保组织发布呼吁上海证券交易所对哈药股份未进行环境信息披露的行为进行惩戒，至少包括公开谴责和通报批评；同时呼吁证监部门在得到环保核查意见之前，不予批准哈药股份的重大资产重组。2011年6月11日晚，哈药集团制药总厂领导专程抵达北京，在中国经济网演播厅，就哈药"超标排放事件"正式向公众道歉，并宣读了致歉信，并坦承此次超标排放事件的发生，充分暴露出企业在环保管理工作中存在着严重的问题，同时暴露出企业在基础管理和特殊时段的应急处理能力严重不足，表示"为此事承担一切责任，接受一切处罚"。

实际上，自2005年以来就不时曝出哈药总厂恶臭气味影响周边居民的消息，哈药总厂也多次被环保部门处罚。2005年5月，《黑龙江日报》报道称："哈药集团制药总厂的气味污染一直是其周边群众关注的热点，环保部门每年接到的投诉很多，也是人大、政协提案重点问题。"实际上，2004年，哈药总厂针对上述问题投资400万元在全国征集筛选治理方案，并对群众反映大的污水处理厂硫化氢气体进行了综合治理。哈药总厂有关人士还表示："经过长时间的治理，目前制药总厂排放的气味浓度完全符合国家标准，现在排放的气味对人体没有危害。"但到了2007年，居民的投诉仍在继续。当时哈尔滨市环保部门一项公开的调查结果就显示，哈药总厂向大气散发的异味主要来自青霉素车间产生的发酵气味，以及污水处理过程中产生的硫化氢等挥发性气体。尽管环保部门多次要求哈药总厂限期进行异味治理，但由于哈药总厂处于哈尔滨城市的上风向，加之其治污系统始终不能彻底解决问题，周边居民的投诉始终没有中断过。

哈药总厂现阶段的主要产品都属于药品中相对高污染、高耗能的产品类型。虽然哈药总厂自1999年已累计投入4亿多元用于清洁生产和环保治理，但要想从根本上解决污染，必须搬迁和购置新的生产线，而这至少需投入几十亿元资金。"费用对任何企业来说都不是一笔小数目，企业的积极性当然不会太高。"业内某生产公司负责人分析说，"由于现阶段处罚力度并不十分严格，相对于整体搬迁改造的大笔资金，更多的企业还是选择了更为划算的'认罚'。"

从现有掌握的资料来看，哈药集团子公司哈药总厂的行为已经涉嫌漂绿。作为一家制药大厂，哈药总厂非常重视环境营销。在我国绿色经济兴起之前，消费者的环境意识还比较淡泊的十年前就开始做"环保"类公益广告，通过环境承诺在消费者面前树立起"环境友好"的形象，这种虚假的绿色营销能带来直接的经济利益。然而，该企业的环境承诺并没有实现，根本原因在于：受技术的限制，企业完全履行环境承诺会使净收益为负，因此，很长一段时间里企业没有动力落实其环境承诺。在三维度绿色过程模型中属于（强，强，弱）类型，在对漂绿处罚力度不大的情况下，漂绿成为其理性的选择。

（2）双汇集团子公司济源双汇"瘦肉精"事件

双汇是以肉类加工为主的大型食品集团，2011年总资产60多亿元，员工4万多人，年屠宰生猪能力1500万头，年销售冷鲜肉及肉制品200多万吨，是中国最大的肉类加工基地。2011年的公司社会责任年报介绍：双汇2011年获得省级"绿色企业"荣誉称号，2010年获得"河南省污染源第一次全国普查先进单位"荣誉，是"绿色生产、绿色产品、绿色基地"。一直以"消费者的安全与健康高于一切、双汇品牌与形象高于一切"为经营理念，以"做中国最大、世界领先的肉类供应商"为发展目标，在追求经济效益、保护股东利益的同时，积极保护债权人和职工的合法权益，诚信对待供应商、客户和消费者，积极从事环境保护、社区建设等公益事业，从而促进公司本身与全社会的协调、和谐发展。公司把"产品质量无小事、食品安全大如天"作为产品质量安全管理理念，相继通过了ISO9001质量管理体系和HACCP食品安全管理体系认证，取得了QS食品安全卫生生产许可证，通过执行严格的质量标准，采取细致入微的质量控制措施，提升产品品质和服务质量，为消费者提供了安全的产品和优质的服务。公司在原料采购、生产过程、产品存放、产品出厂、产品运输、产品销售各个环节都设立关键控制点，进行严格的质量检验和监控，严把工艺管理，确保为消费者提供安全、放心的产品。

济源双汇食品有限公司位于河南省济源市，是河南双汇集团下属的分公司，主要以生猪屠宰加工为主，有自己的连锁店和加盟店，有关宣传双汇冷鲜肉"十八道检验、十八个放心"的字样在店里随处可见。2011年央视"3·15"节目披露了济源双汇食品有限公司收购含"瘦肉精"猪肉的事件。2011年4月19日，双汇发布公告，宣称"双汇集团根据《食品安全法》《动物防疫法》《生猪屠宰管理条例》《关于进一步加强瘦肉精监管整治工作的通知》等相关法律、法规、政策的规定，于 2007 年制订（并于 2010 年进一步修订）有《双汇集团'瘦肉精'的抽检与控制方案》，规定了对'瘦肉精'检测、上报、处理的检测体系。济源双汇由于个别员工在采购环节执行上述检测体系时没有尽责，致使少量饲喂有'瘦肉精'的生猪流入济源工厂。"公告还宣称："双汇集团将引入第三方监督机构，对产品质量、食品安全和内控体系进行全方位的第三方监督审核和检测检验；进一步完善产业链，提高企业对产业链上下游的控制力，确保食品安全；积极采取措施，履行企业社会责任，确保食品安全，重塑双汇品牌美誉度。"

从现有掌握的材料来看，双汇集团子公司济源双汇也涉嫌漂绿。作为一家大型食品公司，在我国绿色经济兴起和消费者关注食品安全的背景下，开始通过环境承诺试图在消费者面前树立起正面的形象并带来了直接的经济利益。和哈药集团一样，企业的环境承诺并没有实现，但和哈药集团漂绿的原因并不完全一样。双汇并非没有落实环境管理的动力和技术（虽然其落实环境管理并不能使其运营成本明显下降），也不是其高层对环境管理不重视，而是其环境管理的实施能力不强所致：内部管理薄弱，关键岗位出现了较严重的委托 - 代理问题。在三维度绿色过程模型中属于（强，弱，强）类型[①]。

将企业变绿看作一个进程，讨论了企业的环境承诺为什么往往演变成漂绿，可以得出以下结论：①企业进行漂绿，有三种可能的原因：一是环境承诺能获益，也有能力实施环境管理，但实施环境管理无法获益；二是环境承诺和实施环境管理都能获益，但由于企业内部管理水平没有能力实施；三是环境承诺能获益，实施环境管理无法获益，也没有能力实施。②绿色技术、消费者偏好、对漂绿的惩罚力度、企业内部管理水平的变化都会影响企业的绿色过程，但效应有所差别。绿色技术的突破、惩罚力度的加大、企业内部管理水平的提高都有助于减少漂绿现象，但消费者绿色偏好的增加会导致漂绿现象的增多。

---

① 杨波：《环境承诺为什么演变为漂绿——基于企业绿色过程模型的分析》，《管理现代化》2012 年第 4 期，第 37 ~ 41 页。

三 漂绿的形态多样性及演化：历时与共时的分析[①]

漂绿现象自出现以来，随着绿色消费的发展以及监管的强化，其表现形态也在不断变化中。分析其形态的变化，有助于理解漂绿与消费者、监管环境之间的关系，也有助于为漂绿的治理提供一些理论基础。本书从历时与共时两个角度出发，分析漂绿的演化与多样性。

1. 漂绿形态的演化：历时的视角

漂绿现象出现以后，迅速在全世界蔓延开来。漂绿的表现形态在相同国家和地区的不同历史阶段、不同的国家和地区、不同的企业间均不尽相同。为了深入地分析这种经济现象，首先需要从纵向视角来考察其演化过程，并对此进行理论解释。

（1）漂绿表现形态的演化路径

漂绿表现形态的演化过程遵循两条路径：第一条路径是从赤裸裸的欺骗到日益隐蔽。相比较而言，美国、英国等发达国家，漂绿现象和针对漂绿的规制出现都较早，且规制在不断完善中。针对一些企业采用赤裸裸的手法，欺骗消费者，使消费者相信其产品或服务的环保性能的现象，1992年美国联邦贸易委员会颁布了《绿色指南》，明确规定可以接受和不能接受的环境营销手法。这一规制使企业不得不采用模糊的手法，误导消费者相信其产品或服务的环保性能。随后，《绿色指南》又在1998年进行修订和升级，要求企业提供有关产品环保特性的详细说明，并且不得夸大它的特性或环境效益。《绿色指南》规定，企业在宣传过程中必须避免使用"环保优越性"、"环保"或"减轻环境影响"这样的字眼，因为它们并不能给消费者提供任何可以用来比较的具体信息，也就是说，如果没有特殊规定，这类宣传语都是被禁用的。法律的完善让美国企业的漂绿活动有所收敛，但是并未完全消失，而且漂绿的表现形式越来越隐蔽。漂绿最新的表现形式为自制类似于环保标识的标签，这一行为不仅隐蔽，而且难以界定。

其他国家有着类似的情况，一方面对漂绿的规制越来越严，另一方面

[①] 杨波：《漂绿的形态多样化及演化研究》，《管理现代化》2014年第1期，第27~29页。

漂绿的表现形式越来越难以界定和隐蔽。英国的广告标准委员会于1995年制定了《环境条款》，对广告宣传中涉及环保的内容做出相关规定，但只有企业的环保宣传被提出诉讼之后，该委员会才能对企业进行调查，因此约束力很有限。于是，英国在1998年又出台了非强制性的《绿色宣传条款》，鼓励企业的负责人基于社会责任角度，对漂绿进行积极的防范。1994年，新西兰颁布了《环境诉讼条款》；2007年，挪威颁布了《汽车营销中的环境诉讼要求》，规定在汽车市场上采用绿色营销的产品，其环保品质必须是同类产品中的前三名，否则就不能向消费者宣传自己在这方面是环保的。2008年，澳大利亚和加拿大也制定了具体的管理条例，规定企业在宣传产品节能的时候，必须是与权威标准进行了比较，或者是与同类产品进行了比较之后得出的，或者提供具体数据明示消费者。基于漂绿在实践中花样不断翻新，不少国家提出，环保声明必须建立在产品整个生命周期基础上。例如，瑞典和挪威都要求，如果汽车商声称自己的产品是"对环境友好"或者是"绿色的"，就需要出示证据显示产品在整个生命周期中，在环境保护方面都比同类产品做得好。澳大利亚的法律则规定，"绿色""环境友好""环境安全"等说法都过于笼统、含糊，要避免使用，而且实际上，几乎所有的产品都会对环境产生或多或少的负面影响。环境保护领域中有很多词是普通消费者不熟悉和难以理解的，为了避免在宣传中有意或者无意地使用专业术语迷惑消费者的问题，澳大利亚规定绿色营销中要采用普通消费者可以理解的平实的语言，避免误解；新西兰的《环境诉讼条款》则规定，营销中采用的专业术语应该是普通消费者很容易理解的本语。[①] 总体来说，美国、英国等这些发达国家有一系列整治漂绿的法规和制度，使企业进行漂绿的成本和风险不断提高，在一定程度上控制了漂绿的蔓延和发展。

第二条路径是在迎合消费者偏好的同时，不断触及法律的模糊地带。企业在漂绿的时候，往往能根据消费者偏好变化的特点，设计出一套吸引消费者的漂绿方案出来。在信息不对称的情况下，消费者虽然都是理性人，但是由于自身掌握的信息不够全面甚至是错误的，所以会出现购买经企业漂绿的"绿色商品"。例如，由于环境问题和食品安全问题在中国当下比较突出，消费者对绿色有机食品的需求非常旺盛。2012年以前，

---

① 周培勤：《警惕：欧美漂绿营销袭来》，《环境保护》2009年第10期，第15~17页。

中国有机认证管理整体比较松，不少企业通过购买有机标识、随意扩大其有机认证的范围等公开的方式进行漂绿。2011年12月1日，中央电视台揭露山东寿光和肥城两地的造假有机蔬菜，为有机认证信任危机增添了新注脚。2012年我国加强有机认证管理后，在2012年3月至2012年12月的九个月时间里，有效有机产品认证证书数量就减少了1500余张。许多企业只能以模糊的方式进行漂绿，宣称自己生产或销售的蔬菜是有机蔬菜。

在一些发达国家出台相应规制漂绿的法律后，企业又开始不断触及法律新的模糊地带，也致使漂绿的表现形式日益复杂。如一些国家禁止误导性宣传，但不少公司仍然做表面上是准确的但实际上仍然存在误导的环保宣传。例如，有公司说其产品含有10%可循环利用材料，从事实层面看，这也确实是准确的说法。但是，如果公司试图凭借这样的宣传，来暗示自己在环保方面的领先，这或许就是一个误导，因为很有可能其他公司的产品甚至包含10%以上的可循环利用材料。总的来看，相应法律法规的出台，一方面减少了漂绿的空间，另一方面也使得企业不断寻找其模糊地带，创造和选择漂绿的新形态。

（2）漂绿表现形式演化的理论解释：协同演化

一般认为，在社会经济系统中，协同演化主要反映了知识、价值、组织、技术和环境等五个子系统之间的长期反馈关系。漂绿表现形态的演化就是一个协同演化的过程，反映了企业、政府、公益性社会组织、消费者四个子系统之间的长期反馈关系，如图2-3所示。

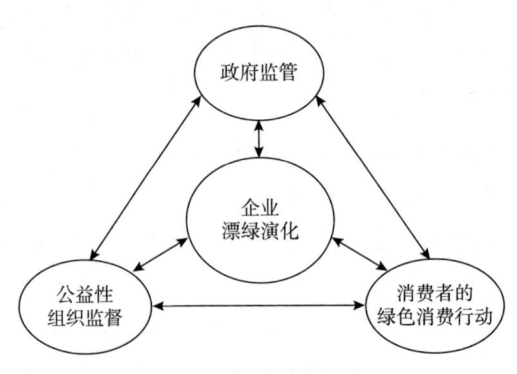

图2-3 漂绿的协同演化

协同演化分为单方主导型协同演化、共同主导型协同演化和无主导型协同演化三种类型。① 漂绿形态的演化，从类型上更符合共同主导型协同演化的特点，即企业和政府共同主导协同演化过程。政府根据企业漂绿的发展和表现形式，出台符合当前情况的法律法规进行规制，漂绿的企业则根据消费者的偏好变化和法律法规的变化，灵活调整和发展自己的漂绿方式，这是漂绿演化的主要方面。同时，消费者、公益性社会组织直接向企业施压，或者向政府施压，也是漂绿演化的一个动力来源。漂绿也会对消费者的绿色消费认知水平和能力、公益性组织的活动等产生影响。

可以将企业看作组织，把政府、消费者和公益性组织看作环境，来分析漂绿演化的动力机制。在协同演化理论中，组织与环境协同演化有四种动力机制：一是幼稚选择，二是管理选择，三是层级更新，四是全面更新。漂绿演化的动力机制有两个：幼稚选择和管理选择。在绿色消费大潮和监管宽松的环境下，为了适应环境，一些企业选择了漂绿并获得了可观的收益，当监管环境发生变化时，漂绿的表现形式也相应发生变化；漂绿的企业会根据环境的变化，不断调整自己漂绿的形式和方法，以最低成本和最低风险获得漂绿的收益。

组织与环境协同演化有三种过程机制：互动机制、学习机制、变异与选择机制。当外界环境发生剧烈变化时，可能导致企业惯例发生变异。在漂绿的协同演化过程中，这三个机制都在发挥作用。② 一方面，企业在受到政府、消费者和公益性社会组织约束的同时，企业适应绿色消费这一新的环境进行漂绿，并根据环境不断对漂绿方式进行调整；而政府、消费者和公益性社会组织又在努力制止企业漂绿。双方的互动导致了漂绿表现形式的不断演变。另一方面，企业间的互动和模仿会使漂绿在行业间迅速扩散，当外界环境发生变化导致漂绿的表现形态发生变化后，新的漂绿形态又会迅速扩散。

2. 漂绿形态多样性的理论解释：共时的视角

演化经济学继承了凡勃伦、熊彼特和哈耶克的思想，为解释纷繁复杂的经济现象提供了一种有别于新古典经济学的理论工具和思想方法。它跨越新古典经济学的理性人、最优、均衡等范畴，提出了复杂行为人、历史

---

① 郑春勇：《协同演化理论的新进展》，《经济界》2011年第7期，第16~18页。
② 赵晓丽、赵越、王玫：《演化经济学视角下的环境管制政策与企业竞争力》，《管理学报》2013年第4期，第31~35页。

演化、多样性与不确定性等诸多假说，重视群体与个体的差异性，借用生物学的进化、遗传变异、选择机制，为解释经济现象和经济系统演化提供了一个动态变化的研究框架。本书用演化经济学的分析框架，对漂绿形态多样性进行理论解释。

可以将漂绿看作一种降低成本的"创新"行为，当然，这种创新行为对消费者和社会有负外部性的"不良创新"。这种行为在同一个时间点上也表现出丰富的形式，对这种多样性的共时分析，需要从约束环境与企业的异质性来考察。

在演化经济学看来，创新的关键取决于"新奇的创生"，即新偏好的形成、技术和制度的创新及新资源的创造。"新奇的创生"构成了经济现象发生变化的约束环境。

（1）绿色偏好的差异

绿色运动在全球的兴起，导致绿色消费者的规模增大，比重提高，消费者的绿色偏好逐渐增强。这一新偏好的形成给漂绿这一新的行为提供了利润空间。在宽松的监管环境中，企业通过传递自己产品或服务并不存在的绿色环保信息，可能获得绿色溢价和竞争优势。这种新偏好形成后的不良"新奇"，通过传递机制，大量企业跟进，形成了漂绿的泛滥。可以预见，在环境问题日益严重的今天，消费者的绿色偏好只会持续增强。这是漂绿形态面临的最重要的约束环境之一。实证研究表明，一个国家在不同的经济发展阶段，不同的国家在相似的经济发展阶段，由于历史、文化等多种因素的影响，其消费者的绿色偏好存在较大的差异。这种差异性会直接影响企业是否漂绿，以及对漂绿形式的选择。因为绿色偏好的大小和绿色偏好对象的不同，既会影响绿色溢价的大小，又会影响漂绿方式的选择。例如，西方发达国家的绿色消费运动已开展多年，消费者对绿色产品的知识比较丰富，采用含糊不清的方式如"富含天然成分"进行漂绿，很难得到消费者的认可；而在我国，采用这种漂绿的形态却非常有效，因而也较为常见。

（2）绿色技术的差别

虽然在部分产业和产品方面，绿色技术发展迅速，明显地降低了具有绿色环保性质产品的成本。但对于大多数产业和产品来说，绿色技术的发展，并没有显著地降低绿色环保性质产品的生产成本。特别是对于采用传统生产方式、固定成本较大的制造企业来说，绿色技术的高成本无疑是其实现绿色转型的阻碍。因此,在宽松的监管环境中,为了迎合消费者的需要,许多企业选择了漂绿。随着绿色技术的突破,漂绿可能带来的经济利益会有所下降,但在相当长一段时间内,大多数绿色产品的生产成本仍然高于普通产品,这也是漂绿的约束条件之一。同样,一个国家在不同的经济发展阶段,不同的国家在相似的经济发展阶段,由于关税、知识产权制度、产业结构等多种因素的影响,其绿色技术的高低和成本会存在较大的差异。这种差异性会直接影响企业是否选择绿色技术,以及绿色技术的种类。因为绿色技术会直接影响进行绿色产品生产企业的成本和收益,进而影响企业做出漂绿还是不漂绿的选择,还会影响对漂绿具体形态的选择。例如,在美国有机蔬菜种植较为常见,规模也较大,在生产、配送等环节都实现了规模经济,其成本仅比普通蔬菜高30%~50%,采用举证不足这种方式对蔬菜进行漂绿的方式并不多见;而在中国,有机蔬菜由于种植很少,规模也小,在生产、配送诸环节都没有达到规模经济,其成本比普通蔬菜高2~3倍,售价也远高于普通蔬菜,采用举证不足,对外宣称是绿色蔬菜、有机蔬菜的情况就非常常见。

(3) 监管环境的差异

最初,西方发达国家对漂绿的规制处于空白地带。在引起公众的广泛关注之后,各国出台了相应的法律法规,对漂绿行为进行了规制。但总体来说,世界各国目前都缺乏对漂绿有效的治理手段和措施。在一些新兴的市场经济国家,漂绿基本上处于无监管的状况。可以设想,未来的监管环境会越来越严格,这会迫使漂绿的手段发生变化。监管环境会影响企业进行漂绿和选择不同漂绿方式的成本和风险,最终影响漂绿形式的选择。例如,在西方发达国家存在直接规制漂绿的法律法规,公然欺骗这种漂绿的形态面临的风险较大,因此这种形态很少见。而在中国,由于法律法规的缺失,公然欺骗面临的风险不大,所以这种形态很常见。

同时,还需要从企业自身的不同特征寻找漂绿形态多样化的原因。漂绿的表现形式有多种,为什么在现实中有一些企业选择了漂绿,而且不同的企业选择漂绿方式有所不同,这需要用企业的异质性特征来加以解释。[1]

所处的产业是构成企业异质性的来源之一。一般来说,在其他条件相

---

[1] 赵晓丽、赵越、王玫:《演化经济学视角下的环境管制政策与企业竞争力》,《管理学报》2013年第4期,第31~35页。

同的情况下，对环境污染比较严重的产业如重化工业中的企业漂绿的动力和压力更大。一方面，由于其对环境污染比较严重，受到公众的注意力和要求其实施绿色行动的压力就比较大；另一方面，由于其改造成本巨大，很多情况下实施绿色行动在经济上并不理性。在漂绿的方式选择上，由于受到关注较多，这类企业一般会选择风险较小的方式。一般的，重化工业中的企业进行漂绿时一般会选择"避重就轻""含糊不清"等比较隐蔽且符合同行业特点的方式。

企业规模的大小也是构成企业异质性的因素。大型企业会具有外部可监督性，更容易吸引环境管制及社会关注，在政府、社会、NGO、消费者等群体的监督下，具有进行环境管理和技术创新的动机和激励；而中小型企业则缺少公众监督所带来的进行节能减排的技术创新激励，并往往难以承担进行污染防控及产品工艺创新等带来的成本和风险。[①] 一般情况下，大企业受到消费者和环保组织的关注较多，采用的漂绿形态往往比较隐蔽，中小企业则正好相反，往往采用比较公开的漂绿方式。

企业的惯例也是企业异质性的来源之一。有研究表明，较大规模的企业以及管理者环保意识较高的企业，通常具有更加积极的环境行为和表现，从而更容易形成较高的竞争力，这样的企业，即使进行漂绿，也倾向于采取隐蔽和模糊的方式。而采取"消极型"态度的企业，在面临环境管制时往往追求短期经济利益，采取消极抵抗的方式应对管制政策带来的影响，在漂绿时也常常以更公开的方式进行。

四 我国消费品市场漂绿问题的深层次原因探析

1. 漂绿问题在中国消费品市场的现状与本土特征

2007 年中国提出："要建设生态文明，基本形成节约能源资源和保护生态环境的产业结构、增长方式、消费模式。"生态文明作为一种新型的文明又被形象地比喻为"绿色文明"。归结到一点，就是中国必须实现绿色发展。绿色消费是建设生态文明的基本内容，将引导我国实现绿色发展。2009 年以来，在联合国"绿色经济"和"绿色新政"倡议的引领下，

[①] 赵晓丽、赵越、王玫：《演化经济学视角下的环境管制政策与企业竞争力》，《管理学报》2013 年第 4 期，第 31~35 页。

主要经济发达国家积极进行了一场以发展绿色经济为核心的"经济革命",将绿色经济作为未来经济的主力引擎。中国政府也积极响应。实际上,在一些行业,我国实施绿色消费的时间更早。以食品行业为例,早在1990年,我国就提出了能够将生态效益、经济效益、社会效益三者统一的农业发展模式,开始推行"绿色食品工程",当时市场中就出现了企业漂绿的问题。按阶段划分,2003年之前是中国绿色食品产业的形成期,2003年之后,中国绿色食品产业由形成期进入成长期(韩杨,2010)。截至2013年12月31日,全国绿色食品企业总数已达到7696家,产品总数为19076个,获得绿色食品认证的国家级农业产业化龙头企业达到289家,省级农业产业化龙头企业达到1307家。2013年,绿色食品产品国内年销售额达3625亿元,出口额为26亿美元。

在绿色经济和绿色消费蓬勃发展的同时,我国也出现了漂绿现象蔓延的势头。与西方发达国家相比,我国商品市场中的漂绿现象出现得较晚,但问题已经比较严重。零点研究咨询集团董事长袁岳指出:"2009年上半年,稍有实力的企业都一哄而上,开始宣传自己的环保行为。从总体上来看,目前企业宣传环保以忽悠为主,自己声称的东西大多缺乏对应的标准。宣称要用环保技术进行企业更新换代的,却只听到口号,更像是在玩概念。"

由于相关法律约束的缺乏和政府监管的力度不够,漂绿目前在我国处于高发期。正如《南方周末》发布"中国2012年漂绿榜"时所总结的:回顾国内各种以"绿色""环保"抑或"可持续发展"名义进行营销和公众传播的企业,较之两年前,数目增长呈喷薄之势。所谓的"漂绿"行径,也随之五花八门起来,从赤裸裸地欺骗到"模糊视线"或"适得其反",方式不同,程度也不尽相同,但目的只有一个:获得更多利润。详见表2-1。

表2-1 2009~2013年度《南方周末》"中国漂绿榜"上榜企业及原因[①]

2009年	2010年	2011年	2012年	2013年
APP公司 故意隐瞒	紫金矿业 公然欺骗	哈药集团 空头支票	神华集团 公然欺骗	神华集团 声东击西

---

① 根据《南方周末》的归纳,十大漂绿行为表现为:公然欺骗、故意隐瞒、双重标准、空头支票、前紧后松、政策干扰、本末倒置、声东击西、模糊视线、适得其反。

续表

2009 年	2010 年	2011 年	2012 年	2013 年
雀巢 双重标准	超威电源 公然欺骗	江森自控 声东击西	可口可乐 故意隐瞒	中石油 公然欺骗
沃尔玛 空头支票		阿迪达斯 故意隐瞒	可口可乐 双重标准	阿迪达斯 空头支票
惠普 空头支票		康菲 空头支票	修正药业 空头支票	苹果 模糊视线
		苹果 公然欺骗	美特斯邦威 公然欺骗	格力电器 公然欺骗
		中石化 政策干扰	中国烟草 政策干扰	大自然地板 声东击西
		双汇 本末倒置	南山奶粉 本末倒置	威立雅 双重标准
		深圳发展银行 声东击西	中煤集团 声东击西	麦当劳 适得其反
		归真堂 模糊视线	三棵树 模糊视线	沃尔玛 本末倒置
		晶科能源 适得其反		亚都公司 公然欺骗

注：资料来源于《南方周末》发布的历年漂绿榜，表中跨国公司入选是因其中国的子公司漂绿。

漂绿目前在我国的本土特征可以归纳为以下几点。

（1）多集中于食品、家具等行业，呈现出行业性高发的特征

当前，漂绿不是单个企业的问题，而是一个行业性问题。哪个行业绿色标准缺失，消费者对绿色产品的偏好强，政府监管松懈，哪个行业的漂绿就成为普遍现象。以家具行业为例，全国工商联家具装饰业商会橱柜专委会发布《2012 中国橱柜行业消费白皮书》，发出八大警示，专门指出橱柜行业假环保等现象盛行。橱柜业的"假环保"主要有两种。一种情况是冒用环保标准。比如一些橱柜厂家标榜产品的板材达到 E0 标准，实际上连比 E0 标准低一级的 E1 标准都没有达到。E1 级板材游离甲醛含量已经完全符合橱柜的环保要求，而 E0 板材橱柜由于造价昂贵，在国内很少见。另一种情况是橱柜企业花钱换取环保认证。再以水果、蔬菜为例，2011

年 6 月，新华社报道：呼和浩特市周边的一些蔬菜水果观光基地商家都挂起"绿色果蔬"和"无公害产品"的牌子，但绝大多数没有经过认证。在呼和浩特市美特好超市的蔬菜水果专柜看到，宣传广告栏上也写着"有机食品"。超市工作人员告诉记者，这些用保鲜膜包装好、价格比散装蔬菜贵 1 倍的蔬菜都是有机蔬菜。但这些蔬菜水果绝大多数并没有绿色食品或有机食品的标识，只不过是看上去长得比较结实，个头也匀称些。《南方周末》"2012 年漂绿榜"上榜食品类企业名单为：可口可乐、现代牧业、南山奶粉、徐福记、百胜集团、农夫山泉，占上榜企业的 1/3。

（2）多采取公然欺骗或购买绿色标识等比较直接的方式

近几年，国内发生了几起典型的影响较大的漂绿案例。如 2011 年重庆沃尔玛公司采用了公然欺骗的方式。该公司在渝 10 家分店及 2 家收购的好又多分店假借"绿色食品"的名义，将普通冷鲜猪肉标注为"绿色精肋排""绿色里脊"等，并按照"绿色食品猪肉"的价格进行销售，共售出 63547 千克猪肉，时间跨度长达 20 个月，涉案金额 195.25 万元，非法赢利约 50.84 万元。重庆工商部门对其重庆分店采取了停业整顿、没收所有违法所得、罚款 269 万余元等措施。又如，据《时代周报》报道，2013 年，贵州茅台对外宣称神秘酿酒原料"糯高粱"和"小麦"是通过南京国环有机产品认证中心（下称南京国环或 OFDC）有机认证、产于本地的纯天然有机原料，涉嫌漂绿。其 30 万亩遍布仁怀 21 个乡镇的有机生态原料基地，在种植过程中常年大量施用"美邦蓝剑：高效氯氰菊酯"和"高效氯氟氰菊酯"等高效化学农药，严重违反国家《有机产品标准手册》规定，完全背离了有机产品应遵循自然和生态学原理的种植规定。然而，这 30 万亩原料基地，却顺利通过了南京国环的有机认证，成为"茅台原料有机生态种植基地"，产出的糯高粱和小麦则成为有机产品，认证费高达 400 万元。在日常监管方面，南京国环每年仅派员工来仁怀"认证巡查"一次，监管形同虚设。

（3）被公众识别后继续漂绿成为常态

从漂绿榜可以看出，不少企业特别是大企业漂绿被识别后仍然继续漂绿，如神华集团，苹果公司等，还出现了同一个企业同一年两次上漂绿榜现象，如可口可乐中国分公司，这也是我国目前漂绿现象的本土特征之一。

实际上，一些没有上榜的企业漂绿被公众识别后继续漂绿在报道中也屡见不鲜,而且多发生在能源、制药领域的企业。例如,据《南方周末》2012年度漂绿报告报道,陕西延长石油公司总经理张积耀曾公开表示,该集团已投入64亿元用于环境保护。但在向世界500强挺进的关键之年,延长石油却爆发出多起污染事故。在陕西北部的榆林和延安两市,凡是延长石油"磕头机"存在的地方,各类漏油污染事故频发。这一特征与西方发达国家有明显的差别:在西方发达国家,企业特别是大企业漂绿被公众识别后,会遭到消费者的联合抵制,企业会面临很大的社会压力和经济压力,一般会采取公开道歉、改正错误行为等以换取消费者的谅解。

以上这些本土特征充分表明,漂绿在我国尚处于发展的初期阶段,其发展没有受到强有力的约束和治理,漂绿的约束和治理在我国才刚刚开始,且任重道远。

2. 我国消费品市场漂绿问题的深层原因探析:文化、制度和环境的视角

从组织外部、组织内部和决策者个体的多重角度出发,前文对消费品市场中漂绿出现的原因进行了一般意义上的讨论。很明显,这一分析是新古典式的或者说是以新古典经济学范式来进行的。这一分析有助于从总体上分析漂绿现象的出现。不过,漂绿这一经济现象在不同的经济社会体中的呈现方式和特征并不完全一样,特别是在我国的消费品市场中,漂绿问题除了具有一些一般意义上的表现外,还具有几个非常突出的本土特征。这说明,为了更好地解释漂绿现象,还需要结合其他角度展开分析,以期解释一些具有鲜明本土特征的漂绿问题。本书从文化、制度、环境等角度对我国消费品市场漂绿问题的深层原因进行探析。

(1) 文化因素

文化因素是导致我国消费品市场漂绿出现并泛滥,呈现独特本土特征的原因之一。中国社会对诚信一直非常重视,并将之看作道德的重要组成部分,但中国文化的特点很少将之提升到法律的层面。从历史上看,中国传统商业道德讲究诚信不欺,它贯穿于中国古代商人的经营活动中。在古代,对商人的约束主要靠一些非正式规则,如道德说教、亲情、血缘关系等来实现,由此所延伸出来的"见利思义""重义轻利"等思想便构成了儒家"义利观"的基本内容,并渐渐与商业公平交易等原则融会贯通,指导着古代商业活动。

计划经济向市场经济转型,传统社会向现代社会的转变,既带来了经济的快速增长，又衍生了很多问题。现阶段，市场的弱点也不可避免地反映到人们的精神生活上来，致使市场中出现了较严重的诚信问题。古代的商业活动范围较小，对商品交换的依赖程度较低，大部分人过的是自给自足的生活。熟人社会产生的重复交易，使商业道德比较容易处于稳定状态。但在现代社会，人们对商业活动的依赖程度大大加深，商业活动的范围也空前广泛，商业交易大都发生在陌生人之间，彼此都不是很熟悉，而且往往交易只发生一次就结束了。这是造成当今我国市场交易中大量道德失范事件如漂绿发生的重要原因。

学界和业界逐渐认识到，要减少这些道德失范事件，一方面需要进一步完善市场经济体制机制，健全市场经济法制体系；另一方面，需要加强人们的道德修养，鼓励和宣传符合商业道德的人和事。但中国的文化特点，使得业界和学界都比较重视强调商人个人的修为，强调他们的自律，这与西方发达国家特别是美国人制定措施的出发点往往是"总统是靠不住的"差别很大。这导致对采取相关的硬约束防治漂绿的措施重视不够。

消费品市场中的漂绿行为，往往被看作商业诚信和商业道德问题，而且消费品市场中的商业诚信问题，往往只有在出现了严重的后果，如导致消费者伤亡的情况下，才能纳入法律层面来规制。而漂绿往往主要是损害了消费者的经济利益，对消费者直接的人身伤害很有限。因此，在当下这一文化传统的影响下，消费品市场中的漂绿问题往往被归结于商业道德问题，很难受到法律的规制。

（2）制度因素

制度因素导致了我国消费品市场漂绿现象的产生和蔓延，我国尚未建立起阻止漂绿现象出现的制度体系。总的来说，与漂绿相关的制度可以分为两类：一类是鼓励漂绿现象出现的制度安排，一类是抑制漂绿现象的制度安排。我国消费品市场的现状是，存在一些鼓励进行绿色声明的制度安排，如各级财政对进行绿色生产的企业会有一定的补贴，各级的宣传机构对这类企业进行正面宣传，消费者也愿意为标榜是绿色生产的产品支付更高的费用，即存在一些导向，使企业在名义上符合绿色生产的要求就能够获益。

另外，我国消费品市场缺乏系统的阻止漂绿出现的制度安排。例如，目前我国还没有用于规范绿色宣传和声明的法律法规，对其的约束散见于多个法律法规中，且都比较模糊。反映到经济实践中，是纯粹因为漂绿而受到法律规制的案例极少，消费者对于企业漂绿而出现经济损失也多是忍气吞声。比较尴尬的是，《南方周末》自 2009 年以来，每年都推出年度"漂绿榜"，发挥媒体监督的作用，但监督效果差强人意。既没有引发消费者的群体抵制，对漂绿的企业施加以强大的压力，又没有让这些大企业向消费者道歉，甚至一些大企业连年上榜，对于这种监督视而不见。作为在全国有较大影响力的报纸，《南方周末》在推动消费者了解漂绿方面起到了很大的作用，但对推动相关阻止漂绿出现的制度安排则效果不佳。原因是多方面的，包括消费者的意识和冷漠、法律法规制定者的认识问题、整个社会的诚信问题、法律法规的制定程序等。在鼓励企业进行绿色声明的制度安排普遍存在，而抑制漂绿行为的制度安排缺位的情况下，消费品市场漂绿的出现和流行，以及呈现出上文所归纳的三个本土特征就成为合理的现象了。

（3）环境因素

环境因素也是我国漂绿问题出现非常重要的深层次因素之一。从理论上讲，作为理性人的企业，如果文化、制度、环境因素是大致相同的，则企业的行为也会大致相同。若在经济实践中观察到的企业的行为差别很大，就需要从以上几个因素中寻找原因。我国消费品市场中的漂绿现象和出现的本土特征的深层次原因，从文化、制度等层面解释后，也需要从环境层面进行挖掘。

三十多年的市场化改革，也是中国传统社会向现代社会转型的过程。社会、经济、文化等发生了剧变，由传统的"熟人"社会向"陌生人"社会转型，随着经济的高速增长，社会结构、产业结构都在发生着剧变。这种环境的剧变对经济主体的行为产生了重要的影响，突出表现为经济主体行为的短期化。经济主体过度追求短期化，成为我国当前环境下经济主体的突出特征之一。因为一切都变化太快，所以重要的是当前获益而非长远的获益，每个经济主体的贴现系数都较高，长远的收益折现到当下的数值就会很低，其行为特征就会表现为不重视长期的利益，而过于计较当前的利益。在消费品市场中，企业漂绿会立刻使其享受绿色溢价，而后有可能会被处罚或遭到消费者抵制，但这种损失只是可能在未来出现，与当期收益相比可能并不重要。漂绿就会成为企业的理性选择，并在消费品市场中迅速蔓延起来。当漂绿成为消费品市场中的普遍现象后，不漂绿的两类企业——一类是真正的绿色产品生产企业，一类是普通产品生产企业——

都会受损，前者由于消费者对于绿色消费品支付意愿降低而无法获得足够的绿色溢价，后者会在激烈的市场竞争中处于不利地位，这会迫使这两类企业也转为漂绿，使漂绿的问题更加严重，环境更加恶劣，不漂绿企业的生存空间愈加狭窄。

不仅如此，经济、社会环境的剧变还会带来经济主体行为的不稳定性，从而进一步影响其行为决策。剧变的环境会导致企业在一个行业中经营时间变短，企业从一开始就没有将其目标锁定为在一个较长的时间内获益，而是在短期内迅速获利。若某种获利方式不能持续时，企业会转变获利办法或者进入新的行业。这种环境的不稳定性，引发经济主体行为的不稳定性，也是导致我国消费品市场中漂绿现象出现和蔓延的重要原因：漂绿成为变化的经济、社会环境中的一种"商机"，在还没有得到有效规范前，进行漂绿是有利可图的；若未来规制变得严格，企业再转型以适应，这种规制走向严格的时间越长，企业大面积漂绿的情况就越严重。用张维迎的话来讲，"中国的企业不是在做企业，而是在做项目"。在消费品市场中，体现为漂绿的企业不是在做产品，而是在做短期赢利的项目。

第3章 漂绿对绿色产品市场和绿色消费的影响

第2章的研究表明，漂绿因绿色消费的勃兴而出现，其生成和演化均有比较复杂的原因。漂绿出现后，对绿色产品市场和消费者都产生了负面影响，最终会影响绿色产品的生产。本章将分生产商漂绿与中间商漂绿两种情况，分析漂绿对消费者、绿色产品市场的影响，并对漂绿抑制绿色产品消费、存在漂绿的市场中消费者的行为选择进行系统研究，为后面的漂绿治理研究提供依据。

一 生产商漂绿对消费者和绿色产品市场的影响：负的内部性和柠檬效应

在商品市场中，既有生产商漂绿，又有中间商漂绿。目前以生产商漂绿居多。为了分析漂绿对绿色商品市场和绿色消费的影响，先假定在绿色消费品市场中，没有中间商介入，生产商和消费者直接见面，研究在这种情况下，生产商漂绿对消费者和绿色产品市场的影响。

1. 对消费者产生负的内部性

在绿色产品市场中，对于存在漂绿的行为，人们已经设计了一些制度安排对此进行防范。但迄今为止，尚没有非常有效的手段来完全杜绝漂绿。为了分析方便，假定由于漂绿的存在，消费者无法区别真正的绿色产品和漂绿的产品，绿色产品市场出现了混同均衡。

从信息经济学的视角来看，漂绿是由于在生产商和消费者之间存在信息不对称而出现的。生产商对产品的相关特性是完全了解的，而消费者由于信息搜寻存在成本，因而其信息占有量很小，处于信息的劣势方。漂绿的存在，会对消费者产生负的内部性。

内部性分为正内部性和负内部性两种。负内部性对应于内部成本，正内部性对应于内部收益。漂绿会给绿色消费者带来福利损失，而这种损失在合约条款中未得到充分的预计。外部性的商品和行为不存在任何事前的市场交易，是一种强加于交易之外的第三方的成本与收益；而内部性发生在市场交易双方，是一种经过了市场交易但没有在交易合约中反映出来的成本与收益。一般来说，有三类主要的交易成本是造成内部性的原因：①在存在风险条件下签订意外性合约（Contingent Contract）的成本；②当合约者的行为不能完全观察到时所发生的观察或监督成本；③交易者收集他人信息时所发生的成本。①

漂绿给消费者带来的内部性主要是第①类和第③类交易成本。下面用图 3-1 来说明搜寻成本与搜寻收益之间的关系。

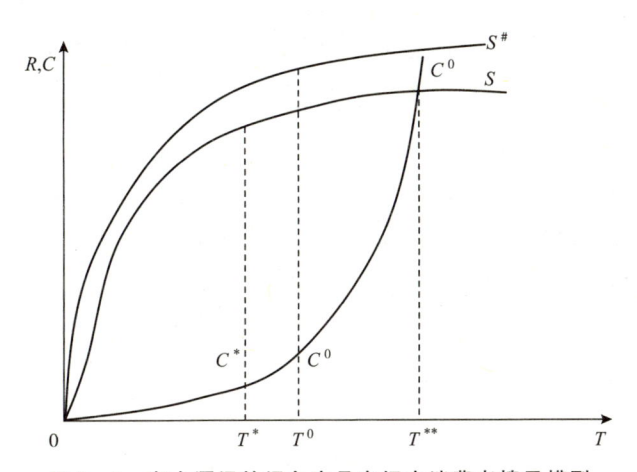

图 3-1　存在漂绿的绿色产品市场中消费者搜寻模型

图 3-1 中，R、C 分别表示信息搜寻的收益和成本，T 为信息搜寻时间。令 V 为消费者信息搜寻的净收益，即 $V = R - C$。S 为不存在漂绿情况下，绿色产品市场中消费者的搜寻收益，$S^{\#}$ 为存在漂绿的情况下，消费者的搜寻收益。

一般的，$\dfrac{dC}{dT} > 0$，$\dfrac{dR}{dT} > 0$；$\dfrac{d^2 C}{dT^2} > 0$，$\dfrac{d^2 R}{dT^2} > 0$。在没有漂绿的情况下，当 $\dfrac{dR}{dT} = \dfrac{dC}{dT}$ 时，即在 T^* 处，消费者获得最大的净收益，在 T^* 前，随着搜寻时间的增加，消费者的搜寻净收益在增加，而在 T^* 后，随着搜寻时间

---

① 苏晓红：《内部性解决机制的比较分析》，《经济学家》2008 年第 5 期，第 89~95 页。

的增加，消费者的搜寻净收益在减少。到 T^{**} 处，消费者的搜寻净收益降为零。如果绿色产品市场中没有漂绿现象，消费者的正常搜寻时间为 T^*，并在该处获得最大收益，而由于漂绿现象的存在，搜寻曲线提高为 $S^{\#}$（消费者进行搜寻，可以减少买到假的绿色产品的风险，因此曲线提高），最优的搜寻时间提高为 T^0，最优的搜寻成本也增加为 C^0。与没有漂绿现象的市场相比，消费者的搜寻时间和搜寻成本均有所增加。可以设想，如果漂绿的现象比较普遍，且方法比较隐蔽，为了减少买到假的绿色产品的风险，消费者的搜寻时间和搜寻成本还会进一步增加，这种效应就是漂绿对消费者产生的负的内部性。

下面先分析一个典型的绿色消费者由于生产商漂绿带来的福利损失，再分析从整个绿色产品市场来看，因漂绿导致的消费者群体的福利损失。在市场中存在两种消费品：普通消费品和环境。环境作为一种公共产品，能够给消费者带来正的效用，但普通消费品在生产和消费中会对环境造成负面影响。普通消费品由竞争性的企业提供，企业可以满足市场的所有需求。一个典型的绿色消费者会在普通消费品和环境之间进行权衡和选择，更多地消费普通消费品就会带来公共产品的减少。

在没有漂绿的情况下，假定 x 为普通消费品的消费量，L 为环境的自然禀赋。环境的消费量就是环境的自然禀赋减去普通消费品对环境造成的破坏。

消费者的效用函数为：$U = u(x, L - ax)$。

a 是普通消费品对环境影响的系数，$a > 0$。假定消费者的效用函数关于环境是拟线性的，则效用函数为：$U = u(x, L - ax) = v(x) + L - ax$。其中，$v'(x) > 0$，$v''(x) < 0$。

将环境的价格标准化为 1，普通消费品的价格为 p，消费者的初始禀赋为 W。消费者的预算约束为：$px + L - ax = W$。

此时一阶最优条件为：$v'(x^*) = p$。 (3-1)

由于环境的价格标准化为 1，该优化条件也就意味着，普通消费品的边际效用应当等于边际成本。此时，消费者实现效用最大化。不考虑监管等因素，企业有动机通过漂绿，诱使消费者消费更多的普通消费品，而对于消费者来说，则会对普通消费品消费过多，对于环境的消费减少，导致了福利的下降。

在有漂绿存在的情况下，消费者被企业误导，把一些普通消费品当作

第3章 漂绿对绿色产品市场和绿色消费的影响

环境,无法知道普通消费品对于环境的真实影响。假设漂绿的概率为 θ, θ 服从 $[0,1]$ 的均匀分布。

消费者的效用函数为: $U = u(x, L - \theta ax) = v(x) + L - \theta x$。 $L - \theta ax$ 是消费者对于环境水平的判断,而 $L - ax$ 则是真实的环境水平。漂绿现象越多,θ 越大。消费者的期望效用为: $u = \int_0^1 u(x, L - \theta ax) d\theta$。消费者的预算约束为:

$$\int_0^1 [px + L - \theta ax + c(\theta)] d\theta = W, \text{ 即为 } px + L - \frac{1}{2}ax + C = W。$$

可以解出消费者最优化的一阶条件为:

$$v'(x) = p + (\theta - \frac{1}{2}a)。 \quad (3-2)$$

两者对比,在企业漂绿的情况下消费者的福利损失为:

$$u - u^* = v(x) - v(x^*) - a(x - x^*) = (x - x^*)\left[\frac{v(x) - v(x^*)}{x - x^*} - a\right]。$$

下面对绿色产品市场中总的消费者福利损失做一个简单的分析,见图 3-2。在没有漂绿的绿色产品市场中,假设消费者具有完全的产品质量信息,供给曲线 S_G 与需求曲线 D_G 实现了均衡,均衡价格和均衡数量分别为 P_G 和 Q_G。非绿色产品的供给曲线 S 和 D 实现了均衡,均衡价格和均衡数量分别为 P 和 Q。由于漂绿的存在和信息不对称,消费者对于所有的产品仅能以平均质量来衡量和支付价格,均衡价格和均衡数量分别为 P_{MG} 和 Q_{MG}。

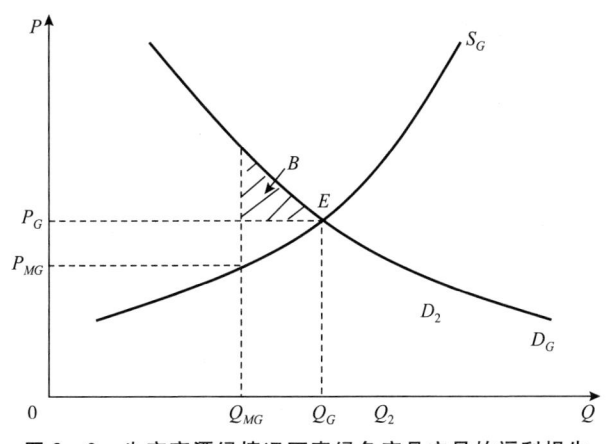

图 3-2 生产商漂绿情况下真绿色产品交易的福利损失

市场失灵会造成消费者两部分的福利损失：一部分是真正的绿色产品价格偏低造成的效率损失；另一部分是漂绿的产品价格偏高造成的效率损失。首先，由于市场价格低于真正的绿色产品的市场出清价格，作为理性的生产商只能减少产品的供给量，假设将真正的绿色产品的供给量由 Q_G 减少到 Q_{MG}，由于市场上真正的绿色产品供给不足，从而造成了相应的福利损失。图中 B 即为消费者的福利损失。在 D_G 曲线不断向里移动的过程中，福利损失将进一步增大。

而对于漂绿的产品来说，实际的价格高于其市场出清的价格（见图 3-3）。由于信息不对称，消费者以高价格购买了非绿色产品，使漂绿的生产商获得了超额利润，在图中表现为 A，这部分是消费者转移给卖者的消费者剩余。另外一部分，则是消费者发现实际的价格高于产品的真实价格后，一些消费者不再购买非绿色产品带来的消费者损失 B。这样，对于漂绿的非绿色产品来说，市场上也出现了福利损失，总额为 $A+B$。

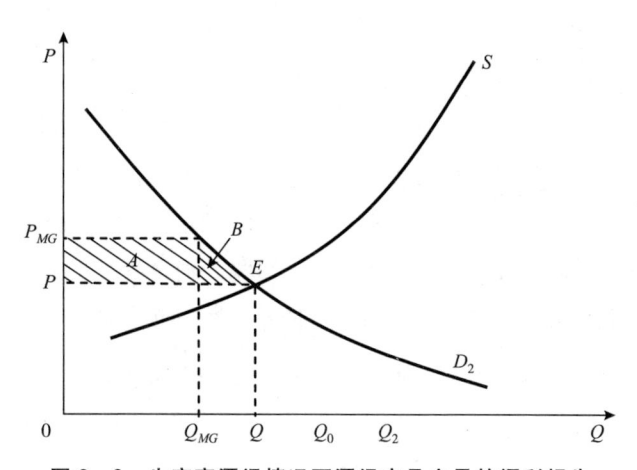

图 3-3　生产商漂绿情况下漂绿产品交易的福利损失

2. 对绿色产品市场的影响：柠檬化

绿色产品市场是一个高度信息不对称的市场。Akerlof（1970）指出：消费者往往不具备关于市场上商品的质量、特性等方面的充分知识。Darby（1973）根据消费者和生产商之间的信息不对称程度，将产品分为搜寻品、经验品和信任品。关于搜寻品的真实信息，消费者在购买前就可以明

第3章 漂绿对绿色产品市场和绿色消费的影响

确获知；经验品的真实信息，在消费后才能获知；信任品的真实信息，在消费后也很难获知。对于搜寻品或经验品，市场不会失灵或失灵不会很严重，市场的反复交易，能够使信息在交易双方的分布基本平衡。而信任品在市场交易中，则往往会出现严重的市场失灵。绿色产品兼有经验品和信任品的特征。生产商漂绿会导致绿色产品市场出现逆向选择：即真正的绿色产品市场会逐渐退出市场，而非绿色产品市场在市场中的比例会越来越高，"好"的被淘汰，"坏"的却被保留在市场中，市场优胜劣汰的功能失效。进一步的，这种逆向淘汰会影响绿色产品的生产：真正的绿色产品生产商不断退出甚至消失，漂绿的生产商占据了市场，绿色经济的实现就无从谈起。

下面对绿色产品市场中的真绿色产品和漂绿的假绿色产品的相互竞争进行分析。假设市场中存在两个生产商 P_G（生产真绿色产品的生产商）和 P_W（漂绿的生产商）。消费者对绿色产品的需求为 D_1，对普通消费品的需求为 D_2，D_1 高于 D_2。绿色产品的供给曲线为 S。若信息是充分的，市场出现分离均衡：真绿色产品的均衡价格为 P_1，非绿色产品的均衡价格为 P_2，$P_1 > P_2$。但由于绿色产品市场的信息不对称，大量的生产商漂绿，宣称自己的产品是绿色产品，消费者无法清晰识别，只能根据以往的经验来判断。若消费者估计真绿色产品和非绿色产品的概率分别为 p 和 $1-p$，则市场的需求为 $D_0 = pD_1 + (1-p)D_2$，均衡价格为 $P_0 = pP_1 + (1-p)P_2$，见图 3-4。

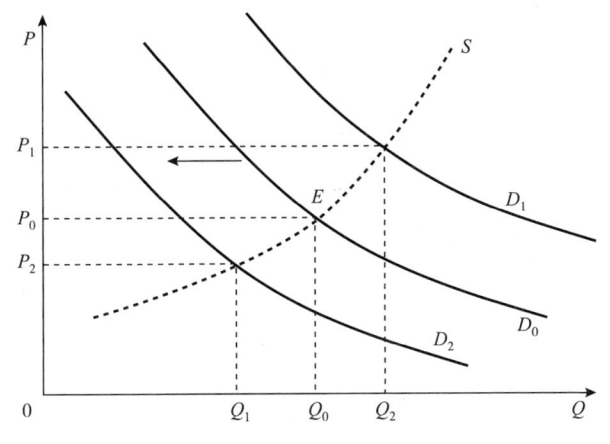

图 3-4 不完全信息下绿色产品市场的均衡及运动

假设生产商 P_G 的单位生产成本为 C_1，生产商 P_W 的单位生产成本为 C_2，且 $C_1 > C_2$。这样，在不完全信息的绿色产品市场中，P_G 单位产品的利润率为 $\pi_1 = \dfrac{P_0 - C_1}{C_1} = \dfrac{P_0}{C_1} - 1$，$P_W$ 单位产品的利润率为 $\pi_2 = \dfrac{P_0 - C_2}{C_2} = \dfrac{P_0}{C_2} - 1$。很明显，$\pi_1 < \pi_2$。可见，在不完全信息下，绿色产品市场的运行不利于真绿色产品的生产商，却有利于漂绿的生产商。当越来越多的生产商漂绿，消费者观察到这一现象后，市场的需求曲线 D_0 会不断向左移动，这会导致更多的真绿色产品的生产商退市，如此循环，极端情况下，绿色产品市场中充斥的全是漂绿的产品。

可以用数学方式来描述这一过程。假定在绿色产品市场上，既有真正的绿色产品，又有漂绿的非绿色产品，两者并存；生产商对自己的产品状况是了解的，即信息是完全的；但是，市场上的消费者对每个产品的状况不了解，即信息是不完全的。因此，绿色产品市场是信息不对称市场。由于买者的信息是不完全的，其对每件产品的状况是不了解的，可能买到真正的绿色产品，也可能买到漂绿的非绿色产品，所以，他只能按预期价格来购买。预期价格为：

$$E(P) = \theta_G P_G + \theta_W P_W$$

其中，P_G 和 P_W 分别是在信息对称时真正的绿色产品均衡价格和普遍产品的均衡价格，θ_G 和 θ_W 分别是买到真正的绿色产品和买到漂绿的非绿色产品的概率，分别等于各自在市场上占的比例。

然而，真正的绿色产品生产商认为这个价格偏低，真正的绿色产品市场供给量会减少；对漂绿的产品而言，这个价格偏高，漂绿的产品的市场供给会增加。θ_G 会降低，θ_W 会提高，预期价格 $E(P) = \theta_G P_G + \theta_W P_W$ 会下降。这会进一步导致市场上真正的绿色产品减少，漂绿的产品增加。在逆向选择市场中市场失效。虽然从长期来看，新的绿色产品生产商的加入会使绿色产品的供给增加，产业的供给曲线会右移，但是，由于市场的信息不对称，绿色产品市场仍然会陷入上述的循环过程，见图 3-5。

二 中间商漂绿对消费者和绿色产品市场的影响：以大型零售商为例

从理论上讲，在大型零售商提出要打造绿色供应链之后，生产商如果

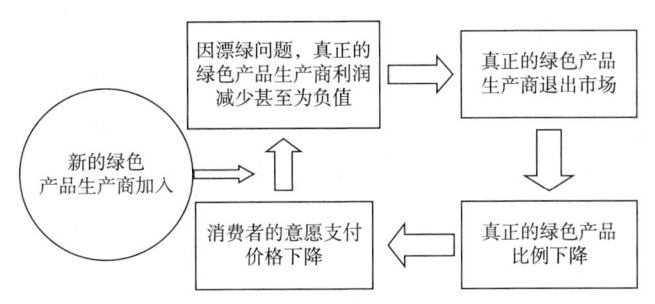

第3章 漂绿对绿色产品市场和绿色消费的影响

```
                 ┌─────────────┐      ┌─────────────┐
                 │因漂绿问题,真正的│      │真正的绿色产品│
                 │绿色产品生产商利润│─────▶│生产商退出市场│
                 │减少甚至为负值  │      │            │
                 └─────────────┘      └─────────────┘
  ┌──────┐              ▲                    │
  │新的绿色│              │                    ▼
  │产品生产商│──▶                      
  │加入    │      ┌─────────────┐      ┌─────────────┐
  └──────┘      │消费者的意愿支付│◀─────│真正的绿色产品│
                 │价格下降      │      │比例下降     │
                 └─────────────┘      └─────────────┘
```

图 3-5　不完全信息下绿色产品市场运行示意

不按照其承诺的绿色标准生产商品，就无法利用大型零售商的销售网络，这会迫使生产商放弃过度破坏环境、浪费资源的生产技术和生产方式，转而采用符合绿色要求的技术；或者大型零售商允许非绿色商品在其卖场销售，但明确将之和绿色商品分开并加以标识，则非绿色商品的生产商就无法通过漂绿获得绿色溢价。

2005 年，世界零售巨头沃尔玛对外宣称启动"绿色转型"，即使用可再生能源、实现零浪费和出售对环境有利的商品。2008 年，又提出打造"绿色供应链"，即对供应商、配送中心、卖场等在内的所有环节提出环保要求：供应商必须提供符合环保标准的证明，把环保达标认证等内容写入合同，要求碳排放、水污染等达标，还要求供应商定期向沃尔玛报告环保情况。但人们发现，沃尔玛并没有真正履行承诺，并且涉嫌漂绿。2009 年 1 月，绿色和平组织对包括沃尔玛在内的北京 4 家超市的蔬菜、水果进行农药残留检测，结果发现，在 45 个样品中，共有 40 个样品检测出 50 种残留农药，混合农药的残留更为严重——其中包括 5 种被世界卫生组织认定为剧毒的农药，以及多种可能致癌和导致内分泌紊乱的农药成分，沃尔玛销售的桃子含有 6 种不同的农药，其中包括未被国家允许使用在桃子上的 3 种农药。2009 年 7 月，绿色和平组织对沃尔玛再次检测仍然发现类似问题。

中间商漂绿对商品市场的影响，与生产商漂绿的影响不完全相同。中间商漂绿，使得消费者无法降低搜索成本，而且使绿色产品信息的发送变得更加混乱，也起不到担保的作用。大型零售商的漂绿主要表现为承诺对供应商和商品提出绿色要求，却并没有采取实际行动。在当前的经济实践中，中间商漂绿主要表现为零售商特别是大型零售商的漂绿，因此，这里仅分析零售商而不分析批发商的漂绿行为。

大型零售商漂绿行为的出现和蔓延，一方面是因为社会、经济环境和消费者偏好发生了变化，促使大型零售商必然要参与绿色经济；另一方面则是缺乏相应的约束机制，导致了这一行为的流行。零售行业是社会经济系统的一部分，为了适应外部社会经济环境的变化，求得自身的生存和发展，自然也会追逐绿色经济的潮流。消费者消费偏好的变化，使得大型零售商提出了打造绿色供应链这一目标。

上述两个因素并没有导致大多数大型零售商真正参与绿色经济的构建，相反，信息不对称和对漂绿行为的惩罚力度不够，造成了目前漂绿行为在大型零售商中的蔓延。在大型零售商的销售渠道中，信息仍然是不充分的，零售商居于信息的优势方，消费者居于信息的劣势方，而且消费者的消费行为往往容易受零售商营销工具的干扰。大型零售商一方面向社会公众承诺将打造绿色供应链，以吸引更多消费者的光顾，并运用各种营销工具来保证顾客的忠诚度；另一方面却从利润最大化出发，放松进货的标准，有意让非绿色商品进入自己的销售渠道。消费者囿于信息和知识的不足，很难发现零售商这种行为。另外，漂绿是一种出现较晚且比较隐蔽的行为，大多数国家对其重视不够，对它的危害性了解不够深入，对漂绿也没有进行严格的界定，且惩罚和约束力度较小，使得多数大型零售商在权衡风险和收益之后，选择了漂绿这一行为。

大型零售商漂绿带来的危害波及面广、影响力大，这是由零售行业在社会经济系统中的重要地位和作用所决定的。社会经济系统分为三个部分：生产系统、流通系统和消费系统。流通介于生产和消费之间，发挥着传递信息、节约流通费用、提高商品流通速度和效率的功能。而零售业是流通部门的主要组成部分，居于流通渠道的末端，直接面对广大消费者，起着引导消费、对商品把关的重要作用。零售商特别是大型零售商通常是商品流通渠道的主要成员，这决定了大型零售商的漂绿行为必将对流通渠道中的生产商和消费者产生重要影响。[①]

（1）中间商减少交易成本和降低交易风险的功能弱化，消费者购买绿色产品的交易成本和交易风险增加

在商品市场中，中间商发挥其正常功能，能够起到减少交易成本和降

---

① 杨波：《大型零售商漂绿的危害、成因与治理》，《广东商学院学报》2010 年第 2 期，第 12~16 页。

低交易风险的作用。首先，中间商从生产商采购大量不同品牌、不同种类或同类但有差别的商品，形成备货，以供消费者选择。将分散交易改变为集中交易，增加了找到交易对象的概率，减少了双方的搜寻成本。这样，无论对于生产商还是消费者而言，都会因中间商的存在而降低了交易成本。Rubinsten 和 Wolinsky 的市场随机匹配模型表明，中间商的存在可以缩短买者和卖者成功交易的时间，而且正是由于自然交换中买者和卖者之间存在随机配对的交易摩擦，以及配对中的不确定性，中间商才有了发挥作用和存在的必要性。其次，商品市场特别是绿色商品市场是信息不对称的，买者的支付意愿和卖者的成本都是私人信息。在分散化的市场上，买者有压低自己支付意愿的动机，卖者有抬高自己成本的动机，支付意愿和成本的信息不对称造成交易效率的损失，甚至导致交易的破裂。中间商可以通过公布出价和要价来消除这种不确定性，降低交易风险。中间商不仅在收集和整理信息方面享有优势，而且还能以信誉或合同来保证其所提供信息的真实性。在一个秩序规范、监管严格的市场中，中间商准确报告产品的相关信息，建立信誉是有回报的，是理性的选择。因为中间商要同时和许多生产商交易，交易量远大于单个生产商，一旦出售了影响其声誉的商品，就会面临较大的风险。而且，中间商往往还会通过产品保证书或合同条款起到替生产商担保产品质量的作用而使消费者减少风险。

中间商漂绿，将会使许多非绿色产品当作绿色产品向消费者出售。中间商原有的信息过滤和信誉保证作用不复存在，而且增加了新的绿色噪声和信息污染。消费者在经过一段时间的消费后，发现中间商承诺的绿色产品中有一部分并不是真正的绿色产品，对中间商的承诺失去信任，仍然需要花费较高的搜寻成本，在市场上寻找真正的绿色产品。中间商提供信息的非真实性，也给消费者的消费过程带来了风险。这样，中间商所固有的减少交易成本和降低交易风险的作用不复存在，消费者进行绿色消费的交易成本和交易风险都会提高。极端情况下，中间商漂绿，会使消费者进行绿色消费的交易成本和交易风险比没有中间商介入更大。

（2）中间商抑制逆向选择的功能失灵，市场出现逆向选择

Akerlof（1970）建立的柠檬市场模型提出了逆向选择问题。在旧车市场上，卖者和买者对于旧车质量的信息掌握是不对称的。假设卖者知道自

己的旧车真实质量为 q，买者不知道 q，只知道旧车的平均成本并按平均质量支付价格。这样，质量高于平均水平的车的卖主会退出市场，只有低于市场平均质量水平的卖者才愿意进入市场。由于好车退出市场，买者观察到后会进一步降低出价，如此循环下去，结果市场上旧车的质量越来越差。在极端情况下，旧车市场甚至会消失。相同的，绿色产品市场是典型的信息不对称市场，也会存在逆向选择问题。

解决产品质量信息不对称的办法之一是中间商的介入。在产品市场上，中间商是专业的机构，掌握商品的信息和消费者的信息都比较充分，而消费者对产品质量信息，生产商对消费者的信息掌握得都不充分。在中间商充分发挥其功能的情况下，可以抑制绿色产品市场出现逆向选择。其抑制机理可以通过以下的简单模型来说明。

假定绿色产品市场是仅有一个卖者和买者的简单市场。卖者愿意出售质量为 q 的产品，成本为 c_q（$q = G, W$），$c_G > c_W$，其中 c_G 为真绿色产品的成本，c_W 为漂绿产品的成本。买者无法区别产品的绿色信息，支付意愿 $v_G > v_W$。令真绿色产品的概率为 λ，柠檬市场成立条件为：$v = (1-\lambda)v_W + \lambda v_G < c_G$。

拥有 q_G 质量的产品有离开市场的动机，卖者与买者按纳什解分配利益，为 $\frac{(v_W - c_W)}{2}$。

假设中间商鉴定商品信息的成本为 K，并能向买者鉴证产品的绿色信息，中间商向拥有 q_G 的卖者出价 $\omega_G = c_G$，向需要 q_G 的买者要价 $p_G = v_G$。当

$$\omega_W - c_W = \frac{v_G - c_G}{2}, \quad v_W - p_W = \frac{(1-\lambda)(v_W - c_W)}{2}$$

卖者和买者感到与中间商交换的结果与他们间接交换相比无差异，此时，中间商的期望利润为

$$\pi = \frac{\lambda(1-\lambda)(v_W - c_W)}{2} + \lambda(v_G - c_G) - K$$

当 $v_G - c_G > K$ 时，存在临界值 $\lambda^* \in (0, 1)$，当且仅当真绿色产品的比重大于 λ^* 时，中间商才有利可图，会介入绿色产品市场。中间商的介入，起到了信息过滤器的作用，使绿色产品市场出现了分离均衡，避免了逆向选择。

如果中间商虽然介入绿色产品市场,但由于漂绿,会出现如下情况:最初,消费者会出于对中间商的信任,对产品出价v_G;随着时间的推移和消费经验的积累,消费者发现其中的一些产品并不具备中间商所宣传的绿色特征,从而不再完全相信中间商。消费者根据自己的购买经验来判定自己所购买的产品是绿色产品的概率,并以这个概率为基础出价$v = (1-\lambda)v_W + \lambda v_G$。这一价格将会导致真正的绿色产品得不到足够的绿色溢价,而一些非绿色产品得到部分的绿色溢价:在信息充分的市场上,真正的绿色产品获得的收益为$v_G - c_G$。而在信息不充分的市场上,真正的绿色产品获得的收益为$(1-\lambda)v_W + \lambda v_G - c_G < v_G - c_G$,甚至可能为零或负值;在一个信息充分的市场上,非绿色产品获得的收益为$v_W - c_W$,而在信息不充分的市场上,漂绿的产品获得的收益为$(1-\lambda)v_W + \lambda v_G - c_W > v_W - c_W$。这样的激励结果会使非绿色产品的比例逐渐提高,真正的绿色产品逐渐退市,特别是当真正的绿色产品生产成本远高于非绿色产品时,更容易出现这一情况。消费者会因此而降低出价。如此循环,市场出现逆向选择,中间商的信息甄别作用完全失去。

(3) 助长了生产商漂绿的行为,降低了社会福利

中间商特别是大型零售商的漂绿会助长生产商的漂绿。由于大多数生产商无力自建流通渠道,产品生产出来后只能借助零售商特别是大型零售商的销售终端把商品销售给消费者。而大型零售商一般会汇集成千上万种商品,有很发达的销售网络和很强的商品分销能力。如果大型零售商自身也参与漂绿行为,生产商生产的非绿色商品就会披上绿色外衣畅通无阻地流向消费者,享受绿色溢价。而真正符合绿色要求的生产商的积极性受到打击,会导致更多的生产商进行漂绿。

如果中间商发挥正常功能,介入市场交易,会增进社会福利。这是因为,与分散化的直接交易相比,间接交易过程复杂得多。生产商做专业化的市场搜寻、提供信息等一系列专业化服务,大大降低了生产者和消费者的交易成本,增加了社会福利。

Biglaiser 和 Freidman (1994) 证明,在不完全信息市场中,由于中间商希望获得信誉回报,所以不会有动机去出售低质量的商品,并存在分离均衡。交换高质量产品的利益越大,中间商介入的可能性就越大,低质量商品的比重越高,中间商就越可能进入市场。只要中间商鉴定商品的成本比较低,中间商进入的同时就会增进社会福利。如

果中间商漂绿，就失去了提供准确信息的功能，中间商内部的绿色产品市场会出现混同均衡，因中间商提供准确信息带来的社会福利的增加就会消失。

三 存在漂绿现象的市场中消费者的行为选择：以食品生态标签存在漂绿为例

以大量施用化肥和农药为主要特征的现代农业，在大幅度提高农业产出的同时，也带来了农产品质量安全下降和对环境产生破坏性污染两大问题。出于对自身健康或环境保护的考虑，越来越多的消费者开始关注和采购绿色食品，各国都出现了一批收入在中等以上的"绿色消费者"。与西方发达国家相比，我国的绿色食品出现较晚。1990年，我国提出了能够将生态效益、经济效益、社会效益三者统一的农业发展模式，开始推行"绿色食品工程"，绿色食品产业发展开始规范和加速。按阶段划分，2003年之前是中国绿色食品产业的形成期，2003年之后，中国绿色食品产业由形成期进入成长期（韩杨，2010）。截至2011年12月31日，全国绿色食品企业总数已达到6622家，产品总数为16825个，获得绿色食品认证的国家级农业产业化龙头企业达到270家，占国家级龙头企业总数的30.2%，省级农业产业化龙头企业达到1194家，占省级龙头企业总数的13.1%。2011年，绿色食品产品国内年销售额达到3134.5亿元，比2010年增长11%，出口额为23亿美元。

在绿色食品生产和消费快速发展的同时，我国也存在认证标准偏低、认证有寻租现象、政府监管力度不够等问题，导致生态标签成为漂绿的重要工具之一，消费者对绿色生态标签的信任度并不高（崔彬等，2012；杨波，2012）。这很自然引出以下问题：绿色食品市场是典型的信息不对称市场，消费者对于食品是否是真正绿色的知之甚少，生产者对于信息掌握得比较充分，生态标签成为消费者识别绿色食品的重要工具，如果消费者对生态标签的信任度不高，会如何影响消费者的行为选择和市场运行，这一问题之所以重要，是因为我国经济增长中资源环境代价过大，已经成为当前和今后一段时期经济社会发展中面临的重大难题，而绿色经济与绿色消费是解决这一难题的重要途径，分析这个问题有助于理解和认识漂绿对我国绿色产品市场运行和消费者决策行为的影响，进而为制定相应的规制政策，规范和促进绿色经济和绿色消费的发展，提供一定的理论基础和实证基础。

在相当长的时间内，信任主要被社会学学者所讨论。1759年，亚当·斯密就提到过信任问题，但其后经济学家一直没有对其给予应有的关注。直到20世纪70年代后期，随着新制度经济学、产权经济学和博弈论的产生和发展，一些经济学家才再次提到信任问题，包括专用投资中的敲竹杠行为，委托-代理关系中的道德风险问题、逆向选择问题，来自团队生产的搭便车行为，隐含合约中的交易成本问题，以及不完全契约理论，等等。

与本书相关的研究首先是信任对市场交易的影响。Arrow（1972）指出，任何时期的任何商业交易都依赖信任。张维迎（2003）则进一步指出，没有信任就不会有交易发生。诺斯（1994）认为，在人们的信息和计算能力有限的条件下，人们之间的相互信任降低了人们相互作用的交易成本，而低信任度则会增加交易费用，使一些潜在的交易由于交易费用的高昂而无法实现。博弈论学者在研究信任时，假定每个不同的行动者都是在获取现有信息的基础上开展行动，以利益最大化为准则寻求合作。经典的 Coleman 模型将交易关系定义为信任与被信任者之间的关系，若交易双方违约概率为 P，在 P 比较大的情况下，交易双方就难以做出符合集体理性要求的决策，在一次性博弈或得不到有效信息的条件下，从不信任角度出发，非合作的囚徒困境将是最后的均衡解，追求个体理性的行为者将陷入一种帕累托无效率状态。一些经济学家对我国的信任状况进行了分析。Fukuyama（1995）根据信任差异把世界上的国家划分为两大类，即低信任社会和高信任社会。他划分信任结构的标准并不是经济的发达程度，相反，他认为经济发展水平恰恰受社会信任结构的影响，华人国家被他认为是信任度较低的国家。一些学者还分析了我国市场交易中信任度较低的原因：经济主体的利益驱动、地方保护主义行为、行政执法力度不够、消费者维权意识弱是引发市场伪劣产品较多进而影响消费者对产品信任的主要原因（王晓东，2004）；处于经济社会转型期，商业欺诈成为伴生现象，进一步导致市场交易领域信任度低下（宋则，1999）。一些学者甚至认为，我国已经出现了信任危机：在政府和民众之间、市场利益主体之间、一般社会成员之间都存在着信任低下的问题（郑永年等，2011）。①

西方发达国家的绿色经济和绿色消费均早于中国，也有大量的绿色经济和绿色消费文献，但鲜有从信任角度，尤其是从消费者对生态标签低信任度出发分析绿色产品市场运行的更少。根源可能在于西方发达国家推行绿色经济和绿色消费时，市场经济体系已经比较完善，消费者对生态标签的信任度很高，这一问题并没有产生的经济土壤。在某种意义上，这一问题是包括中国在内的市场转型国家在近期推行绿色经济和绿色消费中出现的独特现象。本部分的研究结构如下：第一部分讨论不完全信任条件下生态标签的信号发送；第二部分讨论生态标签和品牌相互作用下的信号发送；第三部分运用调研数据对第一、第二部分进行验证；第四部分是研究的结论和启示。

1. 绿色食品市场上生态标签的信号发送

为分析方便，假定绿色食品除了生态标签之外，没有其他的外在特征向消费者发送产品是不是绿色，以及绿色深浅的信号。由于严重的信息不对称，在绿色食品市场上，消费者对产品是不是真正的绿色食品并没有把握。即使在购买和消费后的很长一段时间里，消费者也不是必然能知道其购买的产品是不是真正的绿色食品。消费者无法直接观察到绿色食品的内在特征，但可以观察到生态标签这个外在特征。在多次购买和消费绿色食品后，消费者一般会根据以往的经验，对各种绿色食品所表现出的不同信号，对绿色食品的内在品质进行条件概率的评定。以我国的绿色食品标签为例，按照规定，分为 A 级和 AA 级两个级别。若消费者对生态标签的信任度很高的话，生态标签能够起到信号发送的作用，即贴有生态标签，则消费者认为是绿色食品，且级别越高，则生产过程中的环保标准就越严格。绿色食品的生产企业也可以根据自身的资源和战略定位进行投资选择，选择生产 A 级的食品并进行 A 级的认证，或者生产 AA 级的食品并进行 AA 级的认证。

绿色食品市场中，由于信息不对称，消费者的决策处在不确定情况下。若消费者是风险中性的，则其愿意支付的价格由该产品的边际效用所

---

① 杨波：《我国消费品市场中治理漂绿的对策分析：基于信任的视角》，《财贸研究》2012 年第 5 期，第 46~51 页。

决定。因此，消费者在绿色食品市场选购时，各种绿色食品就会面临一个潜在的给定价格表，而制定这张价格表的依据是生态标签。按前面的假定，生态标签是关键信号，绿色食品生产企业选择生态标签的级别，以使单位产品的价格和信号成本的差最大。随着时间的推移，消费者会得到各方面的信息反馈。通过消费和观察，消费者在得到新的市场信息后，会调整自己的条件概率信念，然后，开始新一轮的评价。图3-6说明了该反馈过程。

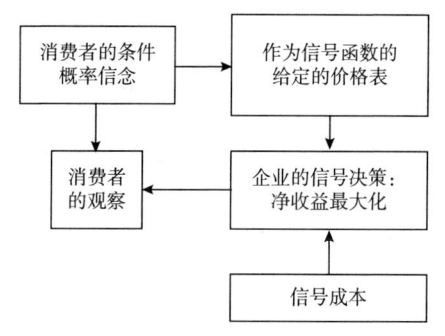

图3-6 绿色食品市场上的信息反馈过程

如果消费者开始的条件概率信念在一轮过后没有被其经验数据证明不成立，那么，系统就是静止的。但当新的绿色食品连续不断地涌入市场时，这个反馈系统就会不断地循环：消费者改变他们的条件概率信念，接着企业进行信号选择，有关的企业不断调整行为。对这种动态循环，研究均衡就显得非常必要。

为了简化分析又不失一般性，本书采用实例化建模的方法。假定在绿色食品市场中存在伪绿色食品（即漂绿的食品）和真绿色食品两组。伪绿色食品给消费者带来的实际边际效用为 s，真绿色产品的实际边际效用为 b，很显然 $s<b$。$b-s$ 这个差价就代表了绿色溢价的大小，由消费者偏好、收入水平等因素决定。假定第一组占总产品总数的比例为 q_1，第二组的比例为 $1-q_1$，其中 $0<q_1<1$。[①] 存在一个潜在的信号，即生态标签，绿色食品生产企业在付出一定成本后就能得到它，消费者对生态标签的信

[①] 可以设想，正是伪绿色产品的存在使得消费者不完全信任生态标签。当 $q_1=0$ 时，市场完全没有伪绿色产品存在，消费者对生态标签完全信任，当 $q_1=1$ 时，绿色产品市场完全消失，消费者对生态标签完全失去信任。

任度可以表示为 $1-q_1$。不考虑生产成本的差别，对于伪绿色食品的生产企业，假定 y 单位生态标签的信号成本是 y（由于是伪绿色产品，为获得生态标签和应付检查将不得不付出如行贿等额外成本），① 而真绿色食品生产企业的成本则是 $y/2$，其中 y 是连续变量，且 $0<y<y_{max}$。表1总结了这个实例化模型的解释性数据。

表 3 – 1　模型数据

组别	边际效用	所占比例	y 单位生态标签的成本
I	s	q_1	y
II	b	$1-q_1$	$y/2$

由于消费者对生态标签存在信任问题，所以一个典型的消费者可能具备如下的信念。①存在某一种生态标签的临界投资水平 y^*。如果某种食品的生态标签投资 $y<y^*$，是伪绿色食品的概率为 q_1，是真绿色产品的概率为 $1-q_1$。如果某种食品的生态标签投资 $y \geq y^*$，则是真绿色产品的概率为1。②存在某一种生态标签的临界投资水平 y^*。如果某种食品的生态标签投资 $y<y^*$，是伪绿色食品的概率为1；如果 $y \geq y^*$，是伪绿色食品的概率为 q_1，是真绿色食品的概率为 $1-q_1$。消费者会持有①或②的信念，但不会同时持有①和②的信念。

下面分别讨论不同信念下绿色食品生产企业的生态标签投资选择。在信念①下，若 $y<y^*$，则消费者愿意支付的价格为 $b-q_1(b-s)$，这个价格界于 s 和 b 之间；若 $y \geq y^*$，则消费者愿意支付的价格为 b。伪绿色食品生产企业有两个可供选择的 y 投资水平，$y=0$ 和 $y=y^*$；真绿色食品生产企业也有两个可供选择的 y 投资水平，$y=0$ 和 $y=y^*$。均衡状态取决于 y、$y/2$ 与 $q_1(b-s)$ 之间的值的大小对比。若 $q_1(b-s)<y/2$，则两组生产企业的均衡选择水平均是 $y=0$（生态标签的投资成本与绿色溢价相比过高，除非绿色食品生产成本低于普通食品，否则绿色食品市场消失）；若 $y/2<q_1(b-s)<y$，则伪绿色食品生产企业的均衡选择是 $y=0$，真绿色食品的生产企业的均衡选择是 $y=y^*$，市场实现分离均衡，市场运行的

---

① 《东方早报》2011年11月1日报道，一些认证机构或中介公司明码标价，只要支付相应价格，就能够为非绿色食品企业提供"有机认证"的申请、文件审核、实地检查等认证全流程服务。在一些有机蔬菜生产基地，一些被调查的农民承认施用过违规的农药。

结果是将伪绿色食品企业汰淘,进而不存在消费者对生态标签的信任问题(绿色监管异常严格,导致伪绿色食品企业得不偿失,放弃投资生态标签)。若 $q_1(b-s) > y$,则伪绿色食品生产企业和真绿色食品生产企业的均衡选择均是 $y = y^*$,市场实现混同均衡,消费者的信念将会在购买行为中不断得到证实,这个均衡就成为一种稳定的状态(实际上,这种均衡状态比较符合目前我国的绿色食品市场现状),见图 3-7。这个时候,生态标签并没有发挥信号发送器的作用,伪绿色食品和真绿色食品的生产企业都选择投资 y^* 于生态标签上,而消费者又无法识别。

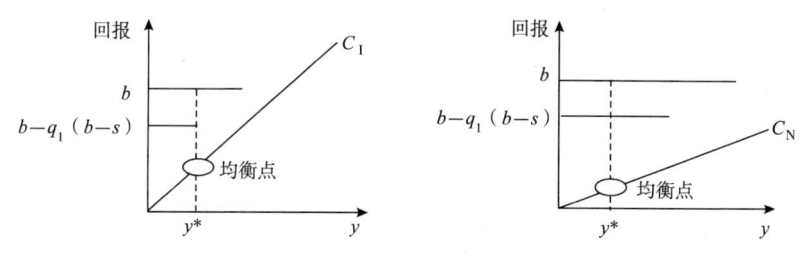

图 3-7 信念①下两类产品的最优化信号发送决策

在信念②下,若 $y < y^*$,则消费者愿意支付的价格为 l;若 $y \geq y^*$,则消费者愿意支付的价格为 $b - q_1(b-s)$,这个价格介于 s 和 b 之间。伪绿色食品生产企业和真绿色食品生产企业均有两个可供选择的 y 的投资水平,$y = 0$ 和 $y = y^*$。均衡状态取决于 y、$y/2$ 与 $(1-q_1)(b-s)$ 之间的值的大小对比。若 $y > 2(1-q_1)(b-s)$,则两组企业的均衡选择均是 $y = 0$(生态标签的投资成本与绿色溢价相比过高,除非绿色食品生产成本低于普通食品,否则绿色食品市场消失);若 $(1-q_1)(b-s) < y < 2(1-q_1)(b-s)$,则伪绿色食品生产企业的均衡选择是 $y = 0$,真绿色食品的生产企业的均衡选择是 $y = y^*$,市场实现分离均衡,伪绿色食品生产企业被汰淘(绿色监管异常严格,导致伪绿色食品生产企业得不偿失,放弃投资生态标签);若 $y < (1-q_1)(b-s)$,则伪绿色食品生产企业和真绿色食品生产企业的均衡选择均是 $y = y^*$,消费者的信念将会在购买行为中不断得到证实,这个均衡就成为一种稳定的状态(这种均衡状态也比较符合当前我国的绿色食品市场现状),见图 3-8。这时生态标签没有传递价格体系有用信息,也没有发挥信号发送器的作用。但在这种情况下,企业仍然在生态标签上理性地投资。因为不投资,它们就得到低价格。和信念①最后一

种情况一样,这种信号均衡的内在含义是:存在一种稳定的进入绿色产品市场的前提条件,这种前提条件不传递任何信息,因此也没有任何作用。这也说明,无论是真绿色食品生产企业还是伪绿色食品生产企业,要进入绿色食品市场,都要进行生态标签投资,且均衡投资额都是 y^*。由此市场实现了混同均衡:无论是真绿色产品还是伪绿色产品,市场价格都是一样的,这个价格使得真正的绿色产品无法获得全部的绿色溢价,伪绿色产品却获得了部分不应有的绿色溢价。

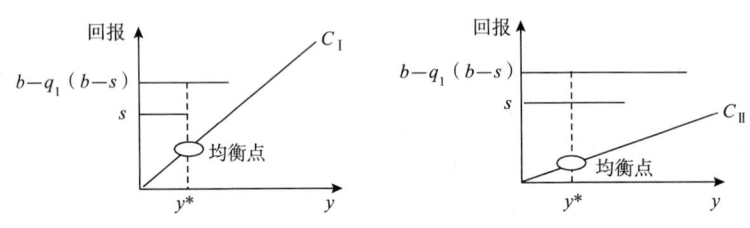

图 3-8 信念②下两类产品的最优化信号发送决策

还可以运用上述的实例化模型,简要讨论消费者对生态标签的信任度高低如何影响绿色食品市场运行。在其他变量不变的情况下,可以发现,若消费者持有信念①,当信任度非常低时,表现为 y^* 的值很大,若 $y^* > q_1(b-s)$,则无论是真绿色食品生产企业还是伪绿色食品生产企业其最优选择都是 $y=0$(由于消费者信任度非常低,若想使消费者相信是真绿色产品则 y^* 的投资很大,但绿色溢价相对却较小),绿色食品市场消失。若消费者持有信念②,当信任度非常低时,同样表现为 y^* 的值很大,若 $y^* > b - q_1(b-s)$,则无论是真绿色食品生产企业还是伪绿色食品生产企业,其最优选择都是 $y=0$,绿色食品市场消失,见图 3-9。这是一种非常极端的情况,一般情况下,现实的绿色食品市场运行更接近于图 3-7 和图 3-8 所表现的混同均衡。

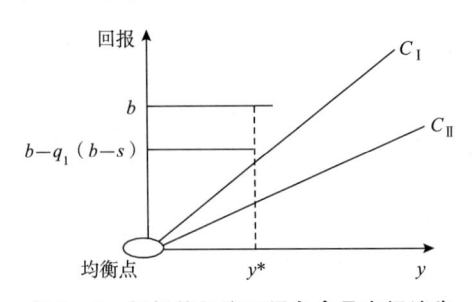

图 3-9 极低信任度下绿色食品市场消失

2. 绿色食品市场中生态标签与品牌相互作用下的信号发送

前面的分析表明，在绿色食品市场中，消费者通过观察发现许多贴有生态标签的食品并不是真正的绿色食品或并没有达到所标识的级别的环保标准，其对生态标签的信任度就会下降，生态标签会由"信号"弱化为"指标"，仅仅起到门槛的作用。① 这时，消费者往往会不再单纯根据生态标签的有无和级别高低来鉴别绿色食品，而会结合品牌等关键信号，对产品进行选购决策。为什么会出现这一情况，可以用以下模型来分析解释。为简化分析，假定除生态标签之外，消费者只运用品牌这一信号。②

假设在绿色食品市场中，既有大品牌绿色食品生产企业又有小品牌绿色食品生产企业，把这两组分别称为 B 和 S。假定在每一组内，伪绿色产品的比例和同类食品的信号发送成本相同。在 B 组内，生产伪绿色食品且信号发送成本为 y 的产品所占的比例是 q_1，其余的企业生产真绿色食品，且信号发送成本为 $y/2$。S 组也是这样，且 $b > s$。模型数据见表 3-2，p 是 B 组企业在企业总数中所占的比重。

表 3-2 模型数据

类 别	边际效用	信号成本	组内比例	占总企业比例
B 组伪绿色食品	1	y	q_1	$q_1 p$
B 组真绿色食品	2	$y/2$	$1-q_1$	$(1-q_1)p$
S 组伪绿色食品	1	y	q_1	$q_1(1-p)$
S 组真绿色食品	2	$y/2$	$1-q_1$	$(1-q_1)(1-p)$

在这种情况下，生态标签指标将与品牌这一信号相互作用，产生信息影响。消费者现在有两个潜在信号考虑：生态标签和品牌。开始时，消费者不知道究竟是生态标签还是品牌会与食品是否绿色相关，经过若干次购买活动后，消费者会达到均衡，在这一过程中，消费者将不再使用非信息性的潜在信号或指标。和前面的分析一样，我们必须首先推测消费者期望

---

① 长沙"红网"2011 年 9 月 20 日报道，长沙市普遍存在消费者信"虫子"不信"绿帽子"的现象，一些忠实的绿色产品消费者开始结合食品的外在特征和品牌而不是单纯看生态标签来挑选绿色产品。

② 这并不是说商品不能有品牌等其他外在特征，而是指消费者并不根据品牌等特征而仅仅根据是否有生态标签判断其产品的绿色品质。

的均衡形式，然后确定这些信念可以通过市场信号反馈机制来自我肯定。假定消费者有如下的信念：

如果是 B 组，且 $y < y_B^*$，则食品为伪绿色食品，边际效用为 1，概率为 1；

如果是 B 组，且 $y \geq y_B^*$，则食品为真绿色食品，边际效用为 2，概率为 1；

如果是 S 组，且 $y < y_S^*$，则食品为伪绿色食品，边际效用为 1，概率为 1；

如果是 S 组，且 $y \geq y_S^*$，则食品为真绿色产品，边际效用为 2，概率为 1。

这样就形成了消费者对不同的 B 组和 S 组商品愿意支付的不同价格。对于消费者而言，真绿色产品和伪绿色产品是无法区分的，但 B 组和 S 组商品是可以区分的。不难发现，绿色食品市场若要实现均衡，须满足：$1 < y_B^* < 2$；$1 < y_S^* < 2$。

在绿色食品市场上，大品牌和小品牌的均衡价格并不一样。大品牌和小品牌会在市场上形成不同的稳定的信号发送均衡，见图 3-10。一般的，由于消费者对大品牌的信赖度高于小品牌，所以 $y_B^* < y_S^*$。这样，在绿色食品市场中就出现了分离均衡。对于大品牌的绿色食品企业来说，均衡点是将生态标签的投资定位于 y_B^*，真绿色食品和伪绿色食品都得到绿色溢价；如果不考虑生产成本的差异，通过生态标签和品牌的信号发送，伪绿色食品获得的净收益小于真绿色食品，但若考虑生产成本的差异，结果可能正好相反或两者相等。对于小品牌的绿色食品生产企业来说，均衡点是将生态标签的投资定位于 y_S^*，如果不考虑生产成本的差异，通过生态标签和品牌的信号发送，小品牌伪绿色食品获得的净收益同样也小于真绿色食品。但与大品牌企业相比，小品牌的生产企业，无论是真绿色还是伪绿色食品都没有得到充分的绿色溢价，极端情况下，甚至有可能完全得不到绿色溢价，即当 y_S^* 很大，接近 2 时。这样，S 组相对于 B 组处于不利地位，在反复的市场交易中会出现"低水平均衡陷阱"：从表面上看，小品牌的绿色食品生产企业没有得到充分甚至完全没有得到绿色溢价是受到了消费者歧视或者是在生态标签上的投资不足，而实际情况是，这种绿色溢价的不足来源于绿色食品市场的信号结构而非生态标签。

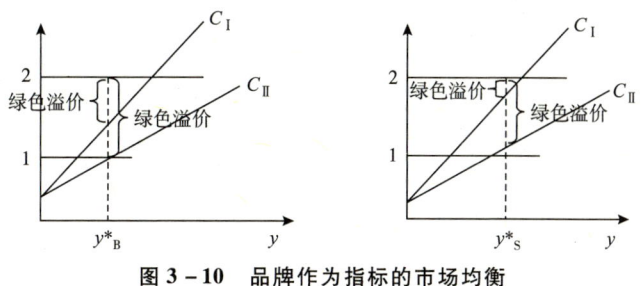

图 3-10 品牌作为指标的市场均衡

3. 实证分析与验证

为了对上述的推理进行检验，笔者于 2012 年 3 月通过网络在线进行了一次问卷调查。考虑到绿色食品的消费者主要分布在城市，本次调查的对象仅限于我国的城市居民。共得到问卷 550 份，为保证样本质量，做了以下处理。①向男性消费者和女性消费者发放问卷的比例保持在 1∶1 左右，把消费者分为 60 岁以上、40~60 岁、18~40 岁三类。②剔除了 24 名不满 18 岁的受访者，又剔除了 52 名调查人员认为回答不可靠的受访者，最终有效样本包括 474 名城市居民。每组问卷都分为两个部分。第一部分主要是关于消费者的个人信息。主要包括：消费者的年龄、性别、收入、受教育程度、婚姻状况、政治面貌等。第二部分主要是关于消费者对绿色食品的选择和消费决定。表 3-3 反映了这次问卷调查的部分结果。

表 3-3 消费者对绿色食品生态标签的信任情况

单位：%

全体（474人）		信任程度			知道绿色食品有伪绿色食品后的选择	
		不信任	一般信任	信任	不再购买绿色食品	仍然购买
		288人	102人	84人	79人	395人
性别	男（250人）	67.3	20	12.7	13.5	86.5
	女（224人）	59.4	25	15.6	21.4	78.6
年龄	18~40岁	58.2	23.1	18.7	9.7	90.3
	40~60岁	66.2	20.1	13.7	17.6	82.4
	>60岁	46.7	24.0	29.3	27.0	73.0
月收入	2000元以下	52.4	20.1	27.5	13.5	86.5
	2000~6000元	68.2	18.8	13.0	16.7	83.3
	6000元以上	58.3	20.2	21.5	23.4	76.6

续表

全体（474 人）	信任程度			知道绿色食品有伪绿色食品后的选择	
	不信任	一般信任	信任	不再购买绿色食品	仍然购买
	288 人	102 人	84 人	79 人	395 人
学历 高中及以下	40	20	40	17.7	82.3
学历 大学	67.2	22.3	10.5	18.6	81.4
学历 研究生及以上	52.7	18.7	28.6	7.7	92.3
政治面貌 中共党员	81	11.2	7.8	25.4	74.6
政治面貌 其他	56.1	19.5	24.4	10.0	90.0
婚姻状况 已婚	59	22.7	18.3	15.8	84.2
婚姻状况 其他	66.1	17.8	16.1	12.7	87.3

从表 3-3 可以看出，消费者的个人信息特征如性别、年龄、月收入、学历、政治面貌、婚姻状况都会对绿色食品生态标签的信任情况、行为选择产生一定的影响，有的甚至还有较显著的影响。总体来说，各个群体的消费者对绿色食品生态标签完全信任的比例较小，平均来说，完全信任的仅占 17.7%。这反映了当前我国绿色食品市场中，由于漂绿普遍存在，对生态标签的信任不足问题已经比较严重。而且普遍来看，高收入群体和中青年消费者对绿色食品生态标签的信任度低于其他群体，而这正是绿色食品生产企业的主要目标客户群。从表中也可以看出，虽然消费者多数已经不完全信任绿色食品的生态标签，但是多数消费者（平均 83%）表示仍然会去购买绿色食品，说明生态标签的信任危机并没有严重到让绿色食品市场萎缩甚至消失的地步，但已经对消费者的行为选择和绿色食品市场的运行产生了重要影响。问卷还设计了一些问题，将消费者对这些问题的回答列在表 3-4 中。

表 3-4　不完全信任条件下消费者对绿色食品的购买决策意愿

全体（395 人）	除生态标签外还根据什么识别（％）			愿意支付足够的绿色溢价		
	品牌	外观	其他	大绿	小绿	无绿
性别 男（203 人）	87.7	17.2	15.3	75.9	10.3	0
性别 女（192 人）	83.3	34.3	23.4	70.3	7.8	0
年龄 18~40 岁	81.6	14.4	16.8	77.6	11.2	0
年龄 40~60 岁	86.7	23.4	16.6	67.3	6.8	0
年龄 60 岁以上	76.9	44.7	26.2	63.1	6.2	0

续表

全体（395人）		除生态标签外还根据什么识别（%）			愿意支付足够的绿色溢价		
		品牌	外观	其他	大绿	小绿	无绿
月收入	2000元以下	78.5	18.5	21.5	61.5	7.7	0
	2000~6000元	84.5	22.9	16.5	73.7	8.4	0
	6000元以上	82.2	20.1	6.7	77.8	8.9	0
学历	高中及以下	79.5	19.1	19.2	70.9	7.8	0
	大学	82.5	18.5	19.1	78.4	8.9	0
	研究生及以上	88.9	15.6	13.4	68.4	6.6	0
政治面貌	中共党员	90.5	27.6	15.2	79.4	5.2	0
	其他	81.6	20.5	18.4	67.5	12.4	0
婚姻状况	已婚	84.1	22.7	21.3	74.2	9.6	0
	其他	86.2	19.6	18.5	73.5	8.5	0

注：大绿指大品牌绿色食品、小绿指小品牌绿色食品、无绿指无名品牌绿色食品。

从表3-4可以看出，对绿色食品市场中生态标签持不完全信任态度的消费者在购买绿色食品中，其行为虽然也受其个人信息如性别、年龄、月收入、学历、政治面貌、婚姻状况的影响，但存在以下大致相同的规律：会结合品牌、外观等特征而不是仅根据生态标签进行购买选择，其中对品牌的依赖程度最高；对没有品牌的绿色食品不愿意支付绿色溢价，对于大品牌的绿色食品愿意支付足够绿色溢价的比例较高，对小品牌的绿色食品愿意支付足够绿色溢价的比例很低。这基本证实了前面的理论推导，也反映了我国绿色食品市场的现状：对生态标签的不信任，导致小品牌绿色食品生产企业的生存空间狭窄；消费者出于对大品牌的依赖，将品牌和生态标签联合起来决定自己的购买选择；如果仅仅是绿色产品，但在市场没有建立起自己的品牌，则消费者完全不信任且不愿意支付绿色溢价，即生态标签仅起到了指标和门槛作用但并没有起到信号发送的作用；高收入群体和中青年群体的消费者在绿色食品的购买决策中，更加注重品牌的作用，而这部分消费者正是当前绿色食品生产企业的主要目标客户。由于并无特别假定，本书的分析结论均可以推广至一般的绿色产品市场。

4. 研究的结论和启示

通过实例化建模和问卷调查，可以得出以下几个结论：①现实经济运行中，消费者对生态标签的不信任一般不会导致绿色产品市场消失，但在监管不是异常严格的情况下会出现混同均衡，伪绿色产品和真绿色产品都进行同样的生态标签投资，生态标签由"信号"弱化为"指标"；②在绿色产品市场出现混同均衡的情况下，消费者会将生态标签和商品品牌联合起来决定自己的消费选择，大品牌绿色产品能够得到充分的绿色溢价，而小品牌的绿色产品无法获得应有的绿色溢价。从研究中也可以得到以下两点启示：①对生态标签的不信任会对企业特别是小品牌企业的生态标签收益率产生负面影响，可能会抑制小品牌企业进入绿色产品市场；②由于对品牌的投资较大，小品牌绿色产品生产企业为了获得充分的绿色溢价，可以寻找别的信号发送器或采取降低信息不对称的措施，如寻找其他国家或地区如欧盟或美国的绿色生态认证，如邀请当地消费者参观企业的生产过程等方式缓解信息不对称的现象，等等。

四 漂绿抑制绿色产品消费的路径

由于漂绿的存在，消费者对生产商的绿色宣示缺乏信心，同时对各种各样宣称自己产品的环保性能感到困惑，因为他们不知道该信任哪种产品。这样，漂绿会对整个绿色产品市场的消费产生不利影响。虽然现有的研究已经指出，漂绿会影响绿色信任，但对影响绿色信任路径的研究仍然是不足的；同时现有的研究指出漂绿会影响绿色产品的消费，但对其路径研究不足。本书拟将绿色产品消费者困惑、绿色感知风险与绿色信任、绿色产品消费联系起来，构建一个分析框架，对漂绿影响绿色产品消费的路径进行实证研究。为便于研究，本书将分析分为两个部分，第一部分研究漂绿对绿色信任的影响路径，第二部分在第一部分的基础上，研究漂绿对绿色产品消费的影响路径，见图3-11和图3-12。每部分的研究分为以下几个内容：首先，在进行文献综述的基础上，提出研究假设。其次，讨论方法、样本、数据的搜集、模型的测量。再次是实证结果分析。最后是研究的启示。

1. 漂绿影响绿色信任的路径

漂绿通过使消费者陷入困惑，不知道自己购买的是不是绿色产品这种方式来破坏绿色消费（Pomering and Johnson，2009）。如果漂绿的现象十分严重，甚至会使消费者停止对绿色产品的购买。实际上，对西方发达国

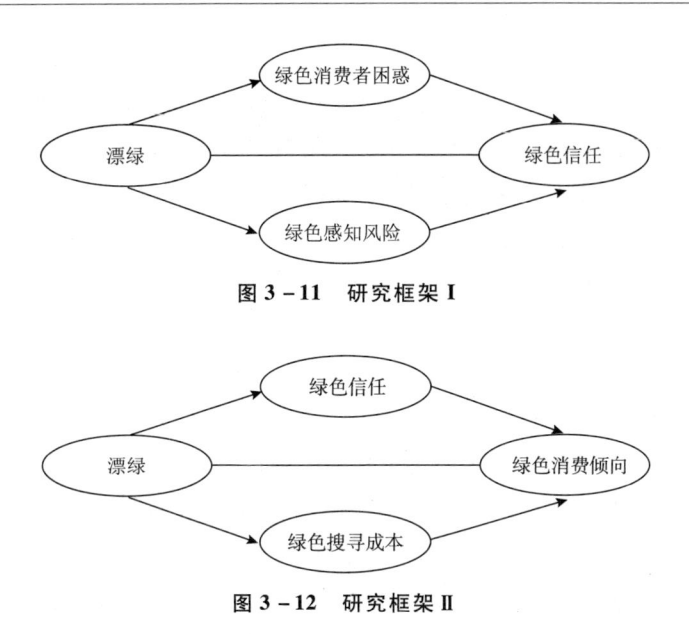

第3章 漂绿对绿色产品市场和绿色消费的影响

图 3-11 研究框架 I

图 3-12 研究框架 II

家的实证研究表明，很多消费者认为生产商对自己产品绿色性能的宣示经常仅仅是一种营销的手段，并不值得相信（Lyon and Maxwell，2011）。消费者困惑被认为是消费者在信息处理过程中，无法正确地理解或解释其购买的产品和服务，它会导致消费者做出不完善的购买决策，或者对其做出的购买决策的正确性缺乏信心。消费者困惑一般在以下几种情况下发生：信息过载（关于产品的相关信息太多，导致消费者选择困难）、产品的相似度太高导致不易区分、产品的有关信息过于复杂导致消费者难以处理、信息有歧义。消费者困惑根源于其处理信息的认知能力有限。甚至一些专门的信号发送器也会带来这样的问题。如对德国消费者的实证研究表明：生态标签的数量会显著地增加消费者困惑（Langer et al.，2008）。绿色消费困惑指消费者在信息处理过程中，消费者无法正确地解释其购买的产品和服务的环保特性。漂绿现象的存在会使消费者在购买时出现信息过载的情况，导致其评价商品变得更加困难。因此，漂绿会使消费者对绿色宣示出现困惑（Laufer，2003）。

据此，提出假设1（H_1）：漂绿会增加绿色消费困惑。

由于信息不完全，消费者的购买决策往往伴随着一定的风险。消费者的任何购买行为，都可能无法确知其预期的结果是否正确，而某些结果可能令消费者不愉快，这就是感知风险。感知风险的大小依赖于消费者的主观评价。感知风险由心理风险、生理风险、财务风险、社会风险和功能风险构成。[①] 感知风险由不确定性带来，常常会对消费者的购买决策产生影响。消费者对环境保护的日益重视，会导致其在购买决策中更多地考虑环保因素。而许多生产商进行漂绿，向消费者传递虚假的环保信息，有可能改变消费者的这种消费方式（Polonsky et al.，2010）。一般地，感知风险越高，消费者在购买决策中的不确定性越大。感知风险的存在会对消费者的购买意愿产生负面的影响（Mitchell，1999）。实证研究表明，感知风险的减少会增加购买概率（Wood and Scheer，1996）。感知风险与负面的消费情绪之间有很强的联系（Chaudhuri，1997）。如果消费者不能甄别绿色宣示的可靠性，漂绿会显著增大消费者的绿色感知风险。

基于此，提出假设 2（H_2）：漂绿会增大消费者的绿色感知风险。

当前，经济学界对于"信任"范畴尚没有统一的界定。为便于分析，这里所讨论的信任，指的是 Williamson（1993）所定义的作为一种计算过程的信任：它可以具体分为计算的信任，即信任是当一个行动者预期在受另一行动者的损害时其收益为正的保证；制度的信任，即行动者因考虑制度环境的惩罚而守信的行为。经济学讨论的信任一般包括交易主体间的信任和交易主体内部（组织）的信任，这里讨论的信任是指交易主体间的信任。绿色信任是指消费者对产品环保性能的信赖。当企业的漂绿行为越来越多地被发现时，消费者会对市场上的绿色宣示行动产生不信任。

基于此，提出假设 3（H_3）：漂绿会降低消费者对产品的绿色信任。

消费者困惑往往与不确定性、焦虑、无法做决定等相联系，因此，购买过程是低效率且令人不愉悦的，他们有可能会因此放弃购买决定并不再信任生产商（Mitchell，1999）；或者是推迟消费（Walsh et al.，2007）；还会影响其对产品的忠诚度（Walsh et al.，2007）。不仅如此，困惑的消费者更倾向于做出非理性的购买决定。现实经济生活中，消费者经常谴责一些生产商的绿色营销过于复杂也难以理解，还会质疑它们的动机（Walsh and Mitchell，2010）。当消费品市场上充斥着不实的和误导性的绿色宣示时，消费者会对整个行业或所有的绿色宣示产生不信任。

---

① 心理风险指因决策失误使消费者的情感受到伤害的风险。生理风险指产品可能对自己或他人的健康与安全产生危害的风险。财务风险指产品可能招致经济上蒙受损失所产生的风险。社会风险指因购买决策失误而受到他人嘲笑而产生的风险。功能风险指产品不具备人们所期望的性能带来的风险。

基于此，提出假设 4（H_4）：绿色消费困惑会降低消费者的绿色信任。

感知风险会对消费者的购买过程产生负面影响（Murphy and Enis，1986）。感知风险可以看作消费者对可能带来的损失的一种主观评价。在购买过程中，消费者倾向于最小化感知风险而不是最大化其效用（Mitchell，1999）。实证研究表明，感知风险的降低会增加购买的可能性（Wood and Scheer，1996），也有助于提高消费者的信任（Chang and Chen，2008）。由于信息不对称，消费者往往会因为对产品或生产商不信任而不愿意购买某种产品。而感知风险又会影响消费者对产品或生产商的信任程度。信任往往建立在消费者的经验和消费者对一个品牌相关信息的评判之上。如果消费者对于某个品牌或某个产品有较高的感知风险，就不会信任这个品牌或产品（Mitchell，1999）。而降低消费者的感知风险，能够提高消费者的信任度（Koehn，2003）。因此，消费者对产品的绿色感知风险会影响其对绿色宣示的信任度。

基于此，提出假设 5（H_5）：绿色感知风险对绿色信任有负面影响。

本书通过调查问卷来搜集数据，对以上的假说和研究框架进行分析。笔者运用网络在线的方式进行了调查。研究对象是中国有过购买绿色产品经验的消费者。问卷的设计程序如下：第一步，先拟好所提的问题；第二步，与部分消费者进行深度访谈，征求他们对调查问卷的意见和建议；第三步，将调查问卷上网，让消费者进行在线回答。共 1500 名消费者对问题进行了回答，有效的回答为 651 份，有效率为 43.4%。

关于量表的设计。本书采用李克特五点尺度量表来测量被测度者从强烈反对到强烈赞成的不同回答。模型中的主要变量及测量如下。

（1）漂绿

对漂绿的测量内容包括五项：①该产品对它的环保特征进行了误导性的言语宣传；②该产品对它的环保特征通过视觉或图形进行了误导；③该产品有模糊或无法证实的绿色宣示；④该产品夸大了它的绿色功能；⑤该产品隐藏了重要的相关信息，使绿色宣示超过了其实际情况。

（2）绿色消费困惑

测量的内容分别是：①产品的环保特征非常相似，以至于难以查明和区别；②产品太多以至于购买时对它们的环保特征产生疑惑；③产品种类太多，都有环保特征，无法做出选择；④在购买该产品时，其环保特征的相关信息被告知的非常少；⑤在购买该产品时，对该产品的环保特征感到不确定。

（3）绿色感知风险

测量的内容包括：①该产品的环保性能可能会出问题；②在使用该产品时，有可能会对环境有损害；③在使用该产品时，有可能会对消费者的绿色偏好有负面影响。

（4）绿色信任

绿色信任的内容分别是：①消费者认为该产品的环保声誉总体是可信的；②消费者认为该产品的环保性能总体上是可靠的；③消费者认为该产品的环保宣示总体上是可信的；④该产品的环保特征符合消费者的期望；⑤该产品在环保方面信守诺言。

使用结构方程模型来对研究假设进行检验，使用的软件是AMOS15.0，采用最大似然估计法。在估计前，先用χ^2拟合优度法来检验数据结果的正态性。检验结果显示，在显著性水平检验为0.1的情况下，不能拒绝各数据结果的正态性。

表3-5是各测量变量的均值、标准差和相关系数矩阵。从表中可以看出，漂绿、绿色消费困惑、绿色感知风险之间有正相关关系，而在绿色信任和漂绿、绿色消费困惑、绿色感知风险之间有负相关关系。

表3-5 主要测量变量的均值、标准差和相关性

变量	均值	标准差	漂绿	绿色消费困惑	绿色感知风险
漂绿	2.204	0.816			
绿色消费困惑	1.578	0.206	0.435*		
绿色感知风险	3.142	1.077	0.387*	0.193*	
绿色信任	1.808	0.535	-0.426**	-0.257*	-0.347*

注：**代表在显著性水平5%下显著，*代表在显著性水平10%下显著。

信度代表指标的正确性或精确性，衡量结果的稳定性与一致性。本书采用内部一致性来衡量设置变量的信度，针对每个变量所对应的问卷题项，计算Cronbach's α值来评价信度，检验的结果见表3-6。Devellis认为，0.60~0.65（最好不要）；0.65~0.70（最小可以接受值）；0.70~0.80（相当好）；0.80~0.90（非常好），而本问卷的数值量表都达到了0.70以上，问卷的信度符合要求，适合进一步的研究。

表 3-6 各变量的信度检验

问卷题项	漂绿	绿色感知风险	绿色消费困惑	绿色信任
Cronbach's α	0.864	0.755	0.902	0.842

效度代表指标能够真正测度变量的程度。效度高表明测度的结果能够真正显示出所要测量变量的真正特征。效度测量通常包括内容效度和结构效度。内容效度指内容的代表性。本书为达到内容效度，以相关理论为基础，参考现有实证研究的问卷设计，并通过深度访谈的方式与消费者交谈加以修正。因此，内容效度是可信的。因子分析是检验结构效度的常用方法。一般地，在社会调查中，项目的因子载荷量的绝对值大于 0.40，就被认为是有效的。本书的效度检验见表 3-7。从验证性因子的分析结果来看，所有项目的因子载荷都在 0.7 以上，结构效度符合要求，适合做进一步的研究。

表 3-7 研究的因子分析

调查题目	漂绿	绿色感知风险	绿色消费困惑	绿色信任
G_1	0.752			
G_2	0.734			
G_3	0.811			
G_4	0.927			
G_5	0.747			
R_1		0.769		
R_2		0.784		
R_3		0.835		
P_1			0.933	
P_2			0.842	
P_3			0.755	
P_4			0.718	
P_5			0.774	
B_1				0.804
B_2				0.834
B_3				0.846
B_4				0.897
B_5				0.905

表3-8显示了结构方程模型的估计结果。结果显示模型总的拟合情况是可以接受的：适配度指数 GFI 为 0.912，近似均方误差根 RMSEA 为 0.06，赋范拟合指数 NFI 为 0.902，比较拟合指数 CFI 为 0.908。所有估计的路径都是显著的，所有的研究假设也都被证实。研究结果表明：漂绿的减少不仅符合绿色消费运动的要求，而且能提高绿色信任。此外，结果还显示，绿色消费困惑和绿色感知风险都会对绿色信任产生不利影响。因此，研究证实了绿色消费困惑和绿色感知风险在漂绿和绿色信任之间起到了部分中介作用。为了提升绿色信任，生产商可以从减少漂绿、减少消费者绿色感知风险、减少绿色消费者困惑三个路径着手。全模型的估计结果见图3-13。

表3-8 结构模型的实证结果

假 设	预计的效应	路径系数	结 果
H_1	+	0.198*	H_1被证实
H_2	+	0.265*	H_2被证实
H_3	-	-0.208*	H_3被证实
H_4	-	-0.248*	H_4被证实
H_5	-	-0.214*	H_5被证实

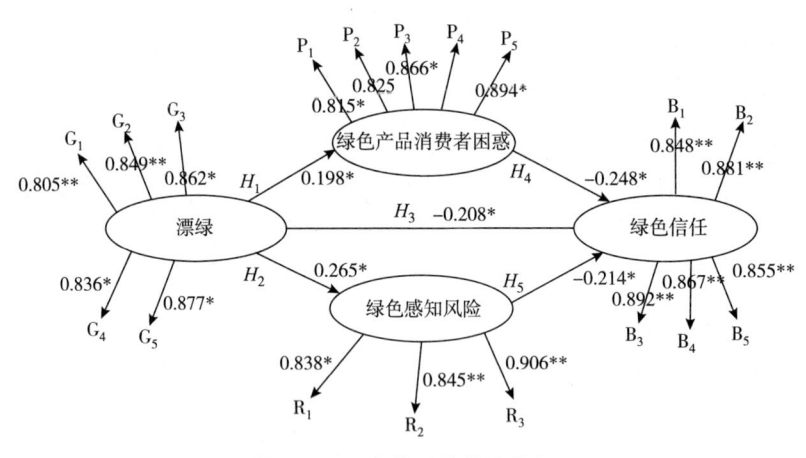

图3-13 全模型的估计结果

说明：*代表显著性水平为0.1，**代表显著性水平为0.05，***代表显著性水平为0.01。

2. 漂绿影响绿色产品消费的路径

上面的研究表明，漂绿对绿色信任会产生负面影响。漂绿无疑会对绿色产品消费产生抑制作用，但对于其抑制的路径和机制尚没有深入的研究。本书拟将绿色信任、搜寻成本与绿色产品消费倾向联系起来，研究漂绿对绿色产品消费的影响路径。第一，在进行文献综述的基础上，提出研究假设。第二，讨论方法、样本、数据的搜集，模型的测量。第三，对实证结果进行分析。

前面的实证研究已经证实，漂绿会对绿色信任产生负面影响。基于此，直接提出假设1（H_1）：漂绿会降低绿色信任。

消费者搜寻成本是为找到其满意的商品而支付的各种费用、时间、精力及各种风险的总和。由于消费者和商家之间的信息不对称，消费者努力寻找商品的相关信息，以找到性价比最高的商品。搜寻行为无疑会帮助消费者做出比较理想的购买决策。但信息搜寻也是有成本的，主要指搜寻过程中耗费的时间成本。搜寻成本作为一种机会成本，当其大于信息搜寻带来的商品价格收益时，搜寻甚至可能会失败或者被终止。实验心理学认为人对信息的反应分为四种：击中、正确拒斥、虚报和漏报。其中击中是指成功地找到目标信息，正确拒斥指成功地排除信息噪音，虚报指把噪音当成目标信息，漏报是指把目标信息当成噪音。因此，成功的信息搜寻必须是前两者的集合：成功找到目标信息并且排除信息噪音。于是我们可以得到公式：信息搜寻成本＝获得目标信息的成本＋排除信息噪音的成本。漂绿可以看作绿色市场中的绿色噪音，使消费者在做出购买选择时出现消费者困惑，增加了其排除信息噪音的成本。

基于此，提出假设2（H_2）：漂绿会增加消费者的搜寻成本。

一般认为，在其他条件相同的情况下，消费环境会对绿色消费产生重要的影响。漂绿行为的出现，使消费环境变差：一方面，漂绿会导致绿色产品市场出现逆向选择，真正的绿色产品比例有降低的趋势；另一方面，消费者无法完全信任市场中的绿色产品，由于绿色噪音的存在，消费者为了买到真正的绿色产品，需要的决策成本提高，还要承受绿色感知风险。这些都会对消费者的绿色消费产生负面影响。

基于此，提出假设3（H_3）：漂绿会降低消费者的绿色消费倾向。

在信息不对称的情况下，信任会对消费者的决策产生重要的影响。在其他条件不变的情况下，消费者对产品或生产商的信任度提高，会提高其购买的预期收益，反之，消费者对产品或生产商的信任度降低，就会降低其购买的预期收益。绿色产品市场是典型的信息不对称市场，多数的绿色

产品又具有信任品的特征,信任对绿色消费的影响至关重要。基于此,提出:

假设 4 (H_4):绿色信任对绿色消费倾向有正面影响。

假设 5 (H_5):搜寻成本对绿色消费倾向有负面影响。

绿色产品消费会受到消费者感知障碍的影响,消费者感知障碍是人们对从事某项消费活动的不利因素的预期,主要包括感知时间、感知财力和感知效果三个方面,分别指消费者对绿色产品消费所花时间、金钱和产生的效果的预期。预期的障碍可能阻止消费者将绿色产品消费意愿转化为实际行动。搜寻成本是一种重要的感知障碍,它如果过高会降低绿色产品消费倾向,而搜寻成本的降低会提升绿色产品消费倾向。

与上面的研究相同,本处也通过发放调查问卷的方式来搜集数据,对以上的假说和研究框架进行分析。笔者运用网络在线的方式进行了调查。研究对象是中国有过购买绿色产品经验的消费者。问卷的设计程序也和上面的研究相同。共 1250 名消费者对问题进行了回答,有效的回答为 520 份,有效率为 41.6%。

关于量表的设计。仍然采用李克特五点尺度量表来测量被测度者的不同回答。模型中的主要变量及观测项目如下。

(1)漂绿

对漂绿的测量内容仍然包括五项:①该产品对它的环保特征进行了误导性的言语宣传;②该产品对它的环保特征通过视觉或图形进行了误导;③该产品有模糊或无法证实的绿色宣示;④该产品夸大了它的绿色功能;⑤该产品隐藏了重要的相关信息,使绿色宣示超过了其实际情况。

(2)绿色信任

绿色信任的内容分别是:①消费者认为该产品的环保声誉总体是可信的;②消费者认为该产品的环保性能总体上是可靠的;③消费者认为该产品的环保宣示总体是可信的;④该产品的环保特征符合消费者的期望;⑤该产品在环保方面信守诺言。

(3)搜寻成本

测量的内容分别是:①在产品的寻找上花费了较多的时间;②因产品的寻找产生了较多的费用。

(4) 绿色消费倾向

测量的内容包括：①在价格略高时仍愿意选购有环保特征的产品；②在选购时会注意产品的环保特征；③认同人和环境和谐相处的理念。

使用结构方程模型来对研究假设进行检验，使用的软件是AMOS15.0，采用极大似然估计法。在估计前，先用χ^2拟合优度法来检验数据结果的正态性。检验结果显示，在显著性水平检验为0.1的情况下，不能拒绝各数据结果的正态性。

表3-9是各测量变量的均值、标准差和相关系数矩阵。从表中可以看出，漂绿和绿色信任、绿色搜寻成本之间有负相关关系，绿色消费倾向和漂绿、绿色搜寻成本之间有负相关关系，绿色消费倾向与绿色信任之间呈正相关。

表3-9 主要测量变量的均值、标准差和相关性

变 量	均 值	标准差	漂绿	绿色信任	绿色搜寻成本
漂绿	1.685	0.854			
绿色信任	1.705	0.327	-0.418*		
绿色搜寻成本	2.366	1.249	0.295*	-0.207*	
绿色消费倾向	2.478	0.682	-0.506**	0.344*	-0.285*

注：**代表在显著性水平5%下显著，*代表在显著性水平10%下显著。

研究采用内部一致性来衡量设置变量的信度，针对每个变量所对应的问卷题项，计算Cronbach's α值来评价信度，检验的结果见表3-10。可以看出，本问卷的数值量表都达到了0.70以上，问卷的信度符合要求，适合进一步的研究。

表3-10 各变量的信度检验

问卷题项	漂绿	绿色信任	绿色搜寻成本	绿色消费倾向
Cronbach's α	0.805	0.856	0.792	0.824

为达到内容效度，研究以相关理论为基础，参考现有实证研究的问卷设计，并通过深度访谈的方式与消费者交谈进行修正。因此，内容效度是可信的。因子分析是检验结构效度的常用方法。一般的，在社会调查中，项目的因子载荷量的绝对值大于0.40就被认为是有效的，本书的效度检验见表3-11。从验证性因子的分析结果来看，所

有项目的因子载荷都在 0.7 以上，结构效度符合要求，适合做进一步的研究。

表 3-11　研究的因子分析

调查题目	漂　绿	绿色信任	绿色搜寻成本	绿色消费倾向
G_1	0.852			
G_2	0.865			
G_3	0.738			
G_4	0.796			
G_5	0.802			
B_1		0.774		
B_2		0.726		
B_3		0.835		
B_4		0.903		
B_5		0.881		
S_1			0.756	
S_2			0.749	
P_1				0.836
P_2				0.874
P_3				0.855

表 3-12 和图 3-14 显示了结构方程模型的估计结果。结果显示模型总的拟合情况是可以接受的：适配度指数 GFI 为 0.896，近似均方误差根

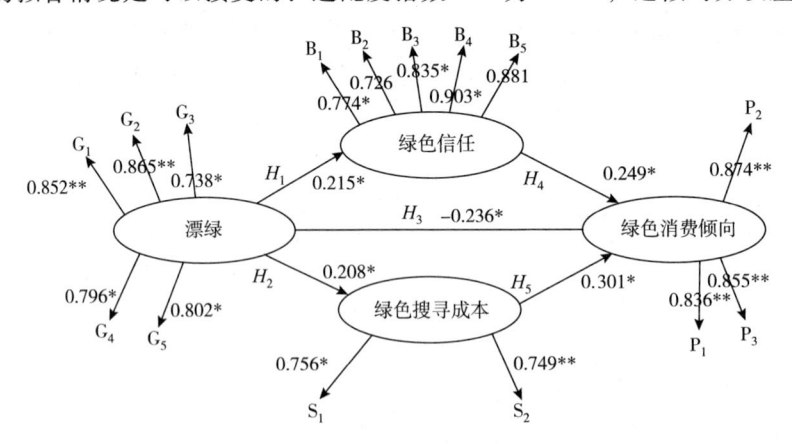

图 3-14　全模型的估计结果

说明：＊代表显著性水平为 0.1，＊＊代表显著性水平为 0.05，＊＊＊代表显著性水平为 0.01。

RMSEA 为 0.07,赋范拟合指数 NFI 为 0.933,比较拟合指数 CFI 为 0.915。所有估计的路径都是显著的,所有的研究假设也都被证实。研究结果表明:漂绿会降低绿色信任,降低消费者的绿色消费倾向,增加绿色搜寻成本;绿色信任对绿色消费倾向有正的影响,绿色搜寻成本对绿色消费倾向有负的影响。

表 3-12　结构模型的实证结果

假　设	预计的效应	路径系数	结　果
H_1	-	0.215*	H_1 被证实
H_2	+	0.208*	H_2 被证实
H_3	-	0.236*	H_3 被证实
H_4	+	0.249*	H_4 被证实
H_5	-	0.301*	H_5 被证实

五　我国消费者对漂绿的认知及漂绿对绿色消费意愿的影响

推行绿色消费方式是一个不断深化的过程。特别是自工业化以来,人们形成一种消费至上的消费文化,需要改变一些固有的消费理念。近年来,可持续消费、绿色消费在中国政府和公众中的认可度越来越高。我国《国民经济和社会发展第十二个五年规划纲要》提出:"倡导文明、节约、绿色、低碳消费理念,努力建设资源节约型和环境友好型社会。"

基于经济体系的二元性,我国城乡居民的收入差距非常大,导致消费也呈现二元化特征,城乡居民在消费水平、消费方式上存在显著差别。2009 年,我国城市人口与农村人口的比例为 46.6∶53.4,大体相当,但城市居民消费绝对额高达 92296.3 亿元,农村居民消费绝对额仅有 28833.6 亿元;从人均消费来看,城市居民是农村居民的 3.7 倍;城市居民家庭的恩格尔系数是 36.5%,农村居民家庭是 41%;[①] 所以,研究我国消费者的绿色商品消费,需要将城市居民和农村居民分开进行研究。当前,我国绿色消费刚刚起步,城市居民的消费水平和消费特点,决定了研究其绿色商品消费比农村居民更具紧迫性,也更具代表性。本书尝试以我

---

① 这部分数据均来自《中国统计年鉴 2010》。

国城市居民为调查对象，讨论我国消费者对漂绿的认知和对绿色消费意愿的影响，研究该问题的意义在于：可以厘清当前影响我国消费者绿色消费的诸多因素，更好地把握绿色消费规律，为治理漂绿、促进绿色消费的政策制定提供基础。

在消费理论和消费行为领域，学术界已经取得了丰富的研究成果。但与当前绿色经济进程不断深入相比，消费者的绿色消费行为尚没有得到充分的研究。本书的贡献在于，针对绿色消费这一较新的经济现象，结合现实背景，基于消费行为理论设计了实证研究方案，通过描述性统计分析和计量技术，运用我国城市居民的相关调查数据，就我国城市居民对漂绿的认知及其对绿色消费意愿的影响做了实证研究。研究的结构安排如下：第一，进行文献回顾；第二，对数据来源、变量解释及实证方法进行说明；第三，给出相关实证检验结果；第四，结论与启示。

1. 文献回顾

虽然尚没有以中国消费者为研究对象，考察他们对漂绿的认知状况和对绿色消费的影响的翔实文献，但有许多与本书研究相关的文献。这些文献可以分为三类，第一类文献关注消费者的一般化消费决策。Keynes 的绝对收入假说提出消费主要取决于当前收入，这一假说过于简单，用于预测时误差很大；Duesenberry、Modigliani、Friedman 分别提出著名的相对收入假说、生命周期假说、持久收入假说，对绝对收入假说进行了修正和补充。Hall 的消费随机游走假说研究了在不确定的情况下消费者的消费决策，把理性预期方法论应用到生命周期假说和持久收入假说之上，这时居民消费决策的理论体系已经基本成型了。20 世纪 90 年代以来是居民消费决策理论的快速发展期，随着微观的营销理念的发展，居民消费决策影响因素的多样化研究（包括人口社会学特征、经济财富特征、主观心态、社会结构等）、个性化研究和跨文化消费决策成为研究主方向。第二类文献运用调查或统计数据，对消费者对某类商品的消费意愿和消费行为进行实证分析，找出影响该类商品消费的因素。对购买商店的选择会对购买有机产品产生重大的影响，并且女性和家庭收入正逐步增加的家庭更愿意选择专卖店购买有机食品（Thompson et al., 1998）。对转基因食品尚未形成某种态度的消费者比已经形成某种态度的消费者更容易受到提供的信息的影响，而且对负面信息的敏感度高于正面信息（钟甫宁，2004）。针对我国城市居民的调查数据表明，食品质量安全信息通过影响消费者态度而影响其对安全食品的购买意愿，且消费者在受到一定信息强化（或刺激）后会发生行为的明显改变，信息不对称抑制了消费者对安全食品的消费意愿（周应恒，2004）。当前，我国消费者对食品质量安全的关心、认知以及消费行为正在发生根本性的变化（王志刚，2003）。在我国，近几年乳制品消费增长迅速，安全乳品消费成为研究热点。张晓勇（2004）的研究发现，虽然消费者对乳品安全非常关注，对于高质量的乳制品接受程度最高，但是愿意支付因为高质量而应得的额外费用的消费者较少。对乳品消费的影响因素同样很多，伏浩（2003）认为这些因素包括消费习惯和消费偏好、人均收入、消费意识、乳品质量、销售服务、广告效应，等等，这些影响因素在不同质量等级的乳品中可能会有不同的表现。第三类文献采用理论分析的方法，对消费者绿色商品消费意愿和消费行为进行研究。张莉等（2001）建立绿色产品需求供给模型，将绿色产品市场分成机能优化、折衷市场和非良性市场，指出影响绿色产品消费的最大阻力来自市场参与者的利益损失，需要解决好市场参与者的损失分摊。郭冬乐（2007）指出绿色商品市场中存在着大量的信息不对称，影响了消费者对绿色商品的消费。[①]

第一类文献给本书的研究提供了基本的思路：收入、财产等因素是决定绿色商品消费的主要因素，同时，也需要尽可能多地掌握消费者个体多方面的信息，以更好地把握其消费意愿。第二类文献给本书的研究提供了一个可借鉴的具体方法，第三类文献则给本书的研究提供了理论分析视角和变量选取的另一条路径。

2. 研究方法与变量选取

根据消费理论，从长远来看，影响消费观念的关键因素是可支配收入。消费观念决定消费行为，绿色消费作为一种新的消费观念，不可避免要受到消费者可支配收入的影响。因此，需要选择消费者的收入作为解释变量。婚姻状况也有可能成为影响消费行为的一个因素。如果未婚，一方面承担的经济压力小，另一方面消费行为完全是自己决定。而一旦结婚，

---

① 转引自杨波《郑州市居民对低碳商品的认知状况和消费意愿影响因素分析——基于居民调查数据的实证研究》，《经济经纬》2012年第1期，第106~111页。

则承担的经济压力较大，另外，消费行为很可能是家庭商议的结果。年龄也有可能成为影响消费行为的一个因素。青年、中年、老年人有不尽相同的消费心理。同时，青年人接受新事物的能力较强，喜欢追求时尚；中年人比较成熟稳重，对新事物会经过较严密的思考；一般而言，老年人不容易接受新生事物。受教育程度也有可能成为影响消费者消费行为的一个因素。一般来说，受教育程度高的人，知识更多，也更容易接受新事物，而受教育较少的人则反之。是否是中共党员可能也是影响消费者进行绿色商品消费的一个因素。这可能是由于定期的党组织学习和活动，使党员对新生事物的了解比非党员更透彻。而非党员则由于没有固定的党组织学习和活动，对新生事物的了解相对较少。

文中的数据来自 2012 年 5 月笔者组织学生在网络上进行的一次调查。该次调查共调查了 562 名城市居民的绿色消费意愿，为保证样本质量，做了以下处理：①高等收入、中等收入和中低收入消费者的问卷数量的发放比例保持在 1：3：1 左右，以大致和当前消费保持一致。②向男性消费者和女性消费者发放问卷的比例保持在 1：1 左右，把消费者分为 60 岁以上、40~60 岁、18~40 岁三类。③剔除了 9 名不满 18 岁的受访者，又剔除了 37 名调查人员认为回答不可靠的受访者，最终有效样本包括 516 名城市居民。每组问卷都可以分为以下三个部分。第一部分是消费者的个人信息。主要包括：消费者的年龄、性别、收入、受教育程度、婚姻状况、政治面貌等。第二部分是消费者对绿色商品的认知情况和消费决定。第三部分主要是一些可能会对绿色商品消费产生作用的政策选择。

消费者的绿色商品消费有两种选择，一种是购买，一种是不购买，记为 Decision。消费者收入水平用家庭过去一年内全部家庭成员的平均月收入来衡量，单位是人民币千元，记作 month_fam_income，我们还引入了消费者家庭平均月收入水平的平方项 month_fam_income_sq，以反映消费者家庭平均月收入水平对绿色商品消费可能的非线性影响。消费者的性别记为 female，男性赋值为 0，女性赋值为 1。消费者年龄记为 age，考虑到不同年龄阶段的消费者有不尽相同的消费心理特征，将 age 划分为 18~40 岁、40~60 岁、60 岁以上三个阶段，分别赋值为 1、2、3。消费者婚姻状况包括未婚（含离异和丧偶）、已婚两种情形，未婚赋值为 0，已婚赋值为 1。消费者受教育程度记为 education_year，以年数为单位。消费者政治面貌用中共党员身份来表示，记作 ccp_member，共产党员赋值为 1，反之为 0。是否对绿色商品有较多的了解，记为 know，赋值为 1、2、3，分别对应完全不了解、一般了解或非常了解的情形。对绿色商品的信任程度，记为 trust，赋值为 1、2、3，分别对应不信任、一般信任、信任的情形。三种政策假设情形：无任何漂绿的治理措施、有一定的漂绿治理措施、漂绿治理措施非常有力，取值分别设为 1、2、3，记为 policy。

3. 实证分析与讨论

（1）消费者对漂绿的认知情况和对绿色商品的信任程度

如表 3-13 所示，不同类型的消费者对漂绿的认知情况有一定的差异，多数消费者有一定了解，但消费者对当前绿色产品的信任度令人担忧。相对于男性，女性对漂绿不了解的比例更高，对绿色商品的信任程度更高。年龄越大，对漂绿的认知程度就越低，18~40岁年龄段的消费者对绿色商品的信任度较高，其他年龄段的消费者对绿色商品的信任度普遍较低。学历的提高会提高消费者对漂绿的认知情况，但会降低其对绿色商品的信任程度。政治面貌会提高消费者对漂绿的认知情况，对信任程度的影响较小。调查显示，多数城市居民对漂绿都有一定程度的了解，完全不了解和完全了解的都比较少，这说明绿色商品的宣传和介绍工作取得了较大的成绩。调查也表明，不同个体特征的消费者对绿色商品的信任度都不高，这反映出当前我国商品市场秩序仍欠规范，消费者对所购买商品的信任度较差。

表 3-13 消费者对漂绿的认知状况和对绿色产品的信任程度

单位：%

全体（516人）		认知度			信任程度		
		完全不了解	一般了解	非常了解	不信任	一般信任	信任
		39人	422人	55人	358人	90人	68人
性别	男（266人）	4.9	83.1	12	74.4	15	10.5
	女（250人）	10.4	80.4	9.2	64	20	16
年龄	18~40岁	0	92	8	36	39	25
	40~60岁	5.6	81	13.4	81	12	7
	60岁以上	35	62	3	75	15	10

续表

全体（516人）		认知度			信任程度		
		完全不了解	一般了解	非常了解	不信任	一般信任	信任
		39人	422人	55人	358人	90人	68人
月收入	2000元以下	12	82	6	72	16	12
	2000~6000元	8	84	8	68	16.5	14.5
	6000元以上	3.4	86	10.6	67.6	18.4	14
学历	高中及以下	21	75	4	58	26	16
	大学	6	85	9	71	15.8	13.2
	研究生及以上	0	85	15	72	14.2	13.8
政治面貌	中共党员	2	80	18	71	16	13
	其他	14	82	4	66	17.3	16.7
婚姻状况	已婚	7.6	81.6	10.8	70.2	16.4	13.4
	其他	7.4	82	10.6	66	17.6	16.4

（2）消费者绿色商品消费决定影响因素的分析

根据前面的定义，消费者是否购买绿色商品是一个二值虚拟变量，适合采用 LPM、Probit 或是 Logit 模型进行定量分析。LPM 模型的优点在于能够较好地度量各个解释变量对被解释变量的影响程度，缺点在于不适合做预测，且违反了高斯 - 马尔科夫假定，然而，在许多应用研究中对线性概率模型进行标准的 OLS 分析仍是可以接受的。Probit 和 Logit 模型克服了 LPM 的缺陷，也存在回归参数难以解释的缺点，它们的区别在于假设不同。在实证分析中，Probit 模型比 Logit 模型应用更为普遍。经验研究中，常共用这三种模型，相互补充，相互验证，以保证估计参数的稳健性。

表3-14 显示了用 LPM 模型对消费者绿色商品消费影响因素的回归结果。为了保证模型的稳健性，模型2和模型3对解释变量进行了调整。显著且稳健的包括：家庭月收入、对绿色商品的认知程度，以及漂绿的治理政策。这证明：当前影响绿色商品消费决定的主要是这三个因素，具体来说，在其他条件不变的情况下，家庭月收入每增长1000元，购买绿色商品的概率提高约3%；对绿色商品的认知程度每提高一个等级，购买绿色商品的概率会提高约20%；而如果政府能够加强漂绿的治理，每提升一个治理层级，消费者购买绿色商品的概率会提高约10%。性别、受教育年

限、政治面貌等虽然对消费决定有正向的影响,但统计上并不显著,说明这几个因素并不是影响绿色商品消费的关键因素。

表 3-14 消费者绿色商品消费影响因素的 LPM 回归结果

解释变量	模型 1	模型 2	模型 3
month_ fam_ income	0.0354**	0.0288**	0.0294**
month_ fam_ income_ sq	-0.0112*	0.0179*	0.0086
female	0.0101	—	—
education_ year	0.0089*	0.0045	0.0101*
ccp_ member	0.0001	0.0002	—
know	0.187***	0.199***	0.202***
policy	0.126***	0.155***	0.138***
Number of obs	516	516	516
Pseudo R^2	0.376	0.354	0.265

注:"*"、"**"、"***"分别表示在 10%、5%、1% 的显著性水平下是显著的。

表 3-15 显示了用 Probit 模型对消费者绿色商品消费影响因素的回归结果。一般来说,Probit 模型和 Logit 模型的回归系数不能与 LPM 模型直接比较,需要折算成边际效果。Probit 和 Logit 模型的边际效果计算方法有两种,一种方法是先计算出所有样本的均值,而后在此均值处计算出边际效果。另一种方法是先计算出所有样本的边际效果,而后对此边际效果取均值。本书用两种方法的计算并未出现显著差异,因此提供了第一种方法的边际效果计算方法的回归发现。结果显示:Probit 模型与 LPM 模型的估计结果基本一致,参数的正负号完全一致,大小略有差别,主要是政策补贴的作用估计要比 LPM 模型估计的略高。

表 3-15 消费者绿色商品消费影响因素的 Probit 回归结果

解释变量	模型 1	模型 2	模型 3
month_ fam_ income	0.0306**	0.0245**	0.0193**
month_ fam_ income_ sq	-0.0101	-0.0084	-0.0076
female	0.0082	—	—
education_ year	0.0065*	0.0054	0.0073*
ccp_ member	0.0014	0.0016	—
know	0.201***	0.246***	0.302***
policy	0.156***	0.128***	0.172***

续表

解释变量	模型 1	模型 2	模型 3
Number of obs	516	516	516
Wald chi^2	34.20***	28.56***	24.88***
Pseudo R^2	0.258	0.232	0.178

注：表中显示的是边际效果，即各解释变量的变化对消费者绿色消费可能性的边际概率影响。"*"、"**"、"***"分别表示在10%、5%、1%的显著性水平下是显著的。

表 3-16 显示了用 Logit 模型对消费者绿色商品消费影响因素的回归结果。结果显示，Logit 模型的估计结果与 LPM 和 Probit 模型基本一致，参数符号完全一致，参数值略为偏小。这三种估计方法相互印证，说明了影响绿色商品消费的四个因素的确定是稳健的，不因估计方法和解释变量的调整而发生大的变化。

表 3-16　消费者绿色商品消费影响因素的 Logit 回归结果

解释变量	模型 1	模型 2	模型 3
month_fam_income	0.0288**	0.0219**	0.196
month_fam_income_sq	-0.0096	-0.0124	-0.0078
female	0.0072	0.0044	0.0058
education_year	0.0051	0.0048	0.0033
ccp_member	0.0002	0.0003	0.0001
know	0.134***	0.114***	0.107***
policy	0.105***	0.166**	0.157***
Number of obs	516	516	516
Wald chi^2	46.18***	35.81***	29.60***
Pseudo R^2	0.312	0.268	0.255

注：表中显示的是边际效果，即各解释变量的变化对消费者绿色消费可能性的边际概率影响。"*""**""***"分别表示在10%、5%、1%的显著性水平下是显著的。

4. 结论与启示

通过对 516 名城市居民对绿色商品的认知和消费情况的实证分析，可以得出以下的初步结论和政策启示。

第一，多数城市居民对漂绿已经有一定程度的了解，对绿色商品的信任度低，且这两个因素都是影响城市居民绿色商品消费的重要因素。漂绿与绿色商品是一个较新的事物,要让消费者的了解和接受需要一个较长的过程,虽然已经取得一些进展,但还需要让消费者加深对绿色商品的了解。同时,应该充分发挥政府和行业协会的作用,加强对绿色商品市场的监管力度,增强消费者的消费信心。绿色商品市场中存在信息不对称,要充分发挥政府的职能,完善政府监管体系,加强政府监管力度,间接发挥信息传递功能,从而抵消由产品质量不确定性所带来的影响。具体来说,需要做到:①完善法律法规以及执法体系,加大惩罚力度。在法律法规的完善过程中,做到严格立法,统一执法,而且要实行责任追踪制度。②实行严格的市场准入制度。绿色商品市场准入制的实施,是对进入市场销售的产品进行强制性检验并在合格的产品上加贴绿色准入标识。这样可以通过政府向消费者提供产品市场"正的"信息,达到降低信息不对称的程度。在实行市场准入制的基础上,要加强产品检验、检测体系和产品质量认证体系的建设,以此来确保产品的质量;并且根据不同产品的特点,积极推行产地标识制度、信息可追踪制度,以满足不同消费层次的需求和实行责任追踪制度。

第二,消费者的诸多个体特征都会影响其绿色商品的消费,其中最重要的是收入情况,其他的个体特征在统计上并不显著影响其绿色商品的消费。这有可能反映了收入越高,消费者的绿色商品消费的能力和意愿就越强烈;当然,也有可能是因为高收入的消费者所处的职业和在社会中的层级导致其容易接受新事物。政策启示是简单明了的:推进绿色商品消费,不仅要加强宣传和介绍工作,还需要提高消费者的可支配收入。

第三,漂绿的治理政策会显著影响消费者的绿色商品消费决定。当前,由于漂绿的泛滥和监管的乏力,消费者对绿色商品的信任度很低,影响了消费者的绿色消费意愿。如果加强漂绿的治理,对于促进绿色消费、加速绿色经济和生态文明的建设会起到积极的作用。

第 4 章　漂绿的治理方式与治理机理

前面的分析表明，在商品市场中，漂绿是一种很普遍且对绿色经济有很大危害的复杂现象，对其进行有效治理是一个重要又紧迫的问题。本章分别讨论市场、政府、第三部门和企业社会责任四种方式治理漂绿所需的条件和工作机理，并对四种治理方式之间的关系进行初步的探讨。

一　市场治理

绿色产品市场是高度信息不对称市场。信息不对称是指在市场经济活动中，各市场主体对有关信息的了解与掌握是不同的，掌握信息充分的一方往往处于有利的地位，而掌握信息不充分的一方往往处于被动地位。信息经济学所讨论的信息即指这种影响双方利益的信息，而不是各种可能的信息。信息的不对称可以从两个角度划分：一是内容方面的不对称，二是时间方面的不对称。从不对称信息的内容看，信息涉及双方当事人的状况，标的及其质量、数量、价款、酬金，合同履行的方式、地点、违约责任、争议的解决方式等；从不对称发生的时间看，不对称性可能发生在当事人签约之前，也可能发生在签约之后，甚至可能发生在签约过程中。一方可能滥用信息，违背诚实信用原则，损害对方利益。绿色产品既是搜寻品，又是经验品和信用品。对于其搜寻品的属性来说，需要消费者寻找相关的信息来发现和实证其相应的环保特征。俗话说"不怕不识货，就怕货比货"，其实就是对不同类别、不同等级、不同地域的货进行对比分析，从中看出优劣。对于经验品的属性来说，需通过消费者针对某一类产品多年反复使用的效果来判断，或通过借鉴别人的经验。随着社会的发展和科技的发达，凭消费者自己的信息及经验确定产品的环保特征，已变得越来越困难。Akerlof（1970）的经典论文证明了，信息不对称会导致市场的逆向选择，市场的优胜劣汰功能失效。柠檬市场的广泛存在和危害已经成为经济学家们的共识，如何阻止市场的柠檬化，成为研究的焦点。

在市场体系比较完备、竞争比较充分的条件下，市场治理是一种成本较低的有效手段。市场治理，即通过交易双方的自行努力或市场衍生出的专门制度来对市场进行规范。市场治理漂绿的途径主要有绿色信号显示机制、绿色声誉机制、绿色保证机制、第三方介入。

1. 绿色信号显示机制

信息经济学的研究表明：信号显示机制治理柠檬市场（包括绿色产品市场）需要满足不同质量水平的卖方发送信号成本不同这一条件。在绿色产品市场中，要求满足：真正的绿色产品生产商能够以较低的成本发送信号，而漂绿的生产商发送信号的成本较高。在绿色产品市场中，可以选择的信号显示类型主要是广告。

大量的文献研究了广告的信号显示。Nelson（1974）指出：对于搜寻品而言，广告能够直接为消费者提供持量信息，如果广告夸大了产品的质量和特征，消费者在购买前就能够发现这一情况并放弃对这种产品的购买。一般而言，这种机制会明显降低夸大其词型广告出现的可能性。而对于经验品而言，Nelson（1974）的理论表明：会"暗示"经验品的质量，对买方而言，广告规模比广告内容更为重要。因此，广告因为"存在"而具有价值。如果广告规模在不同卖方是随机分布的，就会失去暗示功能。现实中，产品质量低的卖方投放广告风险更高，因为低质量产品无法通过事后检验，难以实现重复购买和规模销售，卖方难以收回广告成本。而产品质量高的卖方的广告投放规模则较大。因此，买方可以通过广告规模推断产品的质量。Kihlstrom & Riordan（1984）对这一思想做了进一步的论证：即使在短期，如果满足一定的条件，市场机制能够引导产品质量和广告投入的正相关关系，市场也会出现广告均衡，即仅有高质量的卖方才发布广告。Milgrom & Robers（1986）首次在重复购买的框架下，建立了一个信号显示机制模型，探讨了高质量产品的卖方如何选择一组信号参数，使得低质量卖方实施模仿无利可图，同时确保自身收益最大化。一些学者在此基础上进行了更接近现实的拓展。本书以 Milgrom and Robers（1986）的模型框架考察绿色产品的信号显示问题，考察在何种条件下实现分离均衡。本模型与原模型的区别在于：本书中的漂绿事件是全体消费者的公共信息，无论其在前期有没有购买该产品，消费者都知道该生产商是否因漂绿而被揭发，可以利用这一信息进行后期的消费决策。若该生产商没有因漂绿而被揭发，首期未购买该生产商产品的消费者也有可能成为后期的新顾客。

假设某一生产商发明了一种新的产品，而且是市场的垄断者。该产品的环保特征有两种可能的状况：真绿（G）和漂绿（W）。这两种状况下，产品的边际成本分别为 C_G 和 C_W，且 $C_G \geqslant C_W$。市场上存在两类消费者群体 $\bar{\theta}$（高收入群体）和 $\underline{\theta}$（非高收入群体），消费者总数为 1，$\bar{\theta}$ 占消费者的比例为 $x \in (0, 1)$。贴现因子为 δ。生产商知道产品真实的环保特征，但潜在的消费者并不知道，消费者只知道真正的绿色产品在首期的先验概率 $\lambda \in (0, 1)$。而且假设该公司没有直接的办法给消费者在首次购买前提供这些信息，即是典型的信任品。生产商和消费者在市场上最多交易两次，而产品的绿色环保特性在整个交易期内是既定的。若生产商漂绿，有可能在第二期期初被揭发，成为消费者的共同知识，一旦被发现，所有消费者将不再购买其产品。假定漂绿被揭发的概率为 $\theta \in (0, 1)$。

双方的博弈过程如下：①生产商在初期选择其产品的价格 P_1 和广告投入 A_1。②消费者根据先验概率 λ，并观察生产商的价格 P_1 和广告投入 A_1 后，做出他们的首次购买决策，通过直接使用该产品或与其他的使用者进行交流，获得产品的环保特征信息。若有消费者选择购买，则博弈进入第二期，否则博弈结束。③生产商确定第二期的价格 P_2 和广告投入 A_2。④消费者观察该企业有无被揭发的漂绿事件，在此基础上结合生产商的价格 P_2 和广告投入 A_2 来决定第二期的购买决策。

在首期，如果消费者认为该生产商漂绿，其产品的环保特征为虚假的，则无论该生产商的产品是真绿还是漂绿，消费者都不会购买，生产商的利润为零。仅当消费者在首期认为该产品为真绿色产品时，分离均衡才有可能实现。这样，首期的需求函数为

$$D_1^G(P_1) = \begin{cases} 0, & P_1 > \bar{\theta}G \\ x, & \underline{\theta}G < P_1 < \bar{\theta}G \\ 1, & P_1 \leqslant \underline{\theta}G \end{cases}$$

在第二期期初，真正的绿色产品不会出现因漂绿而被揭发的现象，消费者会继续信任并购买，其在第二期的需求函数为

$$D_2^G(P_2) = \begin{cases} 0, & P_2 > \bar{\theta}G \\ x, & \underline{\theta}G < P_2 < \bar{\theta}G \\ 1, & P_2 \leqslant \underline{\theta}G \end{cases}$$

对于漂绿的产品来说，一旦漂绿被揭发则第二期需求量降为零。若没有出现漂绿被揭发的事件，则只要在第二期的定价与其在该期的最优定价 P_2^G 保持一持。消费者仍然相信其为真正的绿色产品。可以发现，如果生产商漂绿，则其在第二期的定价必须与 P_2^G 保持一致，否则消费者会认为受到了欺骗，并不再购买该产品。所以，当消费者在首期相信产品为真绿色产品，且第二期没有出现漂绿被揭发的事件时，企业无论是否漂绿，其第二期定价均应为 P_2^G，而当期利润分别为 π_{2G}^G 和 π_{2W}^G，其中：

$$P_2^G = \begin{cases} \underline{\theta}G, & 0 < x < \dfrac{\theta G - C^G}{\bar{\theta}G - C^G} \\ \bar{\theta}G, & \dfrac{\theta G - C^G}{\bar{\theta}G - C^G} \leq x \leq 1 \end{cases}, \quad \pi_{2W}^G = \begin{cases} \underline{\theta}G - C^W, & 0 < x < \dfrac{\theta G - C^G}{\bar{\theta}G - C^G} \\ (\bar{\theta}G - C^W)x, & \dfrac{\theta G - C^G}{\bar{\theta}G - C^G} \leq x \leq 1 \end{cases}$$

可以推导出，绿色产品市场出现分离均衡，即消费者可以准确辨别产品是真绿色产品还是漂绿的产品，当且仅当

$$\delta[\pi_{2G}^G - (1 - \theta)\pi_{2W}^G - x(C^G - C^W)] \geq 0 \tag{4-1}$$

由式（4-1）可得模型中参数的变化对于分离均衡的影响：真正的绿色产品成本 C^G 越高，分离均衡越难实现；漂绿被揭发的可能性越大，分离均衡越容易实现；高收入群体比例较高时，这一群体的收入越高，分离均衡越容易实现；当高收入群体所占比例较低时，低收入群体的收入越高，分离均衡越容易实现。

研究的政策含义是：在市场体系健全、信息低成本充分流动的条件下，消费者可以低成本地获知企业的相关信息，绿色信号显示机制就能有效地抑制漂绿，实现绿色产品市场的分离均衡。

2. 绿色声誉机制

在市场中，声誉源于市场的累积评价，可以根据这种信号推断产品的质量。对于卖方而言，声誉是无形资产，要保护声誉需要克制投机冲动。因此，Akerlof（1970）指出声誉资产一旦破坏就难以修复，因此，声誉会对买方起到挟持作用，卖方为保护声誉会放弃质量投机。Klein & Leffler（1981）的研究表明声誉机制发挥作用依赖于两个条件：①提供高质量产品可以获得更高的利润，若提供高质量产品的利润小于质量投机的利润，则质量欺诈不可避免；②高质量产品的卖方投入了可观的沉没资产。沉没

资产具有为高质量产品背书的效果。因此，声誉并非源于卖方天性的诚信，而是源于长期利益对短期利益的抑制。

Horner（2002）对声誉机制的工作机理进行了更一般的考察，指出买方拥有退出市场或者更换交易对象的自由才能确保声誉机制发挥作用。本书利用 Kreps、Milgrom、Roberts 和 Wilson（1982）的 KMRW 模型来分析生产商绿色声誉在不完全信息重复博弈过程中对合作均衡的促进作用。

生产商和消费者之间的买卖关系是一种合约关系。一方面，出于利润的考虑，生产商有漂绿的可能，而消费者处于信息劣势，有可能买到漂绿的非绿色产品。在信誉机制的作用下，合约可自动实施。但信息的不对称，给生产商带来了通过破坏合约获得利润的机会。但另一方面，生产商不得不考虑其欺骗性行为被消费者和监管部门识破的概率及对其信誉可能带来的负面影响。

假定在一个充分竞争的绿色产品市场中，博弈的两个参与人分别是生产商和消费者。假设消费者认为生产商有两种类型：绿色信誉好的生产商和绿色信誉差的生产商。由于存在信息的不对称，消费者不知道生产商的类型，但可以通过观测生产商在市场上的表现来推断其类型，并修正判断。

假定正常情况下生产商的利润函数为 $\pi = AQR$，其中 Q、R 分别为销售量和售价，A 为利润系数；由于信誉受损减少的销量和降低的价格分别为 ΔQ 和 ΔR；θ 为漂绿被发现的可能性。$\Delta Q = \theta K_1 Q$，$\Delta R = \theta K_2 R$。K_1，K_2，$\theta \in (0, 1)$。

生产商通过漂绿，可以减少成本，减少成本的量用消费者减少的效用度量，即 $V(\theta - \theta^e)$，θ^e 为消费者期望的生产商漂绿的可能性。

生产商的利润函数为：

$$\pi = AQR - \Delta QR + V(\theta - \theta^e)QR = AQR - K_1 K_2 \theta^2 QR + V(\theta - \theta^e)QR$$
$$= [A - K_2 + V(\theta - \theta^e)]QR$$

由于在短期内，仅有 $-K\theta_2 + V(\theta - \theta^e)$ 是变化的，所以在这里我们简化 π 为 L，只考虑 $L = -K\theta_2 + V(\theta - \theta_2)$。假设博弈进行 T 阶段，令 P_0 为生产商漂绿的先验概率；X_t 为漂绿的企业不实施漂绿的概率，Y_t 为漂绿的生产商不实施漂绿的概率，在均衡条件下 $Y_t = X_t$。如果在 t 阶段没有

发现漂绿的产品,则在 $t+1$ 阶段有:

$$P_{t+1}(V=0 \mid \theta_t=0) = \frac{P_t \times 1}{P_t \times 1 + (1-P_t) X_t} \geq P_t$$

如果生产商没有被发现漂绿,消费者认为生产者是真正的绿色产品生产商的概率会上调。但如果产品出现了漂绿的问题: $P_{t+1}(V=0 \mid \theta_t=0) = \frac{P_t \times 0}{P_t \times 0 + (1-P_t) X_t} = 0$,即消费者认定生产商为漂绿的生产商。

到了 T 阶段最后一期,信誉风险的机会成本降为 0,即信誉好的生产商的最优选择也是漂绿。考虑贴现因子 δ,假设信誉差的生产商在 $T-1$ 阶段选择漂绿,此时,其在最后两阶段的利润总和为:

$$L_{T-1}(1) + \delta L_T(1) = K + 1 - \theta_{T-1}^e - \delta K = P_T - K - \delta K$$

如果信誉差的生产商在 $T-1$ 阶段选择生产真正的绿色产品,此时其总利润为:

$$L_{T-1}(0) + \delta L_T(0) = (1-\delta) P_T - \delta K - 1$$

若 $(1-\delta) P_T - \delta K - 1 \geq P_T - K - \delta K$,则信誉差的生产商选择生产真正的绿色产品。如果 $Y_{T-1}=1$ 构成信誉差的生产商的均衡战略,那么由均衡条件下 $Y_T = X_T$ 得 $X_{T-1}=1$,从而 $P_t = P_{t-1}$。因此,如果消费者在 $T-1$ 阶段认为企业是真正的绿色产品生产商的概率不小于 1,绿色信誉差的生产商就会假装成绿色信誉好的生产商。即生产商的绿色信誉越好,维持信誉的积极性就越高。运用序贯均衡的证明,可以将结论由 T 递推到 t,$t \in (0,1)$。

绿色信誉差的生产商在选择 $t-1$ 阶段的战略时,面临着当前利益与未来利益的权衡,当 $P_{t-1} \geq \frac{1-K}{\delta}$ 时,只要 P_{t-1} 足够大,绿色信誉差的生产商的最优选择是下阶段而不是本阶段利用自己的信誉。如果生产商在 $t-1$ 阶段不选择漂绿,那么在 $t-1$ 前的阶段同样将不漂绿。如果 $P_0 \leq \frac{1-K}{\delta}$ 时,生产商将在第一阶段就选择漂绿,并且没有积极性维护自己的绿色信誉。现实中,P_0 取决于生产商原有的形象及企业在推出产品前后所做的广告和承诺。因为有大量替代品的存在,为了实现长期利润最大化,生产商会采取积极措施使 P_0 足够大,而 P_0 足够大会让生产商的最优选择是不漂绿。

分析的结论是：在竞争性的市场中，如果消费者有充分的知情能力，只要 P_0 足够大，即生产商的绿色信誉较好，生产商会自律地不进行漂绿。这就证明了绿色信誉机制对抑制漂绿的作用。

3. 绿色保证机制

绿色保证机制属于质保机制的一种，要求卖方事先对其产品的绿色特征进行承诺，若买方证实这些特征没有达到承诺的水平，则卖方提供买方一定的补偿。绿色保证机制与绿色信号显示机制有明显差别：绿色保证机制进入交易合约，绿色信号显示机制则不进入交易合约；绿色保证机制一般需要买方认可，绿色信号显示机制则无须买方认可；相比较而言，绿色保证机制对质量投机的约束力更强。

Grossman（1981）的质保模型显示：①在竞争性供给的情形下，无法提供全额质保的卖方将因消费者的选择而退出市场；②在垄断性供给的情形下，垄断卖方也不得不提供全额质保。而一旦提供全额质保，柠檬市场问题可以得到彻底解决。Kambhu（1981）的新质保模型对 Grossman 的结论提出了质疑，认为随着质保水平的提高，卖方提供高质量产品的动机会增强，但买方实施维护的动机会削弱；局部质保比全额质保可能更优。Dvbvig & Lutz（1993）认为，由于买方道德风险的存在，最优的质保合同只能在显著短于产品寿命的时间段里提供局部质保。①

绿色保证机制有别于一般的质保机制：与产品的质量属性不一样，产品的绿色特征在消费者购买后，一般不会改变，因而不存在道德风险，即不会发生消费者"制造"事端索取赔偿的事宜。基于此，本书假定不存在消费者的道德风险，通过博弈模型，来研究绿色保证机制抑制漂绿的机理和条件。

假定在绿色产品市场上，信息是不对称的，消费者因信息不足或知识局限无法判断产品的绿色特征。令 P_G 表示高价，P_W 表示低价；真正的绿色产品的生产成本是 C_G，漂绿的产品的生产成本为 C_W；真正的绿色产品给消费者带来的效用为 U_G，漂绿的产品给消费者带来的效用为 U_W。一般地，$P_G > P_W$，$C_G > C_W$，$U_G > U_W$。我们进一步假设，$U_G - P_G > U_W - P_W$，$P_G - C_G > P_W - C_W$。这样，企业和消费者博弈的支付矩阵如表 4-1 所示。

---

① 周波：《柠檬市场治理机制研究述评》，《经济学动态》2010 年第 3 期，第 131~135 页。

表4-1 企业和消费者博弈的支付矩阵

企业 \ 消费者		高价	低价
企业	漂绿	$P_G - C_W$, $U_W - P_G$	$P_W - C_W$, $U_W - P_W$
	真绿	$P_G - C_G$, $U_G - P_G$	$P_W - C_G$, $U_G - P_W$

如果交易双方信息是完全对称的,即生产者以 P_G 销售真正的绿色产品,以 P_W 销售非绿色产品,消费者完全知晓。此时的均衡解是(真绿,高价)。但如果信息不对称,均衡解便成为(漂绿,低价)。

(漂绿,低价)这个均衡结果解释了漂绿行为的泛滥。这个结果不是帕累托最优状态,但却是信息不对称条件下交易双方非合作博弈的必然结果。因此,要实现帕累托改进,促使(真绿,高价)成为帕累托解,关键在于遏制企业进行漂绿的机会主义动机。

如果能有一种机制的存在,这种机制能够使企业机会主义行为付出的代价足以抵消其可能获得的收益,其欲利用单方面信息优势谋取不当利益的动机就会弱化,机会主义倾向减轻。而绿色保证机制正是这样一种特殊的机制安排,它可以调整博弈行为选择,最优化均衡结果,最终实现有效抑制漂绿的目标。

首先,通过绿色保证机制,实施严格的追偿机制能够让企业漂绿的动机变得无利可图,让消费者的利益损失得到有效补偿。假定绿色保证机制能够让消费者买到漂绿的产品后得到一个补偿 P_C,且其大小在理论上正好等于高价购买到漂绿的产品与高价购买到真正绿色产品的收益之差,即 $P_C = (U_G - P_G) - (U_W - P_G) = U_G - U_W$,得到补偿后的消费者的实际收益变为 $U_W - P_G + P_C = U_G - P_G$,即恢复到购买真正绿色消费品的收益状态,这就意味着消费者在理论上已经不必对产品绿色特征的真实状况过于顾虑。

其次,通过绿色保证机制,企业高价销售漂绿的产品将受到一个必要的惩罚 P_D。在不考虑企业的信誉损失和可能受到的行政处罚时,P_D 就体现为向消费者支付的补偿,其大于等于 P_C。于是,企业高价销售漂绿的产品的实际收益就变为 $P_G - C_W - P_D = (U_W - P_W) - (U_G - P_G) + (P_W - C_W)$,由于 $U_G - P_G > U_W - P_W$,所以有 $P_G - C_W - P_D < P_W - C_W$,即企业漂绿的不当收益完全被消除,其漂绿的机会主义行为已经无利可图。

最后,通过绿色保证机制,消费者可以通过是否有绿色保证承诺而对企业进行鉴定和筛选，消费者不必对自己处于"信息劣势"而顾虑。消费者和企业因信息不对称而产生的"信任"难题就得到了解决。

这样，对于企业来说，生产真正的绿色产品并高价销售，收益会高于低价销售普通产品，所以具有绿色生产能力企业的最优选择是提供真正的绿色产品。对于消费者而言，价格成为产品绿色特征的显示信号，不用再凭经验对市场价格进行"合理折扣"。绿色产品市场上由于漂绿而导致的逆向选择被抑制，在利润和竞争的驱动下，生产者生产真正的绿色产品，（漂绿，低价）这个低效率均衡最终被（真绿，高价）这个对交易双方更有利的战略组合所替代，整个绿色产品市场的水平整体提升，见表4-2。

表4-2 绿色保证机制下消费者和企业博弈的支付矩阵

		消费者	
		高价	低价
企业	真绿	$P_G - C_W - P_D$, $U_W - P_G + P_C$	$P_W - C_W$, $U_W - P_W$
	漂绿	$P_G - C_G$, $U_G - P_G$	$P_W - C_G$, $U_G - P_W$

以上的分析表明，全面推行绿色保证机制可以有效抑制漂绿。在现实中，该结论的成立至少需要满足以下两个条件：第一，绿色特征的标准化程度较高，使得消费者或第三方事后能够以低成本对产品的绿色特征进行核实；第二，有强有力的行政力量来保证绿色保证机制的低成本实施。

4. 第三方介入

治理柠檬市场问题第三方的第一种类型是中间商，第二种类型是认证中介。本书主要分析认证中介。和中间商不同，认证中介仅仅提供产品鉴定与测试服务，这种服务完全是商业化的。市场经济的激烈竞争在加重生产商生存压力的同时，还提升了与消费者达成交易的难度。由于生产者与消费者之间的信息沟通不通畅，绿色产品的性能很难完全被消费者认识和接受。同时，绿色产品市场的扩大增加了消费者的搜寻成本和消费风险。如果消费者事先对产品的绿色信息进行搜寻和甄别，需要花费很高的成本；如果不进行搜寻和甄别，由于一些生产商的投机主义行为如漂绿，消费者面临的风险又较高。这种两难困境的出现阻碍了交易的达成。为了解决绿色产品市场上的这些问题，绿色认证中介应运而生。作为生产商和消费者之间的桥梁，绿色认证中介为绿色产品市场提供产品的绿色信息，增进了买卖双方的沟通与交流，降低了交易成本，有利于绿色产品市场的稳定发展。绿色认证中介鉴定产品的绿色程度，通过认证间接地对产品进行宣传。在绿色产品市场上，由于产品的绿色程度不能事前鉴别，生产商需要借助广告等宣传手段向消费者传递绿色信息，说服消费者购买。但广告是生产商的一种自主行为，有很大的随意性和虚假性，可信度不高，对消费者的影响有限，但规范的绿色认证能有效避免这些问题。

作为专门从事绿色认证的机构，认证中介在鉴定绿色产品的绿色信息上有很强的专业化优势。同时，由于认证业务的特殊性，中介机构弄虚作假的行为会严重影响认证机构的声誉，甚至威胁到生存，较高的违约成本能够保证认证机构向消费者传达产品的真实性。从理论上讲，作为独立的第三方，绿色认证中介能够更公平、公正地披露产品的绿色信息。绿色认证中介的优势吸引了越来越多的生产商开始借助绿色认证对产品进行宣传。

对认证中介的深入研究始于 Lizzeri（1999）。他构建的三方博弈模型表明，认证中介会促成认证信息的披露：如果认证费用适中，则所有高质量产品的卖方会接受认证，所有低质量产品的卖方则放弃认证，柠檬市场问题由此得到完全解决；如果认证中介是垄断的，也会局部披露认证信息，柠檬市场问题也会得到部分缓解。Albanl & Lizzeri（2001）的研究表明，认证中介能激励卖方提供高质量的产品。Langiner & Babock（2005）以农产品柠檬市场问题为分析对象，指出如果考虑认证成本，完全揭示产品质量的认证尽管对高质量产品的卖方有利，但社会总福利水平会低于局部揭示产品质量信息的认证。List（2006）则发现认证中介机制和声誉机制有很强的互补性。

本书参考 Lizzeri（1999）和 Albanl & Lizzeri（2001）的模型，研究绿色认证中介对绿色产品市场的影响。假定绿色产品市场的竞争是充分的，存在大量的生产商，所有的生产商均生产同一种产品 M，但每个生产商生产的产品的绿色程度有差异。绿色度介于 0 和 $\bar{\theta}$ 之间。其中最高绿色度 $\bar{\theta}$ 和最低绿色度 0 是公共信息。生产商在市场上提供产品的前提是获取利润为非负。生产商以成本 $C(\theta)$ 生产绿色度为 θ 的产品，为研究方便，假设当绿色度为 0 时生产成本也为 0，这时生产商的利润仍然为正。显然，产品的绿色度越高，生产商的平均成本越高。同时，由于边际成本递增规律的作用，随着产品绿色度的不断提高，每提高一个单位的绿色度所需要增加的成本也不断增加。这样，对于产品所有可能的绿色度 θ，成本函数需满足：$\frac{\partial c}{\partial \theta} > 0$，$\frac{\partial^2 c}{\partial \theta^2} > 0$。

如果不考虑偏好等其他因素，所有消费者仅根据产品的绿色度来决定是否购买，当产品绿色度降为0时，所有的消费者退出交易。产品的绿色度和消费者的支付意愿正相关。假定消费者愿意为绿色度是 θ 的产品支付货币 θ。绿色认证中介应生产者要求检验产品并向市场披露其绿色信息。生产商准确知道自己产品的绿色度，消费者只能通过中介公布的信息获知或根据以往的观察进行估计。生产商向认证中介组织支付固定的认证费用 P。如果没有认证机构，漂绿现象的存在会加剧消费者估计绿色度的困难。为简化分析，假定认证中介能真实完全地公开绿色信息，则消费者可以确切了解已认证产品的绿色度。绿色产品市场上的交易可以分为两个阶段：第一阶段，生产商根据对市场的预测确定产品的绿色度，之后组织生产；第二阶段，消费者对产品的绿色度进行评价，然后选择产品并决定是否购买。

如果市场上不存在绿色认证中介机构，由于信息不对称和漂绿现象的存在，消费者不是根据生产商的信息而是根据经验判断的期望值大小来确定支付意愿，这样，生产成本高于该支付意愿的产品会退出市场，会导致消费者下一期的绿色度预期进一步降低，如此循环，即出现"逆向选择"问题，漂绿会加剧这一过程。在产品的绿色度降为零之前，买卖双方将进行重复博弈。在有限次重复博弈中，重复次数不会对博弈的均衡解产生影响。因此可以采用两期博弈的分析框架，运用逆向归纳法进行求解，得到：

（1）第二期第二阶段：经过观察，消费者发现市场上只有绿色度为0的产品，真绿产品全部退出市场交易。

（2）第二期第一阶段：上一期消费者对绿色产品的支付意愿是 $E(\theta)$，于是，生产成本高于 $E(\theta)$ 的产品会发生亏损，理性的生产商会考虑在该期降低产品的绿色度。如果产品的绿色度区间从 $[0, \bar{\theta}]$ 降低到 $[0, \theta^*]$，绿色产品市场上的平均绿色度降低，消费者对产品绿色度的预期也会降低。只要 θ^* 没有降低到0，总有一些生产商发生亏损。因此，不管消费者的预期绿色度是多大，理性的生产者的最优决策是提供绿色度为0的产品。

(3) 第一期第二阶段：产品的最高绿色度和最低绿色度是绿色产品市场的公共信息，消费者对绿色度的预期 $E(\theta) = \dfrac{\bar{\theta}}{2}$，消费者的支付意愿为 $E(\theta)$，生产者获利为 $\pi = E(\theta) - C(\theta)$。令生产商获取零利润时，产品绿色度为 θ^*，即 $E(\theta^*) = C(\theta^*)$。则只有生产绿色度低于 θ^* 的产品或是漂绿成功的生产商才能获利。

(4) 第一期第一阶段：生产商最初生产绿色度介于 $[0, \bar{\theta}]$ 的产品，且绿色度服从均匀分布，为了获取最大利润，生产商选择漂绿，消费者由于漂绿的存在，识别产品的绿色度存在困难，只能根据经验进行估计。由以上分析可以得出，在不考虑其他绿色度信息传递工具的条件下，若市场上不存在绿色认证中介，由于漂绿加剧信息不对称，绿色产品市场会完全消失。

如果市场上存在绿色认证中介，假定消费者的偏好是风险厌恶的，面对因市场上的漂绿现象而导致绿色度不确定的产品，消费者更愿意买那些经过权威机构认证，因而绿色度确定的产品。这将导致无认证的产品将没有市场，所以，只要存在绿色认证中介，生产者要么对所有的产品进行绿色认证，要么均不采用绿色认证。当产品全部采用认证时，漂绿无效，交易双方只需进行一次博弈，可以得到：

(1) 第二阶段：消费者通过绿色认证中介披露的信息，得知产品的绿色度，确定自己为产品支付相应的费用。

(2) 第一阶段：由于生产商漂绿无效，考虑到消费者的支付意愿和向中介支付的服务费用，理性的生产商会将绿色度确定在能获利的水平 θ 上，其中，θ 不是一个确定的量，而是一个质量水平区间。生产商的利润函数为 $\pi = \theta - C(\theta) - P$，见图 4-1。

令 θ_1^e，θ_2^e 使得 $\theta - C(\theta) - P = 0$，即当产品绿色度为 θ_1^e 和 θ_2^e 时，生产商刚好能获得零利润，介于两者之间的产品能够实现赢利。这样，留在市场上的产品的绿色度会介于 θ_1^e 和 θ_2^e 之间，且不会存在漂绿现象。由图 4-1 可以看出，产品绿色度区间的大小与中介组织收取的服务费 P 有关。一般情况下，P 的数值越大，生产商能获利的区间就越窄。当 $P = P^0$ 时，生产商只会生产绿色度为 θ^0 的产品。由以上分析可以得出，如果市场上存在准确披露产品绿色度信息的认证中介，漂绿行为将是无效的，因而会消失，真正的绿色产品生产商会对所有绿色度水平的产品均采用

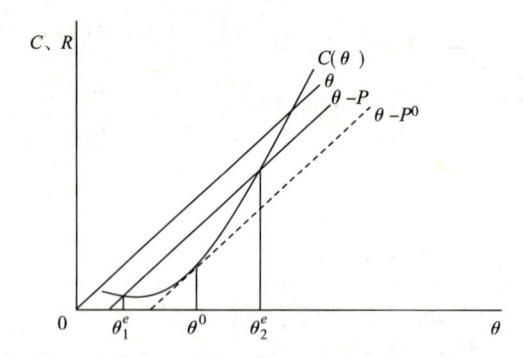

图 4 – 1　存在绿色认证中介时生产商的绿色度、成本和收益

认证。

以上仅是理论分析，在经济实践中，绿色认证中介并不能完全杜绝漂绿问题。其主要原因有：①绿色认证中介可能会出现机会主义行为，如与生产商合谋，提供虚假绿色信息认证；②绿色认证中介与生产商之间也存在一定的信息沟通障碍，绿色认证中介的出现只能缓解但无法完全消除绿色产品市场中的信息不对称问题。

以上对四种治理方式的分析试图说明：市场本身具有一种精妙的克服交易障碍和交易中机会主义的能力。在绿色产品市场中，为了实现有效治理，必须要重视通过完善市场体系来治理漂绿这一问题。如果忽视通过完善市场体系来治理漂绿，过于强调行政治理，最终很可能导致行政治理过度。行政治理过度除了会增加行政成本外，还会抑制市场机制借助治理漂绿进行学习和优化的努力。同时，市场治理的效果取决于市场系统的发育程度和市场机制的完善程度。一个地区的市场系统和市场机制越发达，漂绿问题越有可能在市场治理的框架范围内得到解决。

二　政府规制

现有的政府规制措施，可以分为两大类：①减缓信息不对称的政策，包括可持续评级制度、强制性信息披露、绿色认证制度（Lyon et al.，2011；毕思勇，2010；丛建辉等，2011）；②改变企业漂绿的收益和成本大小对比的政策，包括制定相关法律，加大对漂绿企业的惩罚（周培勤，2009；李学军等，2010）。市场失灵中的信息不对称理论是绿色产品行业政府治理理论的逻辑起点。新规制经济学认为，政府对企业进行规制的主要原因是严重的"信息不对称"问题。在绿色产品市场上,确实的绿色信息是一种稀缺资源和公共物品。如果无法信任绿色产品生产企业的诚实,那么,消费者就只能够将信任转向公共权力——政府。斯蒂格里茨指出,"政府应当发挥应有的调节作用来保证信息的有效供给"。他证明了当存在信息不对称时,政府干预几乎总是必要的,会增加社会福利,这为政府规制行为提供了依据。日本经济学家植草益指出,如果经济运行中存在着信息不完全和外部性等市场失灵问题,政府规制便具有潜在的可能性。

首先,在绿色产品市场中,一些企业在趋利的影响下,通过漂绿这种机会主义行为,破坏现有的市场竞争格局和市场秩序。当这种机会主义行为在绿色产品市场领域普遍存在时,处于信息获得劣势地位的消费者,只能承担市场无序竞争的恶果和负外部性交易成本。因而,必须由政府参与对这种机会主义行为进行遏制,并通过相应的制度安排和规制工具的使用,来约束绿色产品生产企业的行为,最终保护消费者的利益。其次,绿色产品兼有经验品和信任品的特征,消费者在既定的制度环境条件下,无法低成本地从市场上获得足够的信息,从而无法准确了解产品的绿色度,不得不"完全信任"地受生产企业摆布,消费者面临着消费风险,需要政府作为第三方介入。最后,政府的特征和职能也要求其对绿色产品行业进行一定的规制。政府拥有行政权,具有较强的公信力和权威性,这些特征是其行使规制职能所必须具备的。第一,政府拥有信息优势,对社会经济运行负有指导责任和义务。例如,对企业的绿色广告进行监督,审核其内容的真实性。第二,当出现漂绿事件后,政府可以通过检查、调查等方式搜集相关信息,并将这些信息传递给消费者,运用公信力和权威性保护消费者,并严惩相关企业。对于绿色产品行业,政府相应的规制行为可以通过以下途径实现其目的:建立准入机制、标准机制、监督检查机制、信息机制。总结起来,政府对绿色产品行业的规制,本质上是通过制定绿色标准体系和监测执法两个方面,来从外部营造压力,从内部创造动力,激励和约束企业的行为,实现对漂绿的治理。

1. 改变企业收益和成本对比的措施

制定相应的措施,加大对漂绿的监管和处罚力度,实际上是改变企业的收益和成本对比状况,诱导其放弃漂绿的行为。

可以用下面的简单模型来说明,假定每一期企业的利润函数均为 $\pi =$

AQR，而漂绿的利润函数均为 $\pi' = A'QR$，$A' > A$，贴现因子 δ，其中 Q、R 分别为销售量和售价，A 为利润系数。假定消费者由于信息不对称，无法识别产品是真正的绿色产品，还是漂绿的产品，因此对生产真正绿色产品的企业和漂绿的企业支付的价格都为 R，但如果漂绿的企业在第 t 期（$t>1$）被揭发后，消费者便不再支付绿色溢价，漂绿的企业得不到利润退出绿色产品市场。假定漂绿的企业退出绿色产品市场后，转入其他行业，在其他行业的获利水平与生产真正绿色产品企业的获利水平相当，即影响企业是否漂绿仅是在 t 期内的利润对比。由于政府对漂绿进行规制，使漂绿的企业面临处罚的可能性。处罚的经济损失为 P，被处罚的可能性为 θ。假定企业的目标是利润最大化。则在 t 期内，企业不漂绿，生产真正绿色产品的利润为：

$$\Pi = AQR + \frac{AQR}{1+\delta} + \cdots \frac{AQR}{(1+\delta)^{t-1}} = \frac{AQR\left[1 - \frac{1}{(1+\delta)^t}\right]}{1 - \frac{1}{1+\delta}} = AQR \cdot \frac{(1+\delta)^t - 1}{\delta(1+\delta)^{t-1}}$$

而漂绿的企业的利润为：

$$\Pi' = A'QR + \frac{A'QR}{1+\delta} + \cdots \frac{A'QR - \theta P}{(1+\delta)^{t-1}} = A'QR \cdot \frac{(1+\delta)^t - 1 - \delta\theta P}{\delta(1+\delta)^{t-1}}$$

则企业是否漂绿取决于 Π 和 Π' 大小的对比。

情况一：$\Pi < \Pi'$，即 $A' \cdot \frac{(1+\delta)^t - 1 - \delta\theta P}{\delta(1+\delta)^{t-1}} > A \cdot \frac{(1+\delta)^t - 1}{\delta(1+\delta)^{t-1}}$ 时，漂绿成为企业的理性选择，这种情况比较常见。

情况二：$\Pi = \Pi'$，即 $A' \cdot \frac{(1+\delta)^t - 1 - \delta\theta P}{\delta(1+\delta)^{t-1}} = A \cdot \frac{(1+\delta)^t - 1}{\delta(1+\delta)^{t-1}}$，漂绿不漂绿对企业都一样，这时的选择是随机的，这种情况较为少见，也不是这里分析的重点。

情况三：$\Pi > \Pi'$，即 $A' \cdot \frac{(1+\delta)^t - 1 - \delta\theta P}{\delta(1+\delta)^{t-1}} < A \cdot \frac{(1+\delta)^t - 1}{\delta(1+\delta)^{t-1}}$，漂绿成为个别企业的非理性选择，也是我们追求的理想状态。

下面具体分析为什么会出现情况一。假如没有政府的规制和处罚，即 $\delta\theta P = 0$，不难发现，企业的理性选择一定是漂绿。出现情况一的原因如下。①处罚金额或处罚的可能性较小，以至于出现了 $\theta P <$

$\frac{A'(1+\delta)^t - A(1+\delta)^t}{A\delta}$ 的情况。这表明，如果对于漂绿的处罚金额过小，或者执法不严，或者规制漂绿的法律法规的空白区域较多，漂绿的收益都会大于其可能被处罚的成本，漂绿就会成为理性选择。②监管不严，漂绿很难被公众发现，因而 t 值较大，出现 $\Pi < \Pi'$。t 值越大，在其他变量一定的情况下，出现情况一的可能性越大。③ A' 比 A 高很多，即 $\frac{A'}{A} > \frac{(1+\delta)^t - 1}{(1+\delta)^t - 1 - \delta\theta P}$，出现 $\Pi < \Pi'$。这一般是因为消费者对绿色产品的认可度高，愿意对绿色特征支付较高的绿色溢价。特别是在所处的自然生态环境恶化的情境下，更容易出现这一现象。④贴现因子 δ 较高，$\delta > (\frac{A' - A - A'\delta\theta P}{A' - A})^{\frac{1}{t}} - 1$，出现 $\Pi < \Pi'$。这一般是由市场环境特别是政策的不稳定，企业普遍有"捞一把就走"的心态，行为和利益短期化所导致。

上述的分析表明，θP、t、δ、A' 四组变量相互影响，共同决定市场是处于情况一、情况二，还是情况三。其中，θP、t 两个变量都受政府的规制和处罚力度的直接或间接影响。如果对于漂绿的企业政府没有规制和处罚，就会出现情况一；对漂绿的企业进行规制和处罚成为保证绿色消费品市场正常运转的需要。政府进行规制能否将绿色消费品市场转变为情况三，取决于上述四组变量间的关系。规制和处罚的力度如果偏小，或是规制漂绿的法律法规空白区域较多，就达不到规制的目标和效果。但对于规制和处罚力度的大小确定，上述的分析也表明，取决于多个因素，包括 A' 与 A 之间的差别大小，贴现因子 δ 的大小。这些因素在不同国家和地区，在同一个国家和地区本身也是在不断变化的。这表明，政府规制的力度，必须要与绿色消费品市场所处的整体经济环境和经济条件相适应，才能取得较好的治理效果。

2. 减缓信息不对称的措施：以强制性信息披露制度为例

解决柠檬市场问题的另一条途径是消除非对称信息。信息劣势方消除非对称信息的积极行为主要就是信息甄别行为。信息可以由消费者甄别，也可以由政府甄别。下面来分析信息甄别的主体。

消费者在信息甄别过程中，会存在着规模不经济和外部性问题。

单个消费者在信息甄别的过程中，如果信息甄别的数量过少，达不到规模经济要求，会导致信息甄别的边际成本大于边际收益，从而使消费者进行信息甄别的积极性不足，难以完全消除非对称信息，见图4-2。

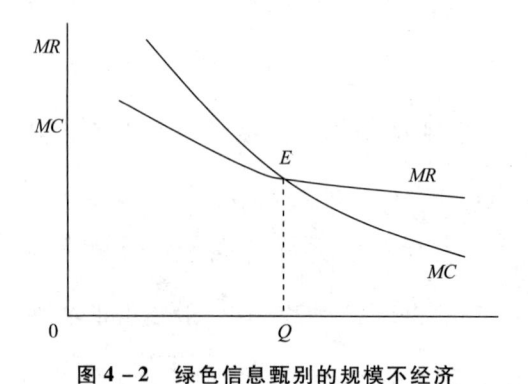

图4-2 绿色信息甄别的规模不经济

消费者信息甄别行为的外部性问题源于信息是公共产品。公共产品具有非竞争性和非排他性。产品的绿色信息实质上是一种公共产品，具有非排他性。这时，消费者的信息甄别行为会引发正外部性，导致"搭便车"现象，即消费者实施绿色信息甄别的私人边际收益小于社会边际收益（$PMR < SMR$），见图4-3。图4-3表明，信息甄别要实现帕累托最优，需达到交点E_1，E_1处消费者甄别的信息量是Q_1。在消费者理性的前提下，消费者实际信息甄别的数量由PMR曲线与PMC曲线的交点E、0所决定。一般的，消费者信息甄别的数量会少于社会的帕累托最优状态所需要的数量。

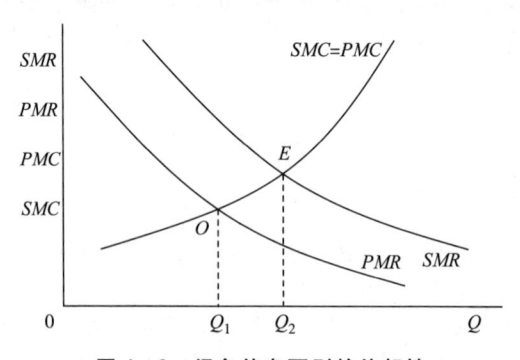

图4-3 绿色信息甄别的外部性

上述分析表明，由于单个消费者受到信息甄别行为的规模不经济和正外部性的影响，其信息甄别行为将无法完全消除非对称信息。因此，需要代表微观经济主体共同利益的政府来进行信息甄别。政府作为信息甄别主体，不仅可以解决单个消费者个体进行信息甄别的规模不经济问题，实现规模经济，而且可以消除信息甄别的正外部性问题。除此之外，政府还可以通过消除绿色产品企业的信息垄断，来提高绿色产品市场的运行效率，减少漂绿现象。

对企业绿色信息进行强制性披露的目的是实现绿色产品市场的分离均衡，消除漂绿：真正的绿色产品和普通产品分别在不同的市场中进行交易，消费者能够清楚地区分。绿色产品市场中的生产企业是利益最大化者，政府如果试图通过信息甄别行为让企业主动进行信息披露，来消除绿色产品市场上的信息不对称，就需要激励企业的信息披露行为。这样，绿色信息强制性披露的实质就是政府对企业进行的制度设计问题，政府需要制定一组合同和选择规则，能够提供给作为信息优势方的企业进行自我选择，成功地实现将生产真正绿色产品的企业和漂绿的企业加以分离，达到分离均衡。机制设计可以通过以下步骤完成。①先对绿色产品市场中企业的目标函数有基本的了解，同时，对消费者和社会要求披露信息的内容也要有清楚的估算。②理论制定出一系列能够满足消费者和社会所要求的披露信息，供企业进行选择。③由企业对要求进行自我选择，最终达成协议。在绿色产品市场上，企业进行信息披露的过程，就是实现生产真正绿色产品的企业和漂绿的企业分离的过程。

对企业绿色信息强制性披露的原则要符合参与约束原则和激励相容原则。根据机制设计的基本原理，对绿色产品市场中企业的绿色信息进行强制性披露首先要满足参与约束原则，也称作个体理性原则。它要求企业接受合同得到的收益不小于其保留效用，保留效用是指企业不按政府设计的合同进行信息披露时所能得到的最大期望效用，也是强制性信息披露的机会成本。这一原则保证了企业具有参与机制设计博弈的利益动机。再者是激励相容原则。由于企业是合同的接受者，机制设计所提供的激励要能使企业有较大的积极性去选择他们所属类型的合同，进行信息披露，从而实现分离的目标。

对企业绿色信息强制性披露的边界，由信息披露的供给与需求相等时决定。绿色信息披露程度的提高既会增进生产商收益，又会带来其生产成本的上升，因此，企业会有一定的信息披露的积极性，但同时也存在信息披露的边界。企业绿色信息披露的增多，会降低消费者的消费风险，提升消费者的效用，因而消费者对信息披露的需求是无限的，但信息披露又是有成本的。因此，政府强制绿色产品行业的信息披露应兼顾消费者的信息需求量和企业的信息供给能力，使信息供给与信息需求相等，避免造成信息过剩或不足。

但如果强制性信息披露的机制设计不佳，不满足分离均衡所需要的条件，很可能会出现信息披露的非合作结果。绿色信息在披露和使用的过程中，披露方和消费者之间有着较为复杂的博弈关系。最终实际披露信息的数量和质量，是双方博弈的结果。如果假定企业与消费者在信息披露过程中，只有一次静态博弈，则博弈过程可表示为表 4-3。

表 4-3 企业与消费者在信息披露中的博弈

		厂商	
		诚实（H）	歪曲（D）
消费者	购买（B）	Ⅰ (5, 5)	Ⅱ (1, 3)
	拒绝（R）	Ⅲ (3, 1)	Ⅳ (3, 2)

从表 4-3 中不难发现，如果企业选择 D，消费者倾向于选择 R；同样，如果消费者选择 R，企业会选择 D。(R, D) 是唯一能在给定其他参与人战略选择时，每个参与人都能对自己的战略选择满意的组合。最终博弈的结果是组合Ⅳ构成的"纳什均衡"。这一纳什均衡并不满足帕累托最优化的要求，是一个双输的结果：即企业"歪曲"绿色信息，消费者拒绝购买，其造成的结果是绿色产品市场资源的无效配置，绿色产品市场萎缩甚至消失。

上述分析表明，政府借助制度设计强制企业进行信息披露，实现良好的效果，至少需要解决好以下几个问题。①政府要尊重企业对正当利益的诉求，不能借助行政命令来强迫企业进行信息披露。否则，企业会在政府的强制性披露制度的胁迫下，出现信息披露行为的扭曲，政府强制企业披露信息的目标也无法实现。而且政府为强制性信息披露付出了成本却没有收益，企业还会发生抵制成本，从而形成政府与企业双输的格局。②政府对企业绿色信息强制性披露还要考虑绿色产品市场的发育程度。绿色信息披露必然会带来相应的成本，且信息披露的程度与其产生的成本正相关。随着绿色产品市场的发展，市场对企业进行信息披露引起的边际成本的溢价性抵补也会随之上升,即随着绿色产品市场的完善,信息披露的收益会随着市场发育程度的提高而上升。因此,绿色信息强制性披露制度的设计必须与绿色产品市场的发育程度相匹配,否则,就会导致绿色信息披露行为的扭曲。在实际经济运行中,存在着不同规模的绿色产品企业,政府强制不同规模的绿色产品企业进行信息披露的内容和范围应该是有差异的,即规模大的企业,强制性信息披露的内容和范围就应该大,规模小的企业,披露的内容和范围就应该小。如果对所有的企业一视同仁,会造成企业间因信息披露而导致的不公平竞争,使规模较小的企业处于竞争的劣势。

在绿色产品市场中,应当明确的是,政府在解决信息不对称问题时只能作为市场的补充而不是替代市场。首先,政府无法强迫或引诱被规制者显示其拥有的全部私人信息。而且,政府规制作为解决绿色产品市场信息不对称问题的一种方式也存在一定的局限性。在典型的信息不对称的市场中,政府的规制必须权衡信息的生产成本与(缺乏信息时)无效交易的成本。在降低信息成本方面,政府可以借助其他组织形式都不可比拟的行政优势,在强迫私人信息显示、信息搜寻、创造良好的法制环境等方面有所作为,从而降低整体的信息成本。但是,政府在从事这些活动时自身也存在一些成本,在某些情况下,这些成本甚至比市场方式还要高。实际上,人类各种经济活动的自身就是不对称信息产生的源泉,其次,信息搜寻是永无止境的,因此,政府难以从根本上消除信息成本。在解决虚假信息方面,政府也难以完全杜绝市场中和其自身存在的虚假信息。最后,政府规制者与被规制者之间同样也存在信息不对称的问题,这将导致规制作用减弱甚至失效。

3. 减缓信息不对称的措施:以公开透明方式提升信任度为例

信任本身是一个跨学科的范畴,直到 20 世纪 70 年代后期,随着新制度经济学、产权经济学和博弈论的产生和发展,信任问题才逐渐受到经济学家们的关注。当前,经济学界对于"信任"范畴尚没有统一的界定。为便于分析,本书所讨论的信任,指的是 Williamson(1993)所定义的作为一种计算过程的信任:它可以具体分为计算的信任,即信任是当一个行动者预期在受另一行动者的损害时其收益为正的保证;制度的信任,即行动者因考虑制度环境的惩罚而守信的行为。经济学讨论的信任一般包括交易主体间的信任和交易主体内部（组织）的信任，本书中的信任是指交易主体间的信任。信任对市场交易产生重要的影响，主要体现在以下方面。①在人们的信息和计算能力有限的条件下，人们之间的相互信任降低了交往的交易成本，而低信任度则会增加交易费用，使一些潜在的交易由于交易费用的高昂而无法实现。②在一次性博弈或得不到有效信息的条件下，从不信任角度出发，非合作的囚徒困境将是最后的均衡解，追求个体理性的行为者将陷入一种帕累托无效率的状态。信任也会影响政策（包括法律制度）的实施和效果。政策（包括法律制度）是一种引导人们行动的手段，使他人的行为变得更具有预见性，从而在人们之间建立起信任，并减少人们的信息搜寻成本。如果行为主体对政策的信任度高，信任本身就是一种能够使社会成员间产生信任和形成新组织的社会资本（Fukuyama，1995）。同时，越来越多的学者还证明了信任能提高公共政策被接受的程度，有效降低行政成本，促进和鼓励遵纪守法的行动。反之，如果行为主体对政策的信任度比较低，政策的实施难度就很大，效果也会大打折扣。因此，各国政府为更有效地执行政策，以较小的成本实现良好的社会管理，都把提升公众对政策的信任当作重要目标。

在经济发展的不同阶段，社会信任水平是不同的。传统社会是一个经济"停滞"的静态社会，人们从事的是自给自足的经济活动，很少进行市场交换活动，他们之间的信任更多地存在于血亲关系之间或是一个相对封闭的组织内部。在经济较为发达的社会中，技术的发展对于人类之间的分工合作提出了更高的要求，而人与人之间相互信任则是分工合作的基础。信任是一个自我强化和累积的过程。社会经济体可能会朝着两个截然不同的方向演进：既有可能达到"好"的均衡或进入良性循环，即高水平的公众参与、合作、信任以及经济发展，又有可能出现"坏"的均衡或进入恶性循环，即怀疑以及停滞。从一个较长的趋势来看，市场经济的发展会使信任达到"好"的均衡，但在短期内，有可能会出现暂时的"坏"的均衡。

一般来说，在法律对政府约束力不强的时候，政府如果作为市场主体从事经济活动，它与消费者、生产者的关系就是非契约性的交换关系，政府作为超越法律之上的主体可能随时侵害消费者或生产者的利益，这种情况下即使建立了一套完整的法律体系框架，市场主体对政府的信任程度还是趋向弱化。当前，中国处于经济社会的转型期和市场经济的建设和完善期,种种迹象表明,我国正在经历大多数西方发达国家都出现过的阵痛期,这一期间交易主体间的信任度下降,出现了恶性循环(张维迎,2002)。这种低信任度不仅表现在消费者和生产者身上,而且表现在公众对制度缺乏信任感上。公众对制度的不信任很大程度上表现为对政策的合理性和稳定性产生不信任感,政策的不稳定性使交易主体无法以确定的预期度量经济活动的成本与收益,从而难以做出决策,导致经济活动具有短期特征,治理漂绿的各种对策都必须要依据这一经济社会条件来制定。

(1)信任对漂绿及其治理的影响[①]

借鉴科尔曼(2006)的模型,本书构造了一个绿色产品市场中的不完全信息漂绿模型。在这个模型中,把消费者对绿色产品的信任分为两种情况:高信任度和低信任度。运用这一模型,分析对比在其他条件一样的情况下,信任度对漂绿现象的影响。

绿色产品市场 M 的产品提供方为甲方(可以是提供真正的绿色产品,也可能是提供漂绿的伪绿色产品),乙方为消费者。甲方有两个行为选择:漂绿或真绿(是否提供真正的绿色产品);乙方也有两个行为选择:信任或不信任(相不相信甲方提供的是绿色产品)。表 4-4 反映了对漂绿行为无惩罚时双方的行动空间、结果及报酬情况。

表 4-4 甲、乙双方的行动、结果及报酬情况

行动		结果	报酬	
甲	乙		甲	乙
漂绿	信任	消费者高价购买虚假绿色商品	高收益	最低收益
漂绿	不信任	消费者不愿购买虚假绿色商品或只愿意支付普通商品价格	低收益	低收益
真绿	信任	消费者出高价购买绿色商品	较高收益	高收益
真绿	不信任	消费者不愿购买绿色商品或只愿意支付普通商品价格	最低收益	低收益

根据表 4-4 的分析,将这个博弈的矩阵列为表 4-5。(a, e) 代表企业选择漂绿,消费者信任其提供的产品是绿色产品,且企业完全没有受到

[①] 杨波:《我国消费品市场中治理漂绿的对策分析:基于信任的视角》,《财贸研究》2012年第5期,第46~51页。

惩罚时双方的收益值，rv 代表可能受到的惩罚，r 代表对制度（主要是对法律和政府政策）的信任度，v 代表制度规定的对漂绿的惩罚；(b, g) 代表企业选择提供真正的绿色产品，且消费者信任其产品是绿色产品时双方的收益值。(c, f) 代表企业选择漂绿，消费者不信任其提供的产品是绿色产品时双方的收益值；(d, k) 代表企业选择提供真正的绿色产品，但消费者并不信任其产品是绿色产品时双方的收益值。由表 4-5 可知，$a > b > c > d$，$g > f = k > e$。

表 4-5　甲、乙双方的报酬矩阵

		乙	
		信任	不信任
甲	漂绿	$(a-rv, e)$	$(c-rv, f)$
	真绿	(b, g)	(d, k)

假定消费者对绿色产品的信任度为 p（$0 < p < 1$），那么甲的行为选择，即漂绿还是真绿取决于利益的对比：若满足①：$p(a-rv) + (1-p)(c-rv) > pb + (1-p)d$，则甲选择漂绿；若满足②：$p(a-rv) + (1-p)(c-rv) = pb + (1-p)d$，则选择之间没有差别，两种选择都有可能出现；若满足③：$p(a-rv) + (1-p)(c-rv) < pb + (1-p)d$，则甲选择真绿。均衡解有两个（真绿，信任）和（漂绿，不信任），最后的结果取决于两种行为的报酬对比。

不难得出，如果没有 rv 的存在，那么甲的理性选择一定是漂绿。这会导致在绿色产品市场上，真正的绿色产品越来越少，经过一段时间后，消费者对绿色产品的信任度进一步下降，直到 $a-rv$ 低到 0 为止。现实中，rv 的存在使 $a-rv$ 有可能小于 b，企业有可能漂绿也有可能提供真正的绿色产品。

当 $p < \dfrac{d+rv-c}{a-b+d-c}$ 时，甲的最优选择将是漂绿；当 $p > \dfrac{d+rv-c}{a-b+d-c}$ 时，生产真正的绿色产品是最优选择，漂绿还是真绿的临界值为 $p^* = \dfrac{d+rv-c}{a-b+d-c}$。可见，在其他变量一样的情况下，当消费者对企业的信任度比较低的时候，更有可能出现 $p < p^*$ 的情况，绿色产品市场中企业漂绿会成为理性选择，因而漂绿现象会比较多。而当消费者对企业的信任度较高

的时候，更有可能出现 $p > p^*$ 的情况，漂绿现象相对会比较少。

不仅交易主体之间的信任会影响绿色产品生产企业的选择，而且公众对制度的信任 v 的大小也会影响绿色产品市场中企业行为的选择。在交易主体间的信任度 p 一定的情况下。当 $r < \dfrac{(a-b+d-c)p-(d-c)}{v}$ 时，甲的最优行为选择是漂绿；当 $r = \dfrac{(a-b+d-c)p-(d-c)}{v}$ 时，漂绿并提供假的绿色产品，还是提供真正的绿色产品是无差异的；当 $r > \dfrac{(a-b+d-c)p-(d-c)}{v}$ 时，甲的最优选择是生产真正的绿色产品，漂绿的临界点是：$r^* = \dfrac{(a-b+d-c)p-(d-c)}{v}$。在其他变量一样的情况下，当公众对制度的信任度比较低的时候，更有可能出现 $r < r^*$ 的情况，绿色产品市场中企业漂绿会成为理性选择，因而漂绿现象会比较多。而在公众对制度的信任度较高的时候，更有可能出现 $r > r^*$ 的情况，漂绿现象相对会比较少。

信任不仅会对绿色产品市场中企业是否选择漂绿行为产生重要影响，而且会对漂绿的治理产生重要的影响。实际上，无论是缓解信息不对称的漂绿治理政策还是直接改变企业成本收益的漂绿治理政策，其实质都是通过最终改变绿色产品市场中生产企业的成本收益来影响其行为。以推行绿色标签以例，这一制度实施后漂绿者增加的成本分为两部分，一部分是仿造绿色标签成本 c'，另一部分是仿造绿色标签可能被发现的惩罚成本 v'。一般来说，由于技术原因，c' 一般比较小，而 v' 比较大。这样，在 r 一定的情况下，企业漂绿行为的临界点变为 $p^{*'} = \dfrac{d+rv-c-v'}{a-c-b+d}$，比原来的临界值有所下降，在其他条件不变的情况下，漂绿的行为会减少。但这一制度的效果大小主要受 r 的影响：若 r 比较小，则临界点的改变较小，从而对漂绿的规制作用就比较弱；若 r 比较大，则临界点的改变较大，从而对漂绿的规制作用就比较强。同样，在 p 一定的情况下，企业漂绿的临界点变为 $r^* = \dfrac{p(a-c'-b+d-c)-(d-c)}{(v+v')}$，比原临界值有所下降，在其他条件不变的情况下，漂绿的行为会减少。这说明该制度效果大小同样主要受 p 的影响。即政策要取得比较好的效果，政策本身必须让社会公众信任，否则就会收效甚微。

根据前面的分析可得,若想使不完全信息下的博弈均衡解是(真绿,信任),可以有两条思路:第一条思路是提高消费者对绿色产品市场中生产企业的信任程度 p,使 p 超过临界值 p^*,或是提高公众对制度的信任程度 r,使 r 超过临界值 r^*;第二条思路是直接增加企业漂绿的成本,从而使临界值 p^* 和 r^* 下降。

现行研究的政策建设基本上遵循第二条思路,即强调增加企业漂绿的成本,但忽略了以下事实,即如果公众对企业和制度的信任低下,那么,所有这些对策的效果都要大打折扣。另外,现有的讨论都没有考虑到改变信任度也是一条治理的路径。所以,我们不但要借鉴西方发达国家治理漂绿的措施,而且要下大力气提高公众对制度的信任度和消费者对绿色产品生产企业的信任度。

(2) 提升信任度的相关措施

影响信任度高低的因素是众多和错综复杂的,而参与和透明是建立信任的最主要手段。公众参与各种组织活动,不仅改善每个人之间的信任,而且改善对政府政策的信任。实证研究表明,在水平和开放的组织中的参与最有可能提高公众信任的水平。不仅如此,透明机制也会影响信任水平。在一个缺乏透明机制和法制不够完善的社会,公众互相间很少有信任,其结果必然是增加社会交易成本,为了降低机会成本,公众通常就会转向欺骗或其他不规则行为。透明既依赖于主体间拥有信息的数量和质量,又依赖于信息披露和传播机制的改进。进行信息披露和传播机制的设计,能够消除像隐瞒信息这类障碍,进一步地增加透明度,有效地提高信任水平。基于此,我国绿色产品市场的监管部门在对绿色产品市场进行规制、治理漂绿问题时,不仅要推出相关的政策,调节绿色产品生产企业的成本收益决策,而且要大力提高公众包括企业对政府和绿色产品生产企业的信任度,以增强这些政策的实施效果。具体来说,可以从以下几个方面着手。

第一,鼓励消费者 NGO 参与漂绿的治理。前面分析表明,漂绿在低信任度的社会里更容易出现和蔓延。如果单纯依靠政府监管部门去治理漂绿,一方面受政府监管部门本身的人员和精力所限影响治理的效果;另一方面,受公众对政府监管部门低信任度的影响,也无助于遏制漂绿行为的蔓延。可以鼓励监管部门与 NGO 合作,与其共同开展对漂绿的治理,实现信息共享。借鉴西方发达国家的成功经验，NGO 可以通过成立"打漂网站"等方式积极开展反漂绿的活动，向消费者介绍绿色产品知识，以缓解绿色产品市场中的信息不对称现象，增强消费者抵制漂绿的意识。同时，可以让更多的公民参与漂绿的治理过程，以提高漂绿治理的效果，并提高公众对政府监管部门的信任度，遏制漂绿蔓延的势头。

第二，对绿色标签的发放、绿色产品的动态定级，以及绿色产品监管部门的行动实行信息公开，提高消费者和企业的参与度。当前公众对绿色标签的发放等缓解信息不对称的措施和绿色产品市场监管部门的信任度较低，很重要的一个原因是信息不透明，公众无法参与全过程，当然也无法监督。如果把绿色标签的发放等缓解信息不对称的措施、绿色产品市场监管部门的行动实现信息公开，提高公众的参与度，不仅可以监督其行为，规范绿色标签的发放，督促其积极开展打击漂绿的行动，而且可以提高公众包括企业对监管部门的信任度，增强其相关政策的效果。同时，包括绿色标签的发放、绿色动态定级等措施，如果信息不公开、不透明，容易导致政府监管部门出现寻租行为，不但不能够遏制漂绿，而且很可能成为漂绿的新工具，加剧绿色产品市场中的信息不对称问题。

第三，对绿色产品生产企业推行强制性信息披露政策。前面的分析表明，社会公众对绿色产品的信任度低，很大程度上源于信息不对称。在绿色产品市场中，生产企业居于信息的优势方，出于自身利益最大化考虑，企业总是披露一些有利于自己的信息，隐藏那些不利于自己的信息。监管部门可以通过强制性信息披露制度，要求绿色产品的生产企业进行信息披露，并规定比较严格的内容要求，让信息透明起来，避免因信息不对称而导致绿色产品市场出现逆向选择，提高社会公众对绿色产品的信任度。

三　第三部门治理

Ostrom 在大量实证研究的基础上指出，"人类社会中大量的公共池塘资源问题在事实上不是依赖国家也不是通过市场解决的，人类社会中的自我组织和自治，实际上是更为有效的管理公共事务的制度安排"。消费者组织和行业协会正是实施自治的最有效组织形态。不难看出，行业协会对行业的治理是外在于交易双方的第三部门治理机制。Milgrom 等（1990）等通过对地中海商法成功运作的案例描述，揭示了第三部门治理并不总是要求国家权力机制的使用，不同国家商人间的协议通过商法同样可以得到保护。因此，在政府和市场失灵的情况下，替代性治理组织就会介入，消费者组织和行业协会就恰好提供了一种介于正式的、国家支持的秩序和自发秩序之间的合约增强机制。

不难看出，在我国转型过程中，当市场和政府都无法对行业内的无序进行有效治理时，第三部门治理机制的介入就是一种必然选择。青木昌彦（2001）指出，第三部门治理是中间性主体所参与的治理，在制度演化与发展的过程中，多样化的治理机制是相互关联和相互匹配的。"各种各样的治理机制——无论是私人的还是公共的，正式的还是非正式的，它们作为制度安排的复合体都同时发生作用。"

1. 消费者组织

消费者组织的发展与消费者的成长密不可分。在社会经济发展的长河中，消费者利益不断受到侵害，带来消费者权利意识的觉醒，也促进了消费者组织的发展。19 世纪末 20 世纪初，发达的资本主义国家中很多行业出现了垄断现象，一些大型企业凭借市场势力，无视消费者利益，生产和销售劣质产品，使消费者利益受到严重损害。例如，美国在 20 世纪 20 年代就曾出现过多起生产企业在食品、药品中加入一些有害物质，损害消费者的健康乃至生命的事件。正是这些事件的发展，有消费者提出了对食品、药品进行检验的要求。消费群体从此开始逐渐意识到必须与损害消费者利益的企业和行为进行斗争，以维护自身权益；同时也认识到单凭个体的力量无法有效对抗有组织的企业，需要团结起来以集体的力量与企业抗衡。[①]

世界上最早成立消费者组织并开展消费者保护运动的国家是美国。1891 年，世界上首个消费者协会"纽约市消费者协会"在纽约成立，消费者运动也应运而生。对漂绿的治理本质上是对绿色信息的处理过程。佐斯科教授指出："美国传统管制实践的发展集中体现在管理机制在帮助信息劣势方面的努力。这种努力主要体现为通过引入其他政府机构、消费者及其他利益集团来参与治理过程。"在漂绿的治理中，消费者个体参与存

---

① 刘大伟、唐要家：《社会公共组织参与管制优势的法经济学分析——以公用事业价格听证中的消费者组织为例》，《法商研究》2009 年第 4 期，第 31 ~ 36 页。

在以下诸多不利。

首先,受到消费者有限理性的影响。在漂绿的治理中,消费者的有限理性体现在以下几点。①消费者自身的很多局限会影响其参与治理的效果。消费者的知识背景、专业结构和经验决定了消费者无法低成本地全面了解绿色产品生产企业的相关信息。②消费者重视直觉会影响其参与治理的能力。一般来说,普通消费者对于产品绿色环保特征的判断,更多地依靠直觉而非专业知识。③消费者需要花费高昂的交易成本获得相关的绿色信息,不可避免地导致许多消费者不愿积极获取和运用信息,放弃对漂绿治理的参与。[①]

其次,相对于绿色产品生产企业,单个消费者的有效对抗力量相对不足。而且,消费者个体能对政府管制机构施加的压力也很小,其主张能够得到管制机构认可的可能性并不大。

最后,消费者个体为争取自身利益,进行诉讼也面临很大的困难。"谁主张、谁举证"的运作机制导致如下结果:消费者个体在与绿色产品生产企业的法律诉讼中处于明显劣势。而且,由于绿色产品的特征,对于漂绿的治理来讲,消费者个体举证会面临很大的困难。

消费者组织将消费者从传统共同体的束缚下解放出来,通过自治等方式,较好地满足了消费者自治与自主的诉求,也可以提供一些消费者需要的公共物品,如各种消费信息、便捷的侵权救济等。作为维护消费者权益的专门组织,与企业不同的是,消费者组织除了信誉资本以外并无企业所具有的实体资本。因此,信誉是消费者组织得以存在的唯一资本和基础。

根据激励理论,为了克服集团内部成员的"搭便车"倾向,可以制定"有选择性的激励"制度,即要求对集团的每一个成员区别对待,包括奖励和惩罚。在这种情况下,某个集团得以集体行动须具备以下几个条件。①集体有一套行之有效的赏罚规则,或是"有选择的激励",这样才可能超越集体行动的障碍。②拥有一致潜在利益的成员比较少。这样,一方面提高个人成员参与集体行动的预期收益(拒绝参与便要承受机会损失),另一方面可降低组织与监督消费者集体的费用。③拥有潜在共同利益的个人必须要经历多次博弈而不是一次博弈。多次博弈会使成员考虑远期的利

---

① 刘大伟、唐要家:《公用事业价格听证中的消费者利用信息能力有效参与研究》,《产业经济评论》2009年第6期,第36~42页。

益,其结果是他们之间的合作就可能不仅依赖于友谊或权威,而且还要依赖于彼此的信任和长远的目标。④必须拥有有"献身精神"和勇气的领袖人物,以唤起人们对共同潜在利益的意识、激发起人们参与集体行动的热情。

2. 生产者组织

行业协会属于我国《民法》规定的社团法人,是我国民间组织和社会团体的一种,即国际上统称的非政府机构,又称 NGO,属非营利性机构。西方经济学文献对行业协会的研究始于 20 世纪 80 年代,一般将其纳入产业组织的框架开展研究。相关研究者主要从历史(经济史)的角度对世界某一地区和国家行业组织的产生、发展、组织属性与功能、历史地位与作用进行考证和研究,或者运用现代信息经济学和博弈论来分析行业协会的发生机理与产业作用,也有的研究运用新制度经济学及交易成本理论分析行业协会的经济行为;还有的从经济法学角度对行业协会运行机理进行研究。

"囚徒困境"反映了一个既简单又深刻的问题:个人理性与集体理性在理性经济人假设下是相悖的。在绿色产品行业发展中同样存在"囚徒困境"。在激烈的市场竞争中,同行企业间漂绿行为盛行,少数企业短期获利的背后却是整个行业利益的受损:一系列与单个企业相关的"标志性事件"无不说明了这一点。事实上,对于任何一个行业来说,行业内企业在交易中的欺诈等不正当竞争行为,都是非常典型的"囚徒困境":每个企业都只从自身利益出发,导致机会主义流行,但它最终使整个行业产品价格降低和利润减少。从一般意义上看,由行业特质性资源形成的行业租金就是行业利益的具体体现,它在一定程度上具有公共产品的性质。企业漂绿会导致行业租金消散。单个企业对自身利益的追求最终却带来行业租金的消散,对行业利益造成损害,最终形成一种"囚徒困境"。对于陷入"囚徒困境"的博弈双方,如果博弈主体是理性经济人,则只有在无限次的重复博弈中才能走出"囚徒困境";此时,运用"冷酷战略"将是最优选择。如果不考虑理性经济人的假设,则在有限次的重复博弈中,同样可以走出"困境"。"针锋相对"策略说明,在有限次的重复博弈中,博弈双方的合作行为将会频繁出现。Kreps、Milgrom、Robe and Wilson(1982)提出的声誉模型则认为,在博弈主体是合作型的情况下,同样可以走出

"囚徒困境"。尽管不同学者从理论研究上探寻走出"囚徒困境"的多种可能性,但这些策略选择并不总是适合行业发展中的"囚徒困境"。行业租金的公共产品特征,会最终造成行业租金的消散。"如果人们都没有一种资源的专有使用权,那么从其专有使用中产生的一切租金都将消散。"因此,对于行业发展中广泛存在的"囚徒困境",理性的企业自身无法走出这个困境;它只能通过一个凌驾于个体企业利益之上,但又从行业利益出发的主体来实现行业利益,这样行业协会就有了存在和发展的现实空间。

在绿色产品行业中同样存在"囚徒困境"。在激烈的市场竞争中,每个企业都只从自身利益出发行事,导致同行企业间漂绿行为盛行,少数企业短期获利的背后却是整个行业利益的受损,最终带来整个行业产品价格降低和利润减少。从一般意义上看,由行业特质性资源所形成的行业租金就是行业利益的具体体现,它在一定程度上具有公共产品的性质。企业漂绿会导致绿色产品行业租金消散。

下面通过一个基本博弈模型说明绿色产品行业协会与企业之间合作机制的形成。① 把绿色产品行业协会和企业之间的关系看作博弈过程。行业协会的目标在于制定相应的标准和政策,引导企业正确进行绿色产品宣传,避免出现漂绿行为,实现整个行业的利益最大化;企业则在协会的引导下,在遵守协会的标准和政策的前提下,实现个体的最大化利润。双方利用自己掌握的知识或信息,根据对方的行动不断调整自己的行动。双方的博弈是一个不完全信息的动态博弈过程,双方只有合作才能实现利益的最大化。博弈模型为:

$$G = \{N, (S_i)\ i \in N, (U_i), i \in N\}$$

模型中,N 是非空集合,S_i 也是非空的和所有可行的策略集合,U_i 则是博弈参与者双方从合作中获得的收益,$X_i \in N \in R$。

假定双方博弈过程如下:行业协会和企业均有两种策略可供选择,合作与不合作。行业协会的合作表现为发挥协调作用,制定相应的绿色标准;不合作表现为不作为。而企业的合作表现为遵守行业规范,不漂绿;不合作表现为漂绿。假定当双方均采取不合作策略时,双

---

① 刘张君:《基于合作博弈的银行业协会治理机制研究》,《金融研究》2007年第12期,第35~39页。

方的收益分别为 R_1、R_2；当双方均采取合作策略时，双方的合作收益分别为 R_3、R_4，合作的成本为 C。合作双方的支付矩阵如表 4-6 所示。

表 4-6 企业与行业协会博弈的支付矩阵

		企业	
		合作	不合作
协会	合作	R_3, R_4	R_3+C, R_2
	不合作	R_1, R_4+C	R_1, R_2

可以得出，如果要实现（合作，合作）的纳什均衡，实现对漂绿的有效治理，需要满足 $R_3>R_1$、$R_4>R_2$ 这两个条件。在合作机制的形成过程中，关键在于双方能够达成对双方均有利，从而有效的协议，得到双方认可和接受。假定这一协议是双方通过若干次谈判形成的，假设双方谈判的次数最多是 3 次，且仅有两种协议方案，在第三阶段（已是最后阶段）达成的协议是最终协议。

假设支持甲方案的一方首先采取行动，支持乙方案的一方只能在甲方案的前提下采取最优的行动策略。双方的策略选择空间是：企业可以选择甲方案或乙方案，若选择甲方案，则可以获得自身的最大化收益，若选择乙方案，则自身受到损失，作为对等的参与者，行业协会的战略空间和企业的战略空间相同。

在这个过程中，谈判费用以及损失都会随着谈判阶段的增加而增加。假定合作的收益为 R，贴现因子为 δ，$0<\delta<1$。在该模型中，当本阶段的收益经贴现后不少于下一阶段的收益时，双方都接受这一贴现率。对该谈判的描述如图 4-6 所示。

图 4-6 表明：第一阶段，企业提出自己的方案并从中获益 S_1，协会的收益为 $R-S_1$，协会可以选择接受或拒绝，如果该方案被接受则谈判结束。若其中任何一方拒绝该方案，双方就进入第二阶段，行业协会提出自己的方案。行业协会从该方案中获得收益 S_2，企业的收益是 $R-S_2$，企业既可以接受又可以拒绝。若企业接受该方案，则企业和协会获得的收益分别是 $\delta \times S_2$、$\delta \times (R-S_2)$，谈判终结。如果企业拒绝该方案，则双方进入第三阶段，企业提出自己的方案，而且企业提出的方案将成为最终结果，双方都必须接受。

第 4 章 漂绿的治理方式与治理机理

```
                    企业
        ┌─────────────┤
     甲方案           ↓
                    协会
              ┌──────┴──────┐
              ↓             ↓
          协会接受      协会拒绝并
         ($S_1$, $R-S_1$)  提出乙方案
                            ↓
                           企业
                      ┌─────┴─────┐
                      ↓           ↓
                  企业接受     企业拒绝并提出
              $\delta \times S_2$, $\delta \times (R-S_2)$  甲方案 $\delta^2 \times S$, $\delta^2 \times (R-S)$
```

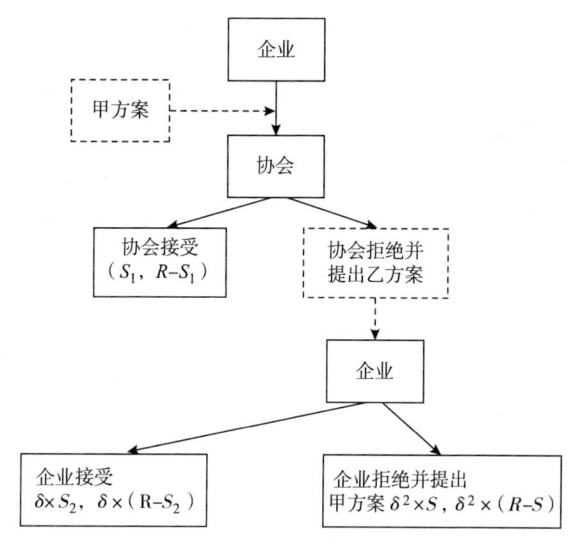

图 4-4 企业与协会合作治理漂绿的流程

采用逆向归纳法来计算各阶段企业和行业协会的收益。计算过程如下：第三阶段，企业提出方案并被行业协会接受，则双方各自的收益是 $\delta^2 \times S$ 和 $\delta^2 \times (R-S)$。第二阶段，行业协会可接受的最小收益是 S_2，根据假设，在 $\delta \times S_2 = \delta^2 \times S$ 的条件下，行业协会的收益是：$\delta \times (R-S_2) = \delta \times (R-\delta \times S) = \delta R - \delta^2 S$，这样，由于 $0<\delta<1$，行业协会可以获得最大的收益要大于其在第三阶段的收益，其在第二阶段的收益是：$\delta^2 \times (R-S) = \delta^2 R - \delta^2 S$。根据假设，在第一阶段企业想使行业协会接受标的 S_1，目的是获得最大化收益，此时有 $R-S_1 = \delta R - \delta^2 S$，企业会获得最大的收益。同理，行业协会的收益也是这样。此时，双方的合作协议最终达成。行业协会会出台一些标准或规定，禁止企业漂绿，以免损害整个行业的利益，而企业也接受这些标准或规定。当然，以上分析只是一种理想化的过程，现实中很多不确定因素会影响合作机制的形成，但上面的分析说明了行业协会治理漂绿有效性的基本条件和过程。

四 企业社会责任治理

企业社会责任（Corporate Social Responsibility，CSR）是 1924 年由美国学者 Olive Sheldon 最先提出的概念，这一概念的产生有深刻的历史背景。20 世纪 20 年代，随着资本的扩张，一些社会矛盾如贫富分

化、劳资冲突等开始激化，企业社会责任开始被美国社会广泛关注，并在理论上获得了较大的发展。对于企业社会责任，国内外尚没有完全统一的认识。目前，国际上比较认可的主流的企业社会责任理念是：企业在创造利润、对股东利益负责的同时，还要承担对员工、环境和社会的责任，包括遵守商业道德、生产安全、职业健康、保护劳动者合法权益等。

企业的社会责任和企业对自身环境管理的内涵要求具有一致性。从这个意义上讲，企业环境管理既与政府、公众的环境管理行为互动，又发挥着重要和实质性的推动作用，企业不漂绿就是一种承担社会责任的表现。不难发现，企业社会责任对企业来讲，实际上是一种成本。如果一个社会，宽容不承担企业社会责任的企业，或者对于积极承担企业社会责任的企业没有奖励（包括良好的声誉），则企业社会责任的成本便不会或很少会纳入企业的利润函数中。反之，如果对不承担企业社会责任的企业比较严厉，或者对于积极承担企业社会责任的企业有奖励，则企业社会责任的成本便会纳入企业的利润函数中，从而对企业的行为产生重要的影响。基于这一思路，以利益相关者理论为基础，通过一个完全信息静态博弈模型来分析其对漂绿治理的影响。

假定企业有两个纯战略：漂绿和真绿，利益相关者也有两个纯战略：支持或不支持。假定环境并不要求企业承担社会责任，则双方的支付矩阵如表4-7所示。

表4-7　企业与利益相关者博弈的支付矩阵

甲方		乙方	
		支持	不支持
	漂绿	(a, b)	(a^*, b^*)
	真绿	(c, d)	(c^*, d^*)

一般地，会有：①$a > a^*$，$b < b^*$，即企业漂绿若由于利益相关者的支持而获得额外的收益，利益相关者则会因此而受损，不支持其漂绿时受损较小（支持对利益相关者来说要支付成本）；②$c > c^*$，$d > d^*$，企业生产真正的绿色产品，若利益相关者支持其收益较大；利益相关者不支持，其收益会较小；③$a > c$，$d > b$，在利益相关者支持的情况下，企业漂绿获益更多，利益相关者在支持的条件下，从真绿的产品中获益更多；④$a^* > c^*$，$d^* >$

b^*,在消费者不支持的情况下,企业漂绿的收益更大;消费者不支持便获得真正的绿色产品,收益比不支持获得漂绿的产品收益要大。不难得出,该博弈的纳什均衡是(漂绿,不支持)。即企业选择漂绿,利益相关者选择不支付相应的成本。

假定企业所处的社会经济环境要求其必须承担环保、诚实守信的社会责任,则企业社会责任会作为一种成本进入支付矩阵,博弈的支付矩阵改变如表 4-8 所示。

表 4-8 加入社会责任后企业与利益相关者博弈的支付矩阵

甲方		乙方	
		支持	不支持
	漂绿	$(a-r, b)$	(a^*-r, b^*)
	真绿	(c, d)	(c^*, d^*)

可以看到,由于将企业社会责任纳入支付矩阵,企业在漂绿时的收益会变小。r 为企业社会责任带来的成本,$r>0$。即一个积极承担企业社会责任的企业,若进行漂绿损害了公众和社会的利益,其得到的收益会比一个做出同样的行为,但不承担企业社会责任的企业的收益要小。企业会计算主动承担社会责任的声誉奖励、不承担社会责任被查处的声誉损失及违法成本、企业不承担社会责任的预期收益三者的对比关系。

为了说明企业社会责任对漂绿的影响,举一个具体的例子来说明。例如,企业和消费者之间的博弈,若由于监管不严、社会压力小的原因,企业并不承担相应的企业社会责任,支付矩阵见表 4-9。

表 4-9 企业不承担企业社会责任时消费者与企业博弈的支付矩阵

企业		消费者	
		购买	不购买或少购买
	漂绿	(10, 1)	(5, 5)
	真绿	(8, 12)	(1, 6)

均衡结果是(漂绿,不信任)。如果由于监管严格、社会压力大,企业承担企业社会责任,则支付矩阵改变为表 4-10。

表4-10 企业承担企业社会责任时消费者与企业博弈的支付矩阵

		消费者	
		购买	不购买或少购买
企业	漂绿	(5, 1)	(0, 5)
	真绿	(8, 8)	(1, 6)

不难发现，在社会对企业社会责任要求较高的情况下，均衡结果改变为（真绿，购买），企业和消费者实现双赢，这也是市场希望看到的结果。均衡结果改变的关键在于企业社会责任进入企业的利润函数之后，会多大程度上改变企业的行为，从上述的例子中可以发现，企业社会责任要足够大。在这个例子中，必须要超过5，否则不改变均衡结果。如表4-11所示，若不满足这一条件，均衡结果仍为（漂绿，不购买或少购买）。

表4-11 企业承担较低社会责任时消费者与企业博弈的支付矩阵

		消费	
		购买	不购买或少购买
企业	漂绿	(8, 1)	(3, 5)
	真绿	(8, 8)	(1, 6)

由此得出推论：社会经济环境要求企业承担的环境社会责任越高，企业漂绿的行为会越少；反之则越多。

五 几种治理方式在治理漂绿中的关系：多中心的视角

对于漂绿问题的产生，传统的思维认为是市场失灵造成的，所以需要通过政府等公共组织自上而下对之进行监管。这种监管方式相对来说具有效率高、时间短、速度快等优势。然而，它的缺陷也是显然的。其一，传统的监管方式不可避免地要依靠行政强权，但面对层出不穷的漂绿行为，显得有些力不从心，世界各国的实践也证明了这一点。其二，传统的监管方式成本较为高昂。监管方式仅仅依靠政府等公共部门，维持这些部门的运转需要有较大的资金投入。其三，由于政府等公共部门掌握着公共资源的配置权，这便为他们提供了寻租的空间，从而导致对漂绿监管的失灵。其四，由于行政权具有自我膨胀的特性，难免会出现以政府规制代替市场规律的现象，从而阻碍绿色产品产业的发展。

前面的分析表明，政府、市场、第三部门及企业在漂绿治理中都能够起到积极的作用，各有其优势，也各自需要满足不同的条件，但这些条件在现实中常常不能够得到充分的满足。在市场体系比较完备的情况下，如果不同质量水平的卖方发送信号的成本不同，高质量水平卖方能够以较低的成本发送信号，则绿色产品市场会出现分离均衡，绿色信号显示机制就能够抑制漂绿；如果消费者有充分的知情能力，生产商的绿色信誉较好因而能够获得较高的绿色溢价，绿色信誉机制会对抑制漂绿起到积极作用，生产商会自律地不进行漂绿；在绿色信息参数事后验证的结果能够被第三方证实，并且绿色投机的成本较高、绿色质保合同的执行能够获得行政力量强有力支持的条件下，绿色保证机制能够起到抑制漂绿的作用；在不考虑广告等其他传递绿色度信息渠道的条件下，如果市场上存在完全而准确披露绿色度信息的绿色认证中介，并且生产商对所有绿色度水平的产品均采用认证，以绿色认证中介为代表的第三方介入也能够起到抑制漂绿的作用。市场本身具有一种精妙的克服漂绿的能力，且治理的成本较低。政府治理漂绿，其改变企业漂绿收益成本对比的措施，要在相关的法律法规比较健全的条件下，与绿色产品市场所处的整体经济环境和经济条件下相适应，切实起到改变企业行为的作用，才能取得较好的治理效果；政府减缓信息不对称的措施，如强制性信息披露，需要符合参与约束原则和激励相容原则，才可以实现分离均衡所需要的条件，抑制企业漂绿。政府监管效率比较高，特别是在处理代表性漂绿事件中具有优势。第三部门治理中，如果消费者组织非常重视自己的信誉，通过程序的公开实现自我监督和保护消费者的利益，就能够起到抑制漂绿的作用；行业协会如果能够起到超脱于个体企业利益之上，但又从行业长远利益出发来实现行业利益，通过制定相应的标准和政策规范和引导企业的经济行为，与企业形成合作机制，就能够避免漂绿这种机会主义行为。第三部门治理的优势在于能有效深入民间，凝聚各种社会资本，整合各阶层的利益要求及资源。对于企业来说，在社会经济环境要求企业承担的环境社会责任比较高，企业承担社会责任的正向激励较大，而不承担社会责任的声誉损失和违法成本较高的条件下，企业社会责任会自发抑制企业漂绿的行为。企业社会责任治理漂绿的优势在于具有自发性，治理成本较低。

同时，前面的分析表明，这几种治理方式还会相互影响、相互补充。

如市场治理和政府治理漂绿有很强的互补性,而政府、第三部门治理漂绿的力度和措施,都会对企业履行社会责任治理漂绿的自觉性和动力产生重要的影响,第三部门治理的介入,能够起到监督政府治理、避免政府失灵的作用。

基于此,由于漂绿的普遍性、复杂性,为了实现对漂绿的有效治理,需要市场、政府、第三部门、企业四方充分发挥各自的作用,联合治理,发挥治理的协同效应。根据奥斯特罗姆的多中心治理理论,在市场和政府两个极端之间,存在其他多种可能的治理方式,并且能有效率的运行。多中心治理理论证明,一群相互依赖的个体"有可能将自己组织起来,进行自主治理,从而在所有人都面对搭便车、规避责任或其他机会主义行为诱惑的情况下,取得持续的共同收益"。

多中心治理理论的发展,为20世纪90年代以来治理思潮的变革提供了重要的思想渊源,并构成其核心内涵。多中心治理意味着政府、市场的共同参与和多种治理手段的应用跳出了传统的非此即彼的思维局限,综合两个主体、两种手段的优势,从而提供了一种合作共治的公共事务治理新范式。① 同时,多中心治理模式要求政府根据形势变化,努力转变自身的角色与任务。

对漂绿进行有效监管是一项系统而又复杂的工程,单靠某一主体的力量难以完成。根据多中心治理理论,要求公共部门、私人部门和第三部门在漂绿监管上开展广泛的协商与合作。也就是说,漂绿的有效监管应该是一个包含多主体、多层次的复杂体系:包括政府监管部门、绿色企业、行业自律组织、环保 NGO 等组织性监管主体和消费者等个体性监管主体(见图4-5)。

其中,消费者的积极参与是非常重要的。首先,无论是政府组织还是其他社会组织与经济组织,都是由个人构成的。消费者环保意识培育的状况将会直接影响政府组织和社会组织所持有的生态意识和价值观。因此,消费者环保意识的培育对于整个监管体系来说是不可或缺的。其次,消费者作为漂绿的受众和漂绿危害的最终承受者,对自己切身的环境权益有着深入而全面的要求,所以他们通过参与监管政策制定提供的信息和意见能

---

① 刘峰、孔多峰:《多中心治理理论的启迪与警示》,《行政管理改革》2010年第1期,第15~20页。

第 4 章　漂绿的治理方式与治理机理

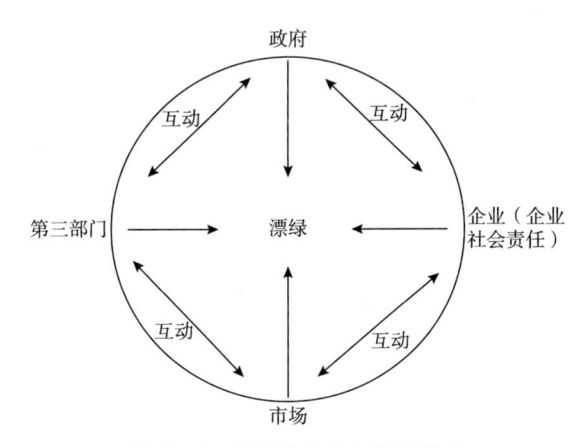

```
          政府
      ↗↙    ↘↖
    互动       互动
   ↗↙           ↘↖
第三部门 →  漂绿  ← 企业（企业
                    社会责任）
   ↘↖           ↗↙
    互动       互动
      ↘↖    ↗↙
          市场
```

图 4-5　漂绿的多中心治理模式

够使决策者充分考虑来自公众各方面的环境权益，预防公民环境权益损害的发生，从而为其实施奠定一个良好的合法性基础。在执行监管政策阶段，消费者的广泛参与既可以有效预防漂绿主体的违法行为，又可以监督其他监管主体认真履行自己的监管职责，从而保证漂绿的相关监管措施落到实处。消费者正是通过这些方式来影响其他监管主体，通过促使其他监管主体发挥监管效能并作用于监管客体逐渐实现监管目标，推动漂绿的有效监管。

对漂绿实现多中心治理，并不是说这四种治理方式在治理漂绿中的地位和作用完全一样。实际上，在不同的社会经济条件下，在一个国家或地区的不同发展阶段，这四个主体的地位和作用都不尽相同。例如，在市场体系不健全、消费者的环保意识比较淡薄、企业承担社会责任不积极、第三部门发育不成熟的条件下，政府的监管就处于中心和非常关键的地位，其他治理主体则处于协助的地位。同时，要在不断完善市场体系、培养消费者的环保意识、培育企业承担社会责任的经济社会条件、积极培育发展第三部门的基础上，积极发挥其他中心在治理漂绿中的作用。而在市场体系比较健全、消费者的环保意识比较强、企业承担社会责任积极、第三部门发育比较成熟的条件下，市场则会渐渐居于治理的中心地位。

第 5 章　西方发达国家治理消费品市场漂绿的实践与挑战

漂绿现象在西方发达国家引起社会公众的关注后，历经了 20 多年的治理过程。由于消费者绿色消费知识的丰富、法律法规的细化、政府监管的强化、社会力量反对漂绿活动影响力的增长，治理取得了积极的成效和阶段性的成果。但由于漂绿的复杂性和其形态不断演化发展，漂绿现象仍然比较普遍，对其治理仍然面临着诸多的挑战。

一　西方发达国家治理消费品市场漂绿的成效与漂绿的新动向

Lane（2010）指出，"我们正处于绿色消费渐露端倪的时代：绿色品牌、绿色广告、绿色产品和绿色服务……涉及可持续发展和环境保护的经济活动在迅速增加且利润丰厚，问题不在于要不要在经营中考虑环境问题，而是怎么体现对环境的关注"。为了吸引越来越多的绿色消费者，西方发达国家各个行业的很多企业在积极开发绿色产品、实施绿色认证。漂绿行为伴随而生，而且广泛存在。正如 Terra Choice 公司（2009；2010）的报告指出的，当前市场上出现了越来越多的"绿色产品"，漂绿的现象非常普遍。不过，该报告也指出：漂绿产品的比率正逐年下降，2007 年涉嫌漂绿的占 99.9%，2009 年涉嫌漂绿的占 98%，2010 年这个比率降低到了 95.5%。该公司将这一成绩的获得归功于消费者的觉醒和政府监管的不断加强。总体来看，在西方发达国家，由于社会公众的关注和 20 多年的持续努力，漂绿总体上得到了初步的控制，取得了一定的成效。

西方国家社会公众对漂绿了解并不多，但是这种情况近几年在媒体和消费者组织的大力宣传介绍下逐步改善，这为漂绿的治理奠定了一定的社会基础。如 Terra Choice 公司为让更多的消费者了解和识别企业的漂绿行为，以美国和加拿大的市场调查结果为依据，于 2007 年推出了"漂绿六宗罪"的报告；2009 年，根据最新的研究成果，又推出了"漂绿七宗罪"

的报告；2010年，该公司又专门针对消费者购买的家庭用产品，推出了"漂绿七宗罪的家庭版本"，用最新的案例，来帮助消费者更好地选购绿色产品。2007年，针对英国19家全国性报刊和16家商业广告公司的调查显示，只有3家对漂绿有所了解。2011年，同样的调查表明，这个数据已经增加到了8家。2006年，美国环境营销公司Terra Choice针对2000多名消费者的调查显示，仅有12%的消费者对企业的漂绿行为有所了解。2012年，该公司的调查数据显示，已经有47%的消费者对企业的漂绿行为有所了解。

环境标识[①]是一种重要的绿色认证制度，也是防止漂绿的重要手段。在西方发达国家，环境标识往往不是由政府机构直接发放，但政府机构会积极参与其中，委托独立机构发放，并对其进行监督。如果申请环境标识的企业的产品没有达到相应标准的要求，涉嫌漂绿，政府会直接对这种行为进行干预。一个典型的案例是为了降低能源消耗及减少发电厂所排放的温室效应气体，1992年，美国环保署（EPA）与能源部（DOE）合作推出了"能源之星"（Energy Star）计划。该计划主要鼓励消费性电子产品节约能源，并不具有强迫性，自发配合此计划的企业，若其产品满足某一级别的节能标准，就可以将能源之星的相应标签贴在其产品上。最早配合此计划的产品主要是电脑等资讯电器，之后逐渐延伸到电机、办公室设备、照明产品、家电等，后来还扩展到建筑产品。贴有相应标签的产品会比同类的产品价格高，而且容易受到绿色消费者的青睐。通用电气公司（LG）是最早配合"能源之星"计划的公司之一，该公司的很多款电冰箱都贴有"能源之星"的标签。2007年，美国环保署发现，通用电气公司生产的 LFX25950、LFX25960、LFX25971、LFX23961、LFX21960、LFX21971、LFX21980、LFX25980、LMX21981、LMX25981等十种款式的电冰箱虽贴有

---

① 环境标识是由政府部门或独立机构依据一定的环境标准，向申请者颁发的一种特定标识，获得者可将它贴在商品上，向消费者表明该产品与同类产品相比，在生产、使用、处理等整个过程或其中某个过程，符合特定的环境保护要求。环境标识制度有助于环保法规的实施，是环境管理手段从"行政法令"到"市场引导"的产物。它通过市场因素中消费者的驱动，促使生产者采用较高的环境标准，引导企业自觉调整产品结构，采用清洁工艺生产对环境友善的产品，最终达到保护环境、节约资源的目的。环境标识制度执行自愿原则，是否申请由生产者自行决定。环境标识的申请需经过严格的检查、检测和综合评定，经认可的委员会审定，签订特定的使用合同，缴纳一定数量的使用费用后方可使用，其标识的所有权属于认证委员会。

"能源之星"标签,但其能耗远远超过在其广告中所宣传的能耗,也与"能源之星"的相应节能标准不符,消费者很显然受到了欺骗。美国环保署与通用电气公司经过协商,提出了一个解决方案。这个方案内容包括:①通用电气公司的这十款电冰箱自愿退出"能源之星"计划;②通用电气为购买了这十款电冰箱的消费者免费进行调试和升级,降低其能耗;③通用电气为消费者支付一笔一次性补偿金,以弥补电冰箱在使用期间多消耗的能源费用;④如果电冰箱经调试和升级后,能耗标准仍未达到原标签所代表的标准,通用电气还要向消费者支付在未来的使用期中多消耗能源的费用。① 这是一个政府打击漂绿和保护消费者的成功案例。"能源之星"计划的组织机构美国环保署和能源部,在引导企业推出绿色产品,节约能源和保护环境方面起到了积极作用,当参与的企业进行漂绿,损害了消费者的利益和"能源之星"的信誉后,又采取了非常恰当的应对措施,保证了"能源之星"标签的可信度。

大多数西方发达国家针对漂绿,制定有相应的法律法规(虽然这些法律法规未必健全)。总体而言,这些法律法规执行得比较严格,更倾向于保护消费者的权益。因此,消费者个体或群体在受到漂绿企业的欺骗导致利益受损时,往往倾向于求助法律,法律法规在治理漂绿中发挥了非常关键的作用。例如,有两起针对美国本田公司混合动力汽车漂绿的诉讼。一项是个体讼诉,另一项是集体诉讼。这两项诉讼都是针对该公司宣称的混合动力汽车的每公里耗油量与实际的差距②。2004 年,原告 Gaetano Paduano 购买了本田公司 2004 款的混合动力汽车,在使用中发现每公里的耗油量远远超过其广告宣传的耗油量,遂向圣地亚哥郡高等法院提起诉讼,控告美国本田公司进行欺骗性广告宣传。作为对 Paduano 质询的回应,一名本田公司的雇员告知他可以用专业驾驶的方式来提升汽车的燃油经济性。不过这位雇员也承认,在公路上要安全地达到汽车的燃油经济性标准是非常困难的。Paduano 被告知"你无法用通常的驾驶方式得到汽车所宣称的每公里耗油量,通常的驾驶方式是指在开车过程中,由于车流的原因而停

---

① http://www.energystar.gov/ia/partner/manuf_res/DOE_LG_SettlementAgreement.pdf.
② 在美国,汽车的油耗测试由环保署(EPA)统一进行和发布。EPA 油耗测试流程是根据联邦法律细化的标准化办法,并根据此法在实验室的可控条件下对车辆进行测试。在测试平台上,会有专业的驾驶者根据测试标准或者程序来模拟城市或高速路况下的驾驶情况。

车和加速"。正如另一名本田公司雇员所讲的:"为了达到所宣称的燃油经济性标准,你在中途既不能停车也不能加速,只能匀速前进。"Paduano提出诉讼的依据是联邦和州的保修索赔规定,以及加利福尼亚州关于虚假广告和欺骗性宣示的规定。因为,本田公司的使用手册中宣称"驾车者可以轻松地达到低得令人吃惊的每公里耗油量"。法院以2∶1的表决结果,支持了Paduano,即认为本田公司的宣传手册有误导消费者的作用。理由是:手册中所宣称的"达到低得令人吃惊的每公里耗油量"与实际不符,误导了消费者,应对消费者做出一定的赔偿。2007年,加利福尼亚中心区法院又接受了一起针对本田公司的集体诉讼案件,消费者代表为John True。True在控诉书中提到:当本田公司知道(甚至原先就知道)其混合动力车实际的燃油经济性要低于所宣称的53%左右后,仍然在广告中宣称混合动力车可以达到每加仑燃油行驶49~50英里的超低油耗量,还向法庭出示了2005年对该公司的混合动力车所进行的路面测试数据,该数据显示,每加仑燃油仅能行驶26英里。而本田公司在广告中却宣称"每箱汽油可以跑650英里,这是美国燃油经济性能的奇迹;我们推出的2006 50MPG款混合动力是美国最省油的汽车;①购买本田公司的混合动力车,将为您节省大笔的油费"。本田公司在网站上还设计了汽油费计算程度,非常细致地计算了如果购买这些混合动力车,将给各类不同的消费者节约的汽油费。法院认定针对本田公司的以下四条控告成立:违反了《加利福尼亚州不正当竞争法》、《加利福尼亚州公平广告法》、《加利福尼亚州消费者补偿法案》和《不当得利法》。最后,双方达成了原则性协定,主要内容包括:①本田公司出资为2003~2008年所有购买或租用其混合动力车的消费者发放宣传光盘,向消费者展示如何操作可达到最佳的燃油经济性;②集体诉讼的每位成员都有三种补偿方式以供选择:对于卖掉旧的又买了新的本田公司所产混合动力车的消费者,返还500美元;对于保留旧的又买了新的本田公司所产混合动力车的消费者,返还1000美元;对于对本田公司混合动力车的燃油经济性提出书面控诉的,返还100美元。协定还包含有修正误导性广告的内容。本田公司同意立即修改其备受争议的宣传广告,删去其中模棱两可和不实的内容,并支付了高达295万美元的律师

---

① 汽车的燃油经济性,在美英采用Mile/Gal,即每加仑燃油能行驶多少英里,简称MPG (Miles Per Gallon)。

费和赔偿费。集体诉讼的代表也表示放弃对本田公司所有关于燃油经济性宣传未来的可能诉讼。判决的结果，有可能会导致更多的消费者在选购时考虑本田公司的混合动力车，本田公司误导性的广告并没有对其未来的销售产生大的负面影响。不过，这个案例是消费者个体和消费者联合起来通过法律手段反对漂绿的成功案例。

与我国环保标签统一由政府或政府所属的机构认证和发放不同，西方发达国家的环保标签既有可能由政府或者在政府的支持下认证和发证，又有可能由独立的认证组织发放。以德国为例，目前市场上共有1000多种生态标签，这些生态标签相互竞争。发放生态标签的组织为了维护自己的声誉和利益，也会对伪造、模仿生态标签的漂绿行为施加压力。例如，生物可降解产品组织（BPI）是一家宣传和推广高分子材料循环利用的组织，总部设在纽约。BPI有一个标签的项目，如果某种塑料产品能够安全地和完全地降解，符合BPI的标准，就可以在产品上贴BPI的标签。2003年，BPI在联邦登记了它的塑料产品认证标识。登记时的说明是：BPI的标签证明该塑料产品能够安全、完全和迅速地生物可降解。2008年6月，BPI向洛杉矶联邦法院提起诉讼，控告一家名叫Ecovision的公司，该公司由几个人合伙经营。原因是该公司从来未曾申请加入BPI的标签项目，其产品从未接受过BPI的认证，却在公司网站上宣传其产品通过BPI认证，还在产品上使用了与BPI的塑料产品认证标识非常相似的标识。而且该公司不是第一次损害BPI的声誉：该公司原先的名字叫Biosphere，就曾经做过同样的事情，当时BPI向该公司要求其立即停止使用与BPI的塑料产品认证标识非常相似的标识。2008年11月，法院审结了这个案件。判决结果禁止Ecovision、Biosphere等公司和它们的合伙人使用BPI的标识，或者使用与BPI相似的标识，不得以任何方式将BPI的名字或相似的名字与其生产的产品联系起来。这个判决结果保证了BPI的可信度和声誉。

与政府、消费者采取行政或法律的手段反对和治理漂绿不同，消费者NGO组织往往采用宣传、组织消费者抗议等方式来反对漂绿，给漂绿的企业以声誉上的损害和施压，迫使其改变漂绿的行为。在西方发达国家，存在着大量的消费者NGO组织，这些NGO组织的活动往往是跨国界的，有一些还与政府部门有良好的互动，在对消费者进行绿色教育和反对漂绿中发挥着积极的作用。① 例如，著名的绿色和平组织是一个全球性的非政府组织，总部设于荷兰的阿姆斯特丹，在40多个国家设有办事处。以保护地球、环境和各种生物的安全及持续性发展为使命，以研究、游说及非暴力直接行动手法引起社会各界对环保的关注。主张公开讨论全球的环境问题，与各国政府及人民一起共同寻找建设性的解决方案。为保持独立的环保立场，绿色和平从不接受政府、财团或政治团体的资助。1992年，绿色和平组织发布了"绿色和平漂绿指南"，以讽刺和诙谐的手法介绍企业漂绿的手段。绿色和平组织组织了多次消费者反对漂绿的活动，并取得了积极的效果。如惠普公司大力宣传其产品的环保性能，但2003年绿色和平组织对包括惠普在内的5种电脑进行检测，发现惠普电脑中溴化阻燃剂有害物质的含量最高。经多次抗议，惠普公司承诺在2009年年底之前全面去除其产品中的有毒物质。但惠普却在承诺快要到期之际，将承诺期向后推延。2009年6月，绿色和平志愿者爬上这家电子产品跨国企业位于美国加州的总部大楼楼顶，写上巨大的"Hazardous Products"，将"HP"标识解构为"有毒产品"，并通过电影"星际旅行"船长扮演者威廉·夏特纳录制的自动电话，向每个惠普员工呼吁尽快去除其产品中的有毒物质；类似的非暴力抗议行动还出现在荷兰等国，最终促成其承诺如期兑现。1990年，消费者NGO组织"绿色生活"组织成立。其目的在于促进消费者的环保意识觉醒，为日益庞大的绿色消费者的绿色消费提供准确的信息，反对企业漂绿。它建立了自己的网站，网站提供了大量的消费者报告、绿色产品信息，并组织消费者反对漂绿运动的开展。尤其值得一提的是，其漂绿年度报告"Don't be fooled"是"绿色生活"组织反对漂绿的一个项目，目的在于解释、曝光，最终达到减少漂绿的目的，内容是列出美国本土的上一年度十大漂绿事件，在业内有较大的影响，对帮助消费者了解漂绿起到了积极的作用。

在西方发达国家，绿色企业也是治理漂绿的积极力量。绿色消费的兴起，导致绿色产品行业成为朝阳产业。绿色企业也获得了较高的利润，而一些企业的漂绿行为，损害了这些真正的绿色企业，于是他们积极参与到漂绿的治理当中。例如，尚德太阳能公司是一个总部在中国的太阳能电

---

① NGO如何避免成为企业"漂绿剂"，也是个艰难的问题。与NGO合作做公益，是现在流行的漂绿方式。2012年2月，在德国柏林，全球最大的环保组织世界自然基金会就被穿着绿外套的抗议者批评为在帮助企业漂绿。

池、光伏发电系统的跨国企业，其英文注册名为 Suntech，是国际光伏行业的知名品牌，是绿色能源行业的新星。2005年12月14日，尚德公司在美国纽约证券交易所上市，成为中国内地首家在纽约证券交易所上市的非国有高科技企业。尚德太阳能在美国的子公司在美国市场上的销售额2009年超过了2亿美元。该公司在美国的商标登记号是 No. 3111705，商标为 SUNTECH。

2008年8月，美国尚德太阳能公司向洛杉矶联邦法院提起诉讼，控告它的竞争对手深圳兴田太阳能技术有限公司及其子公司 Sun Tech 侵犯了它的商标权。因为 Sun Tech 公司在很多款太阳能电池和模块等产品上使用了与尚德太阳能公司非常相似的商标。不仅如此，Sun Tech 公司还建有一个地址为 www.solarsuntech.com 的网站，也与尚德公司的网站 www.suntech_power.com 非常相似。尚德公司由此接到大量的消费者电话，咨询贴有 Sun Tech 商标的太阳能产品是否是它生产的。尚德公司多次向 Sun Tech 公司提出交涉，要求其停止侵权行为未果，遂向法院提出诉讼。

法庭认为，尚德太阳能公司是著名的新能源企业，其产品的环保性能受到了市场的充分认可，有较充分的证据表明 Sun Tech 利用其与尚德相似的商标和网站的宣传，导致许多消费者误以为贴有 Sun Tech 商标的产品是尚德公司生产的环保类产品。因此，要求 Sun Tech 立即停止使用与尚德公司相似的商标，关闭其原有网站或者将网站的地址进行修改，以便让消费者能清楚地与尚德公司的网站进行区分。

2009年11月，尚德太阳能公司在欧洲又提起一项诉讼，控告一家总部在香港的企业 Suntech Power Holding。该企业在欧洲市场上销售商标为 SUNTECH 的节能产品，对消费者造成了误导。最后也获得胜诉，法院判决要求 Suntech Power Holding 立即停止使用与尚德公司相似的商标。

为迎合消费者偏好的变化，同时应对不断完善的监管措施，漂绿的表现形态也在不断翻新和变化。归纳起来，漂绿在西方国家呈现以下两个新动向。

1. 伪造和模仿标签盛行

伪造和模仿标签是指企业自行伪造与绿色认证标识类似的标签，自行制作虚假绿色标签，或冒充经第三方批准的环保认证标识，以迎合消费者的心理需求，达到诱导消费者购买其产品的目的。这种方式被 Terra Choice 公司（2010）列为最新的漂绿手法。如企业私自在未经权威环保机构受理认证的产品上张贴"环保"字样，诱骗消费者上当。另外，旨在标榜"绿色包装"的标识日益增多，但是相关审查标准的缺失使得这些标识并不能证明包装物的真实环保性能，而消费者在购买商品和选择包装时大多以此为指引。对包装标签进行漂绿也是当前企业采取的一种较为典型的手法，极易被社会和公众忽视。这一现象大量出现，是因为模仿生态标签很难被精确界定，法律中对此的规定比较模糊。使用这种方式能够一定程度上规避监管。

2. 企业和非营利性组织合谋的漂绿现象增多，出现治理者被"俘虏"现象

在漂绿现象刚刚出现时，主体主要是营利性的企业涉嫌这种机会主义行为。非营利性组织是反对漂绿、制定相应绿色标准的积极组织者。由于对企业漂绿监管的加强，以及非营利组织的机会主义行为，最新的漂绿方式是企业积极参加非营利性组织的活动，或者向非营利性组织提供大笔的经济赞助。例如，美国著名的非营利性组织 Greenlife 发布的"2013 年美国十大漂绿事件"中，企业漂绿的有 6 件，而非营利性组织漂绿达到了 4 件，正如《南方周末》所评论的，从这份榜单来看，消费者的对手不仅是生产企业，一些绿色认证机构也成了漂绿的帮凶。

二 西方发达国家治理消费品市场漂绿的经验

前文指出，西方发达国家治理漂绿取得了阶段性的成果，可以将其经验归纳为以下几点。

1. 不断完善法律法规，为治理漂绿奠定了制度基础

较完善的法律法规是治理漂绿的基础。无论是政府的监管、消费者个体或者消费者组织对漂绿企业提出诉讼，都需要建立在有法可依的基础上。如果法律模糊地带和空白地带过多，既会加大企业漂绿的机会主义倾向，又会加大政府监管、消费者个体和消费者组织提起诉讼的难度。西方发达国家注重根据最新市场情况，不断修订和完善相应的法律法规，使政府有序监管，消费者个体和组织通过法律手段要求漂绿的企业给予赔偿，变得可能和可行。

西方发达国家的管理部门首先制定相关法律，对"绿色"的相关范畴进行界定和司法解释，再根据绿色产品市场的发展变化以及漂绿的最新动向，不断完善相关的法律法规。例如，美国联邦贸易委员会于1992年颁布了《绿色指南》，① 为保证该指南不会由于社会的变化而过时，该指南的内容会定期更新。该指南还赋予相关企业向美国联邦贸易委员会申请变更或者修订指南内容的权利，只要申请者能提供充分的证据，证明该指南的条件内容已不合时宜，联邦贸易委员会便会考虑对其进行修订。2010年10月，该指南进行了修订，指出环保声明必须有证据证实，不能夸大效果。为应对市场的最新变化，2012年，指南又进行了修订，增加了对"可再生能源"（Renewable Energy）、"可再生材料"（Renewable Materials）、碳补偿（Carbon Offset），以及可降解、混合物变形的界定和解释。指南规定，营销人员不得在产品介绍及宣传过程中随意使用"绿色环保""生态友好"等难以做出鉴别的词语，而应该对产品特定的环境效益做出详细阐述。

类似的，其他西方发达国家也制订了相近的法律，如加拿大商业公平竞争局也颁布了《环保绿色营销指南》，并于2008年做了修订；1994年，新西兰颁布实施了《环保声明规范条例》；澳大利亚竞争和消费者委员会修订了《1974年贸易行为法》；2010年3月，英国广告业委员会和广告宣传广播委员会颁布了其职业守则的更新版；2007年，挪威颁布了《汽车广告规范条例》，这些都是比较典型的禁止"漂绿营销"的立法。

2. 政府严格依法监管，形成了治理漂绿的良好环境

发达国家政府的职能部门设有专门机构，对企业绿色营销行为进行规范和监管。这些机构还会自行调查，或受理消费者权益保护团体和消费者个人举报，检查涉嫌误导消费者的漂绿行为，并有对漂绿的行政执法权。西方发达国家的相关政府监管部门，包括美国联邦贸易委员会、英国广告

---

① 例如，如果一盒饼干的外包装上标有"可循环利用包装"字样，由于该产品包装包括一个硬纸板外盒和一个蜡纸内袋，如果其中只有硬纸板外盒是可循环利用的包装材料，那么"可循环利用包装"的环保声明则涉嫌漂绿和欺骗消费者，其正确的标识应为"可循环利用纸盒"。

标准管理局以及澳大利亚竞争和消费者委员会,均通过制定指引性规范如《绿色指南》等,明确界定了企业在其广告中不能发布的虚假环保声明,而且广告商可以要求审查企业想发布的广告内容,若发现其中存在违规的情况,可通知企业调整其营销信息,以杜绝漂绿行为的发生。同时,这些政府监管部门还具有调查和执法的职能。美国联邦贸易委员会曾对四家服装纺织品销售商进行了调查,认定这四家销售商在广告和纺织品标签中宣传其产品是用可生物降解的竹纤维制造的行为涉嫌漂绿,依照相关规定对它们进行了处罚。在英国,如果广告宣传中有一些含糊不清的陈述,导致消费者相信广告商或产品本身所标榜的环保属性,都可能构成"漂绿"而受到处罚。

3. 政府积极引导,市场和行业协会充分发挥作用,保证了绿色认证行业规范运行

绿色标识即环境标识,起源于20世纪70年代末的欧洲。在国外,也常被称为生态标签、环境选择标签等,国际标准化组织将其统称为环境标识。1978年,德国在世界上第一个实施了环境标识。目前,世界各国中已有欧洲、美国、加拿大、日本等30多个国家和地区实施了这一制度,绿色标识的发放认证由专业性的第三方来进行,环境标识在全球范围内已成为防止漂绿的有力工具。

西方发达国家的绿色认证多采取非政府市场化(NSMD)治理,即以民间组织为核心,建立在市场机制基础之上,对环境友好的企业生产的产品和服务进行识别,以实现追溯和标记,是一个开放的认证体系,生产企业可以自愿加入。非政府市场化治理方式有三个特征:①治理中获得或分享的权威来自民间。在政府管理模式下,治理的权威来自公权力,是自上而下的,而且这种权威要求管理对象必须遵守。而非政府市场化治理的权威是自下而上的,是由自愿参与的相关利益群体(企业、认证机构、社团和公共机构等)和公众自发赋予的,这种权威获得的前提条件是它的治理获得了社会认可,因而具有社会合法性(Social Legitimacy)。在经济实践中,非政府市场化认证依托市场机制,通过实施认证检查,对违反规则的企业和行为实施处罚,从而实现治理的功能。②治理中强调民主、开放和透明。由于赋予方式的差别,非政府市场化模式的权威完全依赖于广泛的公众和相关利益群体的认可和信任。这种方式下,权威是不稳定的。一旦

公信力丧失，非政府市场化的权威就会很快消失，这使得任何危及公信力的事件对非政府市场化权威的打击都可能是致命的。③政府管理会介入。非政府市场化治理的一些应用在取得广泛影响力后，会出现政府组织介入，甚至部分接管其权威，形成共同治理的新形式。

在美国，绿色标准既有政府制定的，又有政府、企业、行业组织共同制定的。美国对认证行业的监管体系比其他国家要复杂，表现为政府、工业界和私人机构均衡地参与这一体系的建设。私人机构在自愿性产品认证领域开拓业务所占份额比较大，而且被市场广泛接受。美国有一些规模较大的检验认证机构，但相对欧洲公司的规模则较小，多数机构的专业化和本土化特征明显。欧盟的绿色标准制定相对统一，它由欧洲的三大标准化组织依据欧盟委员会发布的委托书组织起草、发布和协调，欧盟各成员国的标准与之保持一致。1991年6月，欧盟颁布了《关于生态农业及相应农产品生产的规定》，其中明确指出，作为生态产品的生产必须符合"国际生态农业协会"的标准，如产品如何生产、哪些物质允许使用，等等。而德国的"生态农业协会"的标准高于欧盟的标准，企业如要加入"生态农业协会"，必须经过3年考察合格后才能加入，并由国家授权的检测中心对申请者进行检查，检查一年一次，也会不定期抽查，合格者发放绿色标识。目前，各国政府相关部门、国际合作机构和私人部门相互配合，形成了协调统一的欧洲的认证体系。欧盟各国政府既是行业监管者，又是绿色标准的服务者。在这种政府与市场积极合作、相互补充的环境下，欧洲第三方检验认证机构发展非常快，其公信力也得到了社会公众的认可。

尤其值得一提的是德国的绿色标识制度——"蓝色天使"。"蓝色天使"是世界上最严格、最成功的绿色标识之一。政府和民间共同管理"蓝色天使"绿色标识，政府机构包括德国联邦环境保护署、联邦环境自然保护和核能安全部，民间机构包括德国环境标识评审委员会和质量与标牌研究会。德国联邦环境保护署在行政上隶属于联邦环境、自然保护与核能安全部。"蓝色天使"在德国消费者中有很高的信誉。2004年，德国《环保意识》杂志的调查表明，"蓝色天使"在德国本地消费者中的知名度高达83%，49%的德国民众愿意付更多钱购买具有"蓝色天使"标识的产品，全部的受访者都认为选择有这些标识的产品是明智之举。得益于这一制度，实施绿色标识的中小企业的营业额迅速增加。

西方发达国家绿色认证的发放有严格的事后追责制度。如果某家绿色认证机构的绿色认证出现了机会主义行为，其声誉会受到严重的损害，负责人也会被消费者组织和行业协会强烈谴责。市场机制的良好运作，自发地抑制了绿色认证组织的机会主义行为，再加上行业协会的引导和政府的监管，保证了绿色认证行业的规范运行，绿色标识受到消费者的信任，对区分真正的绿色产品和漂绿的产品起到了积极的作用。

4. 充分发挥环保 NGO 和消费者 NGO 的积极作用

在严重的生态环境危机面前，工业革命较早，因而环境污染问题也较早呈现的西方国家政府和民众开始了深刻反思，认识到破坏自然环境的路是走不通的，应该选择一条能够实现人类与自然和谐发展的道路。西方发达国家在追求生态文明的进程中，公民的绿色教育是其重要的环节。

西方发达国家注重发展社会力量包括环保和消费者 NGO 来治理漂绿。这些社会力量能够有力地实现公众对治理漂绿的参与，增强了治理的效果。比较著名的有 Greenpeace、Greenlife 这两个 NGO 组织。这些环保 NGO 组织致力于推动政府和企业环境信息公开与信息披露，有的还建立了网站与专业数据库，监测和揭发涉嫌漂绿的营销活动，定期公开发布环境保护信息，针对"漂绿营销"开展广泛的调查研究，为政府环保立法与规制提供政策建议，还积极参与环境政策法规制定。同时，各国在环境保护中，非常重视公众参与。环保 NGO 组织是公众与政府、企业之间互动对话的桥梁，能够帮助公众行使环境的知情权、参与权、监督权，并将公众的意见反馈给政府和企业。除此之外，环保 NGO 组织往往还积极介入国家环保标识计划的实施与宣传，来提高公众的绿色意识。例如，德国"蓝色天使"标识认证计划，在企业申报、机构进行审查的过程中，就允许代表公众利益的环保 NGO 组织积极参与，以此提高审查的透明度和公平性。"蓝色天使"的下属机构"生态标识促进委员会"和"生态标识专家委员会"负责实施"生态标识计划"，在日常生活中向公众宣传生态标识，以提高公众的绿色意识。西方发达国家的消费者 NGO 组织也对漂绿治理起到了积极作用。包括消费者组织联合会、消费者事务协调处理会等各种消费者 NGO 在社区、学校、医院、企业单位设立了各种类型的民间消费者权益保护组织等。这些组织通过受理消费者的申诉，给消费者提供咨询，对漂绿的企业进行起诉，代理消费者进行索赔并作出书面鉴定报告，通过自己办的报纸杂志，公布一些企业的漂绿行为，为政府提供建议，等等。许多西方国家的消费者权益保护组织已发展成为一种职业性的组织，对于保护绿色消费者利益起到了积极的作用。

三 西方发达国家治理消费品市场漂绿面临的挑战

西方发达国家治理漂绿获得了一定的成效，但仍然面临诸多挑战，需要进一步完善。主要的挑战可以归纳为以下几点。

1. 现行法律体系决定或可通过诉讼的方式对漂绿进行惩罚，但实施成本高

西方发达国家现行的法律体系，主要通过《环保营销指南》等条例的规定，以及《消费者权益保护法》《不正当竞争法》《广告法》等来对漂绿进行约束。这些法律可以分为两类：一类是面向政府监管漂绿，创造公平竞争的市场环境的法律；另一类是面向消费者保护自身权益，防止因漂绿而受到经济损失的法律。虽然《环保营销指南》等根据情况不断地加以修订，但由于绿色产品行业发展迅速、绿色特征的多维性、绿色界定的困难，相当多情况下仍然会存在模糊地带和空白地带，减弱了法律事前威慑达到有效防范的效果，也给企业漂绿带来了可乘之机。并且，西方发达国家通过法律途径来对漂绿进行事后惩罚也存在诸多问题：消费者举证的难度较大（充分证明企业产品的绿色特征与实际不符且给消费者带来了损失比较困难），诉讼成本高。也正是由于这个原因，很多消费者购买了漂绿的非绿色产品后，并不诉诸法律。所以可以看到，一方面正如 TerraChoice 公司的调查所发现的，市场上有漂绿嫌疑的产品有增加的趋势，虽然由于多方的努力，比例有所下降；另一方面，消费者或消费者组织通过法律途径向漂绿的企业提起诉讼的案件并不多。据美国联邦贸易委员会统计，2008~2011年，因产品的绿色特征与宣传不符而向法院提起诉讼的案例平均为200多起，数量基本保持稳定。与之形成鲜明对比的是，由于界定相对容易，经过长期的法律体系完善，属于产品质量范畴的假冒伪劣问题，在西方发达国家已经基本得到解决。

2. 企业社会责任对漂绿的事前防范作用有限，约束力不足

由于绿色特征常常并不属于产品质量范畴，而是属于企业诚信和道德的范畴，因此，漂绿的事先防范需要依靠企业愿意承担社会责任。① 但企业社会责任的本质属性导致其约束力不足，很容易引发企业的漂绿行为。在经济史上，企业社会责任运动的兴起最初是由各种行业组织和非政府组织所推动的，大的背景是劳工运动、消费者运动、环保运动高涨。不过，社会责任运动并未停留在市场的自律阶段，而是引发了社会责任的立法热潮。不过，到目前为止，由于难度较大，西方发达国家并没有将企业如实披露自身的环境信息列入法律要求。因此，在环境问题日益突出的条件下，企业社会责任要求企业有责任和义务保护环境，将自身生产经营过程中对环境的影响及产品是否具有环保特征告知消费者，但这种责任并不具有强制性，约束力不足。为追逐短期利润，企业有动机向消费者宣称自己产品的"环保性"，却不顾产品对环境的破坏，仍然以最低的成本而非绿色的方式进行生产。为了躲避法律制裁和政府的监管，企业往往通过模糊或误导性的语言来发布绿色声明，虽然消费者接受这些绿色声明的程度不高。例如，沃尔玛和通用电气公司花了大量的费用投入绿色广告上，仅2011年这两家企业就共支付了2.5亿美元的绿色广告和营销费用，但对北美消费者的调查发现，仅有19%的消费者认可它们在绿色环保方面的成绩。②

3. NGO 对漂绿的治理取决于多种因素，具有较大的不确定性

在西方发达国家，各种 NGO 通过宣传教育、组织消费者运动等方式，对漂绿的治理起到了积极的作用。但在反对企业漂绿过程中，这类组织能否取得成功，不仅取决于它自身的活动，而且取决于它与政府、消费者和媒体的良性互动和合作，即它的成功取决于可否满足以下几个条件：活动引起了政府的关注，并导致政府向漂绿的企业施加压力，要求其改变行

---

① 例如，某企业宣称自己的产品不包括某几种化学成分（而这几种化学成分本身就是国家标准不能加的），由天然成分构成，消费者往往认为该产品是绿色的。对于这种误导性的漂绿，只能由企业社会责任去规范。

② Igir M. Alves (2009), "Green Spin Everywhere: How Greenwashing Reveals the Limits of the CSR Paridigm", *Journal of Global Change and Governance*, 21 (2): 124 – 142.

为；活动获得了消费者的支持，消费者联合起来抵制漂绿的企业，迫使其改变漂绿的行为；活动得到了媒体的支持，媒体对企业和其主要领导人进行道德谴责，迫使其改变漂绿的行为。但这几个条件却经常得不到满足。与政府监管、法律约束等治理方式比较起来，NGO治理漂绿面临着较大的结果不确定性。所以，这类组织反对漂绿的一般过程是：揭发企业的漂绿行为，呼吁消费者联合抵制或组织消费者进行抗议活动，引起政府和媒体的重视，迫使企业放弃漂绿。这些组织为了吸引注意力，往往采用过激的语言和行动，这也招致了企业和一些消费者的批评，在一定程度上影响了其参与漂绿治理的能力。如影响力最大、对治理漂绿发挥了积极作用的绿色和平组织，在各国的分支机构都有独立的政策委员会和区域性主任委员会。自1971年成立至今，舆论界对其毁誉参半。一些企业家、政府官员，甚至一些环保组织把绿色和平组织的成员视为为制造新闻而不择手段的"罪犯"和"环保的原教旨主义者"。从实际情况看，NGO反对漂绿有不少成功的例子，但也有大量失败的例子。

可以预想，随着绿色技术和绿色行业的蓬勃发展，西方发达国家企业漂绿的手法还会演化和更新，漂绿的治理从相持阶段到取得决定性胜利，还需要相当长一段时间。需要进一步完善法律，强化企业社会责任的约束，政府、消费者、第三部门、企业共同合作，发挥协同效应，最终实现有效治理。

第6章 我国消费品市场漂绿治理的思路、制度与对策

虽然2008年国内文献才第一次提到"漂绿"一词,但漂绿在中国自1990年推行"绿色食品工程"时就已经出现。在国家将绿色经济、生态文明放到战略位置后,漂绿现象蔓延的速度迅速增加。由于缺乏有力的治理手段,漂绿在我国处于高发期。本书在分析漂绿在我国的本土特征、治理现状以及我国消费者对漂绿认知状况的基础上,借鉴西方发达国家的经验,提出加强治理漂绿的思路和对策。

一 我国消费品市场漂绿的治理现状:基于典型案例的分析

由于种种原因,漂绿在中国基本上没有得到治理。社会公众仍然把漂绿主要看成一种商业道德问题,相关的直接规制法律法规也没有出台,媒体的监督力量有限,消费者也没有联合起来抵制漂绿的企业。不容乐观的是,漂绿在我国发展非常快,从《南方周末》近四年发布的漂绿榜可以看出,涉嫌漂绿的行业比较广泛,很多都是著名的大企业,不少企业还是屡次上榜。

为什么会出现这种状况,主要原因有以下几点。

首先是相关法律法规的模糊地带和空白处较多,给消费者维权及政府监管带来了很大的困难。在我国现行立法中,没有对"漂绿营销"加以具体规定,也没有发布绿色"营销指南"或"环保营销指南"。2008年以来,"漂绿营销"作为一个新词和新现象,出现在我国的媒体上,引起了广大消费者和理论研究者的注意。漂绿营销事件在我国频繁发生,但我国相关立法和监管工作则明显滞后。相关立法过于宽泛,执行起来难度大。而且消费者的合法权益界定本身比较模糊,实际上,若要漂绿者承担民事责任,必须满足消费者的合法权益受到损害这一前提条件。因此,企业即便发布了涉及漂绿的虚假广告,因法律规定存在这些漏洞,也难以受到制裁。

其次是环境标准不科学不完善,且监管不力。要实现对漂绿的有效治理,对生产企业所宣称的环保特性或绿色产品,应该有一套科学的环境标准来衡量。目前,我国的环境标准体系不完善,与国际标准差距较大。例如,国际食品法典委员会（CAC）制定的蔬菜农药残留标准涉及农药146种,指标共827项。[①] 而我国蔬菜农药残留标准只涉及52种农药,指标仅有58项。从某种意义上讲,我国蔬菜农药残留标准涉及指标少,是导致我国蔬菜行业漂绿高发的重要原因之一。"政出多门",缺乏一个统一性的监管机构造成了对绿色产品的监管不力。以绿色食品为例,其监管职责由工商、质检、农业、卫生等多个部门共同担当,这种机构重叠的现状既导致了职能交叉、责任不明,又会造成监管的失位和缺位,这也是当前漂绿高发的重要原因之一。以2005年沈阳嘉禾公司漂绿案例为例,2005年11月1日至5日,中央电视台社会新闻部两位记者到辽宁省农村经济委员会所属辽宁省绿色食品发展中心,对绿色蔬菜生产及销售情况进行采访。辽宁省绿色食品发展中心派员工陪同记者先后到辽阳灯塔市、鞍山市台安县绿色蔬菜生产基地和沈阳市大型超市进行现场采访。2005年12月4日,中央电视台《每周质量报告》栏目以《"绿色"蔬菜真相》为题,对鞍山市台安县嘉禾农业科技开发有限责任公司销售假冒绿色蔬菜进行了曝光。辽宁省农委调查发现：嘉禾公司假冒绿色蔬菜进入沈阳超市销售,严重侵犯了消费者利益。嘉禾公司利用消费者对绿色食品的信任,在批发市场购入普通蔬菜假冒绿色蔬菜销售,已经严重违反了中华人民共和国有关法律法规和《辽宁省绿色食品管理办法》,严重地侵害了消费者利益。嘉禾绿色蔬菜事件给绿色食品的社会公信力造成很大影响,扰乱了行业管理秩序和市场经济秩序,负面效应十分严重。同时,辽宁省绿色食品发展中心也存在违规和监管不力的地方：2003年,辽宁省绿色食品发展中心为了推进绿色食品产业的发展,违规许可嘉禾公司绿色蔬菜基地的产品使用沈阳维康绿色食品有限公司绿色食品标识编号,违反了农业部规章《绿色食品标识管理办法》第三条"使用绿色食品标识,须按本办法规定的程序提出申请,由农业部审核批准其使用权"的规定。2005年5月,辽宁省绿色食品发展中心在例行检查中,发出了书面警告并限期改正,由于企业整改和后续监管不到位,没有收到预期效果。从该案例中可以看出,政府的监

---

① 郑友德、李薇薇：《漂绿营销的法律规制》,《法学》2012年第1期,28~34页。

管是不到位的,如果没有媒体的介入,嘉禾公司仍然会继续漂绿。

与西方发达国家不同,我国环境标识的管理和监督由政府或政府的下级机构来负责,标识的发放和日常管理由政府委托的认证机构来进行,以政府治理为主、民间治理为辅。一方面,由于政府机构内部经常存在委托-代理问题,环境标识的管理并不严格;另一方面,认证机构的逐利化动机非常强,倾向于降低标准发证以换得收入的"买证"模式,降低了其可信度,也助长了企业的漂绿行为。政府在加强对认证管理的同时,出现了一些明显问题:一是政府既管理着认证市场,往往又直接参与认证活动。如国家认证认可监督管理委员会同时是国家质检总局的下属单位;二是政府经常的"不作为",如对违反规则行为的漠视、认可的滞后、认证标准的缺失等。以有机认证为例,中国的主管部门是中国国家认证认可监督管理委员会(NCA),赋权为政府自上而下。政府管理的介入方式因袭了传统的管理思路,为自发的市场机制赋予法律和行政权威,用政府公信力直接为市场信用背书,仍然表现为单向的以政府为中心的管理。在有关治理的公开、民主和透明方面,并没有在以往的政府管理的方式和手段上有所创新。现实情况是,现在有机食品认证的门槛很高,但进了门就缺乏监督了。利用普通食品冒充有机食品便成为众多商家普遍采用的做法。同时,由于持续的监管缺位,企业即使进行违规操作,也缺乏有效的监督措施。当前认证机构较多,彼此之间的竞争十分激烈,由此导致乱象丛生。"认证机构如果是企业化运作,就要追求效益,所以有些机构可能就会尽量压低认证费用,比如安排检查的人数、次数减少,这就使认证过程出现了漏洞。"①

最后是社会监督力量缺乏,效果也欠佳。绿色环保的消费理念在我国刚刚兴起,当前,消费者对绿色产品的消费还存在较大的非理性倾向,而且我国在绿色消费领域对消费者的教育还很不足,造成目前国内消费者普遍存在对绿色产品认知程度不高,许多消费者辨别绿色产品知识不足的问

---

① 2012年7月,我国新的《有机产品认证实施规则》实施,规则规定:产品中不能检出任何禁用物质;销售场所对有机产品不能进行二次分装或加贴标识;因各种问题而被撤销认证证书的企业,任何认证机构在1~5年内不得再次受理其有机产品认证申请;销售产品须使用销售证并建立"一品一码"追溯体系,每个认证的产品都附有一个17位的随机编码。新规则出台后,有机认证市场的秩序有所好转,但在认证的公开、民主和透明方面仍没有突破性进展。

题。很明显，若社会公众无法识别漂绿现象，则对其的监督就无从谈起。例如，2012 年，笔者对郑州市的消费者做了一次"绿色产品市场调研"，有 42.2% 的消费者认为对绿色产品不太了解，对无公害农产品、绿色食品、有机食品的区分不清楚。同时，由于消费者整体的法治水平不高，因漂绿受骗上当，如果提起诉讼，会面临成本高、收效欠佳等问题，加上国内消费者的维权意识长期以来比较淡薄，因此国内由消费者个体或团体直接针对"漂绿营销"而提起的诉讼案例非常罕见。国内仅有《南方周末》连续 4 年发布了"中国漂绿榜"，呼吁社会公众引起对漂绿的关注，但一些企业连续上漂绿榜，说明仅仅有媒体报道，对其影响不大，也没有改变其漂绿行为。

二 我国消费品市场漂绿的治理思路与对策

1. 治理漂绿的思路

（1）培育各种治理方式充分发挥作用的条件，为治理漂绿奠定现实基础

从前面的分析不难发现：各种治理方式都会对治理漂绿起到积极的作用，但也都需要一定的条件。当前我国的漂绿治理处于起步阶段，各种治理方式发挥的作用非常有限。其根源在于这些条件并没有得到较好地满足，这不能不影响治理的最终效果。治理漂绿的思路首先是要培育多种治理方式充分发挥作用的条件。

例如，市场治理机制在市场机制和市场体系比较健全的情况下，就能够抑制漂绿。因此，需要进一步完善市场机制，培育企业行为"去短期化"的环境，企业珍惜声誉、诚实守信能够从中获益的环境，弄虚作假会面临较大的损失和风险的环境。又如，行政治理积极发挥作用，需要有较完善的法律法规和对治理者的约束激励条件。因此，需要制定相应法律法规，为行政治理的开展奠定基础；需要制定相应的措施，让行政治理者有动力、有责任去治理漂绿。再如，第三方部门充分发挥作用的条件是，成为不依附政府或企业的相对独立的机构，有一套良好的内部运行治理机制。这就需要理顺第三部门与政府、企业之间的关系，回归其社会组织的本质属性。再如，企业社会责任要发挥积极作用，需要培育企业承担社会责任能获得声誉、利润等经济性或非经

济性收益的环境。培育好这些相关的条件和环境，就能够为漂绿的治理奠定基础。

（2）加大行政治理的力度，政府、市场、第三方和企业协同互动，逐步实现多中心治理

虽然多种治理方式都有抑制漂绿的作用。但具体到一个国家的治理，则需要从当前所处的环境和条件出发，根据各种治理方式的特点，选择主要的治理方式。在当前阶段，对漂绿的治理最现实也最有效果的治理方式是行政治理，即以政府规制为主，以其他治理方式为辅。原因有以下两点。第一，在当前的条件下，行政治理漂绿的效果直接，权威性强。行政治理能够直接作用于治理对象：漂绿的企业，直接改变其成本－收益比，起到抑制漂绿的作用。另外，与西方发达国家市场主要靠自发力量形成不同，我国的市场经济从培育到建设政府都起到了非常大的作用，政府的权威性比较强，因此，行政治理的权威性对于遏制当前漂绿泛滥的现状能起到关键作用。第二，在当前的条件下，实行行政治理漂绿所需时间短。市场、第三方、企业社会责任虽然也能治理漂绿，但从我国目前的情况来看，市场机制不健全，第三方部门先天不足且发育不良，企业社会责任的社会环境有待形成，而这些条件的培育不是一蹴而就的，需要很长的时间。我国的行政治理已经有一套组织和体系，需要的仅是整合好现有资源，理顺关系。漂绿的治理又非常紧迫，以行政治理为主就成为必然的主要选择。

但从长期来看，行政治理也存在成本过高、治理者被俘虏等问题。在我国当前的经济社会条件下，行政治理的弊端比较突出。实际上，一个成熟的市场经济体系，不可能完全依靠行政治理来治理一些不良的经济现象。在进行一段时间积极的培育后，在市场体系逐渐健全，市场机制运行良好，第三部门发育良好，企业积极承担社会责任成为主流时，就应该让市场、第三部门、企业社会责任等治理方式充分发挥作用，由以行政治理为中心的模式转变为多中心共同治理模式，实现漂绿的有效治理，如图 6－1 所示。

培育各种治理方式积极发挥作用的环境 → 行政治理为中心 其他治理相配合 ⇢过渡⇢ 多中心治理

图 6－1　中国治理漂绿的思路

2. 治理漂绿的对策

（1）完善相应立法

目前为止，我国尚没有直接约束漂绿的法律法规，只有一些间接约束漂绿的法律条款，如《反不正当竞争法》第5条、《产品质量法》第5条。这些法律规范虽然可以应用于对现实经济生活中的"漂绿营销"进行规制，但是，这些法律规范并未明确界定"绿色"商标、"绿色"产品、"绿色"营销、漂绿等概念，因而导致执法机构在执行中出现困难，消费者的举证非常困难，导致对消费者权益受损的补救也很不力。严格地说，这些法律都是为行政治理服务，而不是为消费者维护正常权益服务。

借鉴西方国家的经验，完善治理漂绿的相关立法，需要做好以下几项工作。第一，整合所涉及法律法规的相关内容，严格规范相关概念。当前与绿色标识、环保标识等相关的法律法规，主要包括《产品质量法》《商标法》《反不正当竞争法》《消费者权益保护法》《广告法》《集体商标、证明商标注册和管理办法》《绿色食品标识管理办法》等。除此之外，一些行业组织和机构发布了一些涉及绿色或环保标识认证和使用的规范性文件，如中国饮水标准认证中心发布的《安全饮品标识使用管理办法》，中国绿色食品发展中心发布的《绿色食品生产资料标识管理办法》及实施细则，等等。这些法律法规和规范性文件分别由多个管理部门制定，事先也缺乏协调和沟通，导致内容上有重复或冲突之处，因此，非常有必要对核心概念进行统一界定和规范。[①] 第二，修订《商标法》，对"绿色商标"的注册、审批和使用做出严格规定。[②] 第三，可以对《反不正当竞争法》进行修订，增加禁止漂绿的专门规定，由此明确规定漂绿属于一种不正当竞争行为。第四，漂绿会导致消费者产生认知混淆或误购，事实上已经构成欺诈。应在《消费者权益保护法》中，明确地将禁止漂绿营销作为生产者、经营者的法定义务加以规定，以更好地保护消费者的合法权益。第五，《广告法》应针对"绿色广告"或"环保广告"的营销，进行更为严格的审查与监管。此外，为了对涉嫌漂绿的误导性广告宣传行为进行有效治理，除了政府部门加强执法监督之外，还可以鼓励消费者个人或者团体

[①] 郑友德、李薇薇：《漂绿营销的法律规制》，《法学》2012年第1期，第28~34页。
[②] 解铭：《漂绿及其法律规制》，《新疆大学学报》2012年第2期，第58~62页。

以及其他环保 NGO 组织等提起诉讼，制止漂绿企业的欺骗性广告行为。

(2) 强化政府规制

现代市场经济中，经济发展主要依靠自发调节的市场，但在环境保护领域，政府应发挥主要作用。而且，不能将政府环境保护的职能仅仅限制在防治污染和保护自然资源等方面，而应当扩展到因环境保护而催生的相关市场中的所有管理活动。由于在判断漂绿的虚假性上缺乏相应的法律依据和监管不严，漂绿在我国几乎形成脱管态势。据《南方周末》报道，登上 2010~2012 年"中国漂绿榜"的多是国内知名企业。在这些典型案例中，均存在政府主管部门对漂绿行为的失察和不作为。

各国经验表明，在漂绿的治理中，政府部门的有效监管是至关重要的。政府的管理职能在治理漂绿中，应当体现如下方面的内容。第一，认证规制。我国的政府管理部门已经意识到绿色标准认证的重要性。例如，作为一种证明性商标，中国环境标识（也称为十环标识）已经推出了15 年，它可以证明某种产品在生产、使用和处理处置过程中符合环境保护要求。但这一标准用于治理企业的漂绿，就显得力不从心。从《南方周末》披露的很多事例可以看出，尽管我国已经有了一些环境认证标识和标准，但仍不足以防止企业的漂绿行为。在这种严峻的形势下，政府管理部门在制定相关认证标准时，就应当制定较为严格的标准，对企业生产的全过程进行考察，防止其通过漂绿掩盖生产过程中某些环节不环保的行为。第二，服务规制。这主要表现在，政府可以通过强制或诱导企业披露其相关环境信息，使公众获得真实的环境信息，从而对其是否购买该项企业的商品或服务提供决策依据。此外，政府管理部门可以联合行业组织，发布"绿色消费指南"等指导性规范，对企业进行绿色宣传的手段、消费者的消费方式进行必要的规范和指导。为此，需要着重解决现行漂绿监管体制下政出多头、职能交叉、职责不清等突出问题，严格执行产品和服务的绿色商标制度，实现对绿色产品在产品生命周期中所有环节的严格监管。[①]

(3) 培养企业的环境社会责任

企业既是绿色营销的实施主体，又是漂绿的主体。面对日益严重的环境危机，生态保护这一公共政策应该受到整个法律体系更多的关注和重视，同时，企业的发展战略与法律规制也应当引导其重视生态保护。这就

---

① 郑友德、李薇薇：《漂绿营销的法律规制》，《法学》2012 年第 1 期，第 28~34 页。

要求企业在创造利润的同时，还需要兼顾以环境、生态公益为核心的环境社会责任。企业履行环境社会责任，实际上是通过自律行为来治理漂绿，这种方式的治理具有自履行的特点，成本较低。履行良好环境社会责任的企业，需要培养内部员工的绿色价值观，完善内部绿色绩效考核机制和外部绿色供应链，将环保意识贯穿于其产品的研发、生产和销售的全过程，调整和完善现有企业经营结构和管理机制，协调股东利益与绿色公益的平衡。与此同时，企业还要严格执行环保信息披露规则，建立社会公众参与企业绿色经营的机制，引导消费者进行绿色消费。[1]

为达到这一目标，相关管理部门首先要明确企业环境社会责任内涵，并从实践角度出发，根据企业性质的不同，积极探索如何真正实现各自环境责任的有效落实，避免企业环境社会责任探讨的泛道德化。

同时，还要加强并完善我国企业环境社会责任的披露制度。2006年，深圳证券交易所发布了《上市公司社会责任指引》，当年就有20家上市公司披露了其年度社会责任报告，其披露范围就包括了环境的内容，近几年，披露企业社会责任已经成为上市公司的常态，但环境方面的内容过于笼统。对此，可以通过政府管理部门实施具体政策引导，促进企业环境社会责任信息披露由被动变主动。

（4）培育生态公民

"生态公民"（Ecological Citizen）这个学术概念，是20世纪90年代以来，学术界从公民理论的角度探讨环境保护问题而形成的。学术界普遍认同的观点是：生态公民具有以下显著特征：具有环境权意识、有良好美德和责任意识、有全球意识和生态意识。在可持续发展中，不仅管理机构和企业需要变革，而且个体公民信念、态度和行为要转变。在以往的理论分析中，消费者被认为是资源的使用者或者景物的参观者，但实际上也应当是环境的管理者。其实任何去购买商品或服务的人都可以成为消费者，所以，生产商有时也会成为消费者，比如，为家庭购买生活用品。从这个角度上来说，每个公民都是消费者。1992年，《关于环境与发展的里约宣言》公布，其中的第十项原则提到，环境问题最好是在全体公民的参与下加以处理。

---

[1] 蔡秉坤、李清宇：《社会责任环境下的企业环境责任研究》，《青海社会科学》2012年第12期，第21~26页。

将生态公民的理念导入漂绿的监管中,有着深厚的理论基础和实践基础。从理论上来说,治理理论强调治理主体的多元性从而为生态公民的参与提供了理论支持。此外,对漂绿进行监管往往具有公共性和公益性,这就造成一般公民普遍存在着"搭便车"的心理,参与积极性普遍不高。相反,生态公民,不管是在思维上、认识上还是在实践上都符合生态文明的要求,他们不仅有意愿而且有能力参与到漂绿的监管中来。从实践上来说,无论是政府调控还是市场调节都会有失灵的时候,即便是非政府组织参与监管,也会存在失灵的风险,从而造成漂绿监管的无效性。这就意味着,对漂绿的监管仅靠单一力量是难以实现的,它更多需要的是包括政府、绿色企业、行业自律组织、环保 NGO 在内的整个社会系统的协同。而生态公民正是这个社会系统中最为基础的组成要素。因此,在漂绿的监管中,我们强调发挥好生态公民的作用。将生态公民导入漂绿的监管中,不仅会带来监管理念的嬗变,而且有利于促进政府职能的转变,实现更为有效的监管,推动企业的绿色转型。

提倡让生态公民参与到漂绿的监管中来,并不是要以此来替代传统的监管思路,相反,这是对传统监管思路的补充和完善。在生态公民的语境下,对漂绿的监管主要通过以下两条路径实现。其一,由生态公民直接作用于监管客体,进而推动监管目标实现。这种监管方式是潜在的。其二,由生态公民直接作用于其他监管主体,促使其他监管主体发挥监管效能并作用于监管客体,逐渐实现监管目标。

正如前文所述,对漂绿进行有效监管是一项系统而又复杂的工程,单靠某一主体的力量难以竣工。根据多中心治理理论,这就要求公共部门、私人部门和第三部门在漂绿监管上开展广泛的协商与合作,即漂绿的有效监管应该是一个包含多主体、多层次的复杂体系,包括政府监管部门、绿色企业、行业自律组织、环保 NGO 等组织性监管主体和生态公民等个体性监管主体。在这个监管体系中,生态公民的参与处于最基层,也是最根本的地位。因为无论是政府组织还是其他社会组织与经济组织,都是由个人构成的,生态公民培育的状况将会直接影响政府组织、传媒业和社会组织所持有的生态意识和价值观。因此,生态公民的培育对于整个监管体系来说是不可或缺的。同时,生态公民作为漂绿的受众和漂绿危害的最终承受者,对自己切身的环境权益有着深入而全面的要求,所以他们通过参与监管政策制定程序提供的信息和意见能够使决策者充分考虑来自公众的各方面的环境权益，预防公民环境权益损害的发生，从而为其实施奠定一个良好的合法性基础。在执行监管政策阶段，生态公民的广泛参与既可以有效预防漂绿主体的违法行为，又可以监管其他监管主体认真履行自己的监管职责，从而保证漂绿的相关监管措施落到实处。生态公民正是通过这些方式来影响其他监管主体，通过促使其他监管主体发挥监管效能并作用于监管客体逐渐实现监管目标，从而推动漂绿的有效监管。概而论之，生态公民对漂绿的监管主要表现在以下方面。其一，生态公民通过改变企业的成本-收益对比和企业生存、发展的外部环境，从而促使企业履行环境社会责任。其二，生态公民通过参与漂绿的治理，并监督其他监管主体履行好自己的监管责任，从而促使合理有效的漂绿监管体系形成并持续发挥作用。与传统的监管思路相比，这种监管方式充分发挥了市场手段和政府手段的优越性，从而更有利于实现漂绿的有效监管。今后我们应加大对生态公民的培育力度，实现生态公民培育从理念到实践的转型。其中，加强生态宣传教育是生态公民培育的基础，从法律上确认公民的环境权是生态公民培育的根本保障，畅通生态参与渠道是生态公民培育的关键。

　　培育生态公民，首先在于培育公民的生态思维和生态认识。而生态思维和生态认识的养成在于完善的生态宣传教育机制。政府可以借鉴普法宣传的方式进行生态宣传，并将生态教育机制融合到教育体系当中。在开展生态宣传教育之前，政府要特别注重和公民之间的双向沟通。另外，应该拓宽宣传教育的主体，注意发挥好绿色企业和环保 NGO 等利益相关者在培育生态公民上的作用。我国目前"环境资源法"的权利体系是以环境管理权为核心的，公民则只是被视为管理的对象，存在着严重的"主客二元对立"倾向，这也就造成了公民的环境权经常处于一种被忽视的状态，从而导致了在生态环境保护上公民对政府依赖过多、自主性不强的困境。而环境公民权提出的直接动因，是克服在实现生态可持续性目标上公民个体行为与态度之间的不一致性，从而有助于创建一种真正可持续的社会。所谓公民环境权一般指的是公民享有的在不被污染和破坏的环境中生存及利用环境资源的权利。它作为一项应有权利得到世界的认同，始于 1972 年在斯德哥尔摩召开的人类环境会议通过的《人类环境宣言》。宣言宣称：人类有权在能够过有尊严和福利的生活环境中享有自由、平等和充足的生活条件的基本权利，并负有保证和改善这一代和世世代代的环境的庄严责任。为了切实发挥生态公民在漂绿监管中的主体性作用，我们应该以公民环境权为核心重新构建环境法的权利体系，从而提升公民在生态环境事务上自我管理、自我服务和自我完善的能力。而作为公民的我们，则应该转变观念，跳出"被管理、被统治、被施舍"的传统思维，积极地与政府等公共部门展开对话和沟通，争取本应属于我们的权利。

从本质上来说，培育生态公民的过程也是政府逐渐还权于民的过程。因此，政府治理理念的转变对于生态公民的成长也是至关重要的。在生态公民培育的过程中，政府扮演的更多的是服务的提供者的角色，比如成立相关咨询机构和建立专门的网络平台，为生态公民辨别漂绿、提供即时服务等。当然，虽然推动漂绿监管的基础在培育生态公民上，但是它毕竟只是基础。正如上文所述，提倡生态公民对漂绿的监管与传统的监管在本质上是统一的。因此，在培育生态公民的过程中，我们仍需在监管法律体系、企业环境信息披露、企业生产链全过程管理等方面进行配套改革。唯有如此，方可真正实现企业的绿色转型，实现社会经济环境系统的协同发展。

（5）回归第三部门的民间性质，在规范的基础上发挥其积极作用

在欧美等国家或地区，NGO揭发企业的漂绿行为非常积极。我国的实际情况是，第三部门的官办色彩浓厚，限制了其发挥相对独立作用的空间。如消费者协会、行业协会都有政府背景和依托，相对独立性不够，其弥补行政治理的不足的天然属性没有得到很好的发挥。另外，由于对NGO采取了"限制竞争，抑制发展"的政策，我国的环保NGO，截至2011年年底，由政府直接控制或间接控制的环保组织占76%，而民间的环保NGO数量少、生存时间短、发育不良。政府对第三部门在环保领域的态度非常复杂：一方面，由于在解决诸如漂绿等环境问题上，NGO能够发挥积极的作用，弥补政府的不足；另一方面，我国社会处于转型期，NGO鱼龙混杂，有些NGO会打着环保的旗帜，影响社会的稳定。基于以上情况，需要转变"政府管制NGO"的陈旧观念，完善NGO的相关法律法规，如尽快出台《中华人民共和国非政府组织基本法》，改革现有NGO的双重审批制度，实行单一政府部门形式审查的登记制，在规范的基础上发挥其积极作用，回归第三部门的民间性质，使其成为治理漂绿中一支相对独立力量。

第 7 章 总结与展望

一 本书研究的贡献与局限性

1. 本书研究的贡献

漂绿这种经济现象出现之后，系统的研究已经开展了近20年。与漂绿现象的普遍性相比，直接研究漂绿的文献并不多，但该现象还是引起了经济学、管理学、法学、伦理学等诸多领域学者的关注。本书在梳理和吸收现有成果的基础上，可能在以下几个方面有所贡献。

将企业看作一个科层组织，并将企业变绿看作一个过程，研究了漂绿的成因。漂绿可以被看作一种虚假或误导性的环保宣传（这种宣传可以通过广告也可以通过产品说明书等非广告的形式），现有的研究往往简单地把企业看作一个利润最大化函数，而漂绿则是企业的一种机会主义行为的结果。这也是媒体或环保类 NGO 称漂绿的企业为"伪君子"的原因。这种简单化的研究既不利于揭示漂绿复杂的成因，又不利于对漂绿的企业进行分类分析和提出治理对策。本书尝试性地将企业看作一个科层组织而不仅仅是一个利润函数，将企业的绿色进程分解为"承诺""行动"两个阶段，将企业绿色进程看作承诺动力、实施能力、实施动力三个因素共同作用的结果。漂绿就可以看作"承诺"和"行动"的不一致，这种不一致可能是以下三种不同的状态所导致的：一是承诺能获益，也有能力实施，但实施无法获益；二是承诺和实施都能获益，但没有能力实现；三是承诺能获益，实施无法获益，也没有能力实施。现有将企业当作黑箱的研究，其实讨论的仅仅是漂绿的第一种情况，将企业黑箱打开后，不难发现漂绿现象的出现原因比原先研究的要更为复杂。通过案例分析，发现从企业内部过程研究漂绿能够更好地解释现实，也有利于针对不同情况采取不同的治理措施。

对漂绿影响绿色产品消费的路径进行了研究。现有的研究已经指出了漂绿会对绿色消费产生不利的影响：降低消费者对绿色产品的信任，增加消费者的搜寻成本，但对于漂绿影响绿色消费的路径研究不足，而这恰恰是理解漂绿对消费者行为决策影响的关键环节。本书将绿色消费者困惑、绿色感知风险与绿色信任联系起来进行研究，证实了绿色消费困惑和绿色感知风险在漂绿和绿色信任之间起到了部分中介作用；本书还运用中国的数据，对漂绿降低消费者的绿色信任、增加搜寻成本方面进行实证研究，从而较为全面地分析了漂绿影响绿色产品消费的路径。据此还提出了相应的政策建议，包括减少漂绿、减少消费者绿色感知风险、减少绿色消费者困惑，来解决绿色信任问题。

分析了在生态标签存在漂绿影响消费者对其信任的环境下，绿色消费者的行为选择。西方发达国家的绿色经济和绿色消费运动均早于中国，也有大量的绿色经济和绿色消费文献，但鲜有从信任角度，尤其是从消费者对生态标签低信任度出发分析绿色产品市场运行的。根源可能在于西方发达国家推行绿色经济和绿色消费时，市场经济体系已经比较完善，消费者对生态标签的信任度很高，这一问题并没有产生的经济土壤。在某种意义上，这一问题是包括中国在内的市场转型国家在近期推行绿色经济和绿色消费中出现的独特现象。生产者对于信息掌握得比较充分，生态标签成为消费者识别绿色产品的重要工具，如果由于存在漂绿，消费者对生态标签的信任度不高，会如何影响消费者的行为选择和市场运行？通过实例化建模和问卷调查，本书得出了以下几个结论：①现实经济运行中，消费者对生态标签的不信任一般不会导致绿色产品市场消失，但在监管不是异常严格的情况下会出现混同均衡，伪绿色产品和真绿色产品都进行同样的生态标签投资，生态标签由"信号"弱化为"指标"；②在绿色产品市场出现混同均衡的情况下，消费者会将生态标签和商品品牌联合起来决定自己的消费选择，大品牌绿色产品能够得到充分的绿色溢价，而小品牌的绿色产品无法获得应有的绿色溢价。

对四种治理方式治理漂绿的机理和彼此之间的关系进行了初步的研究。现有直接研究漂绿的文献，已经提出了包括加大政府监管、可持续性评级、发挥环境NGO的作用、培养企业社会责任等治理漂绿的对策，但尚没有对这些治理方式抑制漂绿的机理进行理论分析。现有文献已经比较深入分析过信息不对称市场各种治理方式的运行机理。绿色产品市场是典型的信息不对称市场，漂绿的出现也是信息不对称的结果。因此，本书借鉴现有治理信息不对称市场的研究，结合漂绿的特点，对政府、市场、第三部门和企业社会责任抑制漂绿的机理进行了理论分析。分析了四种治理方式的各自优势以及发挥作用需要满足的不同的条件，得出了以下结论。①在市场体系比较完备的情况下，如果不同质量水平的卖方发送信号的成本不同，绿色信号显示机制就能够抑制漂绿；如果消费者有充分的知情能力，生产商的绿色信誉较好使其能够获得较高的绿色溢价，绿色信誉机制会对抑制漂绿起到积极作用；在绿色信息参数事后验证的结果能够被第三方采信，而且绿色投机的成本较高，绿色质保合同的执行能够获得行政力量强有力支持的条件下，绿色保证机制能够起到抑制漂绿的作用；在不考虑广告等其他传递绿色度信息渠道的条件下，如果市场上存在完全而准确披露绿色度信息的绿色认证中介，并且生产商对所有绿色度水平的产品均采用认证，以绿色认证中介为代表的第三方介入也能够起到抑制漂绿的作用。市场本身具有一种精妙的克服漂绿的能力，若运行良好，治理漂绿的成本较低。②政府治理漂绿，其改变企业漂绿的收益成本对比的措施，要在相关的法律法规比较健全的条件下，与绿色消费品市场所处的整体经济环境和经济条件相适应，切实起到改变企业行为的作用，才能取得较好的治理效果；政府减缓信息不对称的措施，如强制性信息披露，需要符合参与约束原则和激励相容原则，才能实现分离均衡，抑制企业漂绿。政府监管效率比较高，特别在处理代表性漂绿事件中具有优势。③第三部门治理中，如果消费者组织非常重视自己的信誉，在通过程序的公开中实现自我监督和保护消费者的利益，就能够起到抑制漂绿的作用；而行业协会如果能够超脱于个体企业利益之上，从行业长远利益出发来实现行业利益，通过制定相应的标准和政策加以规范和引导企业的经济行为，与企业形成合作机制，就能够避免漂绿这种机会主义行为。第三部门治理的优势在于能有效深入民间，凝聚各种社会资本，整合各阶层的利益要求及资源。④对于企业来说，在社会经济环境要求企业承担的环境社会责任比较高，企业承担社会责任的正向激励较大，而不承担社会责任的声誉损失和违法成本较高的条件下，企业社会责任会自发抑制企业漂绿的行为。⑤在经济实践中，四种治理方式相互影响、相互补充。如市场治理和政府治理漂绿就有很强的互补性，而政府治理漂绿的力度和措施、第三部门治理的力度和措施，都会对社会责任治理漂绿产生重要的影响，第三部门治理的介入，则能够起到监督政府治理、避免政府失灵的作用。基于此，由于漂绿的普遍性和复杂性，为实现对漂绿的有效治理，需要市场、政府、第三部门、企业四方充分发挥各自的作用，联合治理，取得治理的协同效应。

第7章 总结与展望

本书分析了漂绿在中国的本土特征和治理现状，对漂绿影响中国绿色消费进行了实证研究，在对比借鉴西方发达国家经验的基础上，提出了相应的治理思路和政策建议。漂绿在中国的研究才刚刚开始，文献也很少。现有研究中国漂绿的文献，指出了漂绿在中国发展迅速的危害性，提出了一些对策建议。但现有研究对中国典型漂绿案例重视不够，没有在此基础上提炼漂绿在中国的本土特征；尚没有漂绿影响我国绿色消费的实证研究；提出的政策建议主要是从治理理论推导得出的结论，针对性不强。本书在分析西方发达国家和我国典型漂绿案例的基础上，归纳出漂绿在我国具有以下特征：漂绿目前在我国处于高发期；多集中于食品、家具等行业，呈现出行业性高发的特征；多采取公然欺骗或购买绿色标识等比较直接的方式。出现这些特征的主要原因有：相关法律法规的模糊地带和空白处较多，给消费者维权及政府监管带来了很大的困难；环境标准不科学、不完善且监管不力；社会监督力量缺乏。通过实证研究发现：当前，中国多数城市居民对漂绿已经有一定程度的了解，且对绿色商品的信任度低，这两个因素都是影响城市居民绿色商品消费的重要因素；漂绿的治理政策会显著影响消费者的绿色商品消费决定。在分析中国治理现状的基础上，提出了治理漂绿的思路：培育各种治理方式充分发挥作用的条件，为治理漂绿奠定了现实基础；当前阶段，以行政治理为主，以其他治理方式为辅，在政府、市场、第三部门和企业协同互动的基础上，逐步过渡到多中心治理。在借鉴西方发达国家经验的基础上，提出了以下对策建议：完善相应立法；强化政府规制；培养企业的环境社会责任；培育生态公民；回归第三部门的民间性质，在规范的基础上发挥其积极作用。这一治理思路和对策，与西方发达国家当前的治理模式有明显的差别，也更符合中国当前处于转型社会、市场机制运行有待完善等实际情况。

2. 本书研究的局限性

对漂绿治理方式的理论研究假设比较严格，且对它们相互作用的机理研究不足。以绿色信号显示机制为例，本书研究在讨论绿色信号显示机制治理漂绿时，借鉴的主要是 Milgrom & Robers（1986）的模型框架，与原模型的区别在于：本书引入漂绿事件是全体消费者的公共信息，无论在前期有没有购买该产品，所有消费者都知道该生产商是否因漂绿而被揭发，进而利用这一信息进行后期的消费决策。Milgrom & Robers（1986）的模型首次在重复购买的条件下，建立了一个信号显示框架，但假设比较严格，离现实比较远。在讨论绿色声誉机制、绿色质保机制和第三方介入时，为了研究方便，仍然采用了一些简化的假定，这些假定在方便分析的同时，也影响了理论的现实性。同样，在研究行政治理漂绿、第三部门治理漂绿和企业社会责任治理漂绿时，都采用了较为简单的博弈模型。而且，现实中各种治理方式是搭配或组合采用的，它们之间会相互作用，有可能会产生协同效应或抵消效应，而本书仅仅逐个单独地分析了各个治理方式作用的机理，仅对它们搭配使用时的相互作用进行了简单的论述，而对机理并没有进行深入研究。

数据的采集和挖掘尚存在不足。在研究因生态标签存在漂绿消费者的行为选择时，仅仅采集了城市居民而没有采集农村居民的数据。并且，由于样本量较小，没有对数据进行分类和深入挖掘。在研究中国消费者对漂绿的认知和漂绿对绿色消费影响的实证研究时，数据也仅采集了城市居民而没有涉及农村居民，实际上农村的消费是非常重要的部分，而且在研究中没有对该数据进入深入的挖掘。所有这些问题，有可能会使研究的结论不具有全面的代表性。

二 未来的研究方向

继续深化漂绿治理方式运行机理的研究，特别研究几种治理方式共同作用的机理和效应。现实经济环境的复杂性，决定了各种治理漂绿方式运行和作用机理的复杂性，深入地研究这一问题，放宽理论研究的假定，才能够准确把握这些治理方式发挥作用的条件和局限性，更好地解释现实，为政策建议服务。同时，在实际的治理中，几种治理方式往往是联合使用的，比如强制性信息披露和 NGO 监督共同作用，行政治理与加强企业社会责任共同作用，研究治理方式联合使用时相互作用的机理和效应，对于对比政策的优劣和政策组织的选择有重要的意义。这一研究可能要综合采用数理建模和仿真模拟的方法。

对漂绿分行业、分类别地进行研究。漂绿有多种表现形态，还具有鲜明的行业特征。现有的研究，囿于案例和数据的限制，都没有对漂绿进行分类和分行业进行研究，这不能不影响现有研究的解释能力。可以将漂绿按照表现形态进行案例和实证研究，分析不同的漂绿形态产生的动因和对绿色消费的影响；还可以将漂绿按行业进行分类（如按重污染类行业和非重污染类行业），探讨行业特性对漂绿的影响。这一研究可能要采用到案例分析、数理建模和计量分析的方法。

企业层面漂绿的预警性研究。对漂绿进行研究，不仅要可以解释经济现象，为相应的政策服务，而且还需要有一定的预测性，即有必要开展对漂绿的预警性研究。漂绿可以看作企业在绿色承诺和绿色行动之间存在明显差别，是一种在环境方面不诚信的行为。现有的研究，都没有涉及企业漂绿的预测，实际上，现有漂绿的案例均是在被揭发后而不是怀疑后才被证实的。可以根据企业的绿色承诺和绿色行动设置一些考察指标，当这些考察指标的关系比值超过了某个临界值时，则企业漂绿的可能性就很大，值得警惕。若数据获取比较困难，可以先从上市公司或者公布企业社会责任信息较多的大公司开始。

选择性执法对漂绿治理效果的影响。现有的研究，主要讨论了应该制定何种法律法条，或者某项法律在治理中起到了什么样的作用，并没有涉及执行的问题。但在现实中，选择性执法的存在，对法律的作用产生了重要的影响，这一问题在我国表现得尤为突出：选择性执法在时间上和空间上总会有疏漏，一些违法现象总可能不被处置，有法不依、违法不究在制度上具有合理性。这是选择性执法的先天性病灶，容易衍生两个方面的问题。一是给执法腐败提供操作的空间，执法者可以利用控制执法的疏漏率或者选择执法与否来威胁利诱管辖客体，从而实现权力寻租的目的。二是随着执法的疏漏率逐渐增大，容易产生"破窗现象"，向社会、系统传递出一个错误的信息：对法律、规则不必当真，可以在执法的空间中躲避，而不需主动遵守法律。这对法律的平等性、权威性、正义性和神圣性构成严重挑战，对法制秩序是一种严重损害。在漂绿的治理中，同样存在这一问题。研究选择性执法对漂绿治理的影响，并分析其政策含义，就具有较强的现实意义。

附 录

PART 260 – GUIDES FOR THE USE OF ENVIRONMENTAL MARKETING CLAIMS*

Sec. 260.1　Purpose, Scope, and Structure of the Guides.

260.2　Interpretation and Substantiation of Environmental Marketing Claims.

260.3　General Principles.

260.4　General Environmental Benefit Claims.

260.5　Carbon Offsets.

260.6　Certifications and Seals of Approval.

260.7　Compostable Claims.

260.8　Degradable Claims.

260.9　Free – Of Claims.

260.10　Non – Toxic Claims.

260.11　Ozone – Safe and Ozone – Friendly Claims.

260.12　Recyclable Claims.

260.13　Recycled Content Claims.

260.14　Refillable Claims.

260.15　Renewable Energy Claims.

260.16　Renewable Materials Claims.

260.17　Source Reduction Claims.

Authority: 15 U.S.C. 41 – 58.

§ 260.1 Purpose, Scope, and Structure of the Guides.

(a) These guides set forth the Federal Trade Commission's current views a-

---

* 资料来源: http://www.ftc.gov/enforcement/rules/rulemaking – regulatory – reform – proceedings/guides – use – environmental – marketing – claims.

bout environmental claims. The guides help marketers avoid making environmental marketing claims that are unfair or deceptive under Section 5 of the FTC Act, 15 U. S. C. § 45. They do not confer any rights on any person and do not operate to bind the FTC or the public. The Commission, however, can take action under the FTC Act if a marketer makes an environmental claim inconsistent with the guides. In any such enforcement action, the Commission must prove that the challenged act or practice is unfair or deceptive in violation of Section 5 of the FTC Act. (b) These guides do not preempt federal, state, or local laws. Compliance with those laws, however, will not necessarily preclude Commission law enforcement action under the FTC Act. (c) These guides apply to claims about the environmental attributes of a product, package, or service in connection with the marketing, offering for sale, or sale of such item or service to individuals. These guides also apply to business – to – business transactions. The guides apply to environmental claims in labeling, advertising, promotional materials, and all other forms of marketing in any medium, whether asserted directly or by implication, through words, symbols, logos, depictions, product brand names, or any other means.

(d) The guides consist of general principles, specific guidance on the use of particular environmental claims, and examples. Claims may raise issues that are addressed by more than one example and in more than one section of the guides. The examples provide the

Commission's views on how reasonable consumers likely interpret certain claims. The guides are based on marketing to a general audience. However, when a marketer targets a particular segment of consumers, the Commission will examine how reasonable members of that group interpret the advertisement. Whether a particular claim is deceptive will depend on the net impression of the advertisement, label, or other promotional material at issue. In addition, although many examples present specific claims and options for qualifying claims, the examples do not illustrate all permissible claims or qualifications under Section 5 of the FTC Act. Nor do they illustrate the only ways to comply with the guides. Marketers can use an alternative approach if the approach satisfies the requirements of Section 5 of the FTC Act. All examples assume that the described claims otherwise comply with Section 5. Where particularly useful, the Guides incorporate a reminder to this effect.

§ 260.2 Interpretation and Substantiation of Environmental Marketing Claims.

Section 5 of the FTC Act prohibits deceptive acts and practices in or affecting commerce. A representation, omission, or practice is deceptive if it is likely to mislead consumers acting reasonably under the circumstances and is material to consumers' decisions. See FTC Policy Statement on Deception, 103 FTC 174 (1983). To determine if an advertisement is deceptive, marketers must identify all express and implied claims that the advertisement reasonably conveys. Marketers must ensure that all reasonable interpretations of their claims are truthful, not misleading, and supported by a reasonable basis before they make the claims. See FTC Policy Statement Regarding Advertising Substantiation, 104 FTC 839 (1984). In the context of environmental marketing claims, a reasonable basis often requires competent and reliable scientific evidence. Such evidence consists of tests, analyses, research, or studies that have been conducted and evaluated in an objective manner by qualified persons and are generally accepted in the profession to yield accurate and reliable results. Such evidence should be sufficient in quality and quantity based on standards generally accepted in the relevant scientific fields, when considered in light of the entire body of relevant and reliable scientific evidence, to substantiate that each of the marketing claims is true.

§ 260.3 General Principles.

The following general principles apply to all environmental marketing claims, including those described in §§ 260.4 – 16. Claims should comport with all relevant provisions of these guides.

(a) Qualifications and disclosures: To prevent deceptive claims, qualifications and disclosures should be clear, prominent, and understandable. To make disclosures clear and prominent, marketers should use plain language and sufficiently large type, should place disclosures in close proximity to the qualified claim, and should avoid making inconsistent statements or using distracting elements that could undercut or contradict the disclosure. (b) Distinction between benefits of product, package, and service: Unless it is clear from the context, an environmental marketing claim should specify whether it refers to the product, the product's packaging, a service, or just to a portion of the product, package, or service. In general, if the environmental attribute applies to all but minor, incidental components of a product or package, the marketer need not qualify the claim to identify that fact. However, there may be exceptions to this general principle. For example, if a marketer makes an unqualified recyclable claim, and the presence of the incidental component significantly limits the ability to recycle the product, the claim would be deceptive.

Example 1: A plastic package containing a new shower curtain is labeled "recyclable" without further elaboration. Because the context of the claim does not make clear whether it refers to the plastic package or the shower curtain, the claim is deceptive if any part of either the package or the curtain, other than minor, incidental components, cannot be recycled.

Example 2: A soft drink bottle is labeled "recycled." The bottle is made entirely from recycled materials, but the bottle cap is not. Because the bottle cap is a minor, incidental component of the package, the claim is not deceptive.

(c) Overstatement of environmental attribute: An environmental marketing claim should not overstate, directly or by implication, an environmental attribute or benefit. Marketers should not state or imply environmental benefits if the benefits are negligible.

Example 1: An area rug is labeled "50% more recycled content than before." The manufacturer increased the recycled content of its rug from 2% recycled fiber to 3%. Although the claim is technically true, it likely conveys the false impression that the manufacturer has increased significantly the use of recycled fiber.

Example 2: A trash bag is labeled "recyclable" without qualification. Because trash bags ordinarily are not separated from other trash at the landfill or incinerator for recycling, they are highly unlikely to be used again for any purpose. Even if the bag is technically capable of being recycled, the claim is deceptive since it asserts an environmental benefit where no meaningful benefit exists.

(d) Comparative claims: Comparative environmental marketing claims should be clear to avoid consumer confusion about the comparison. Marketers should have substantiation for the comparison.

Example 1: An advertiser notes that its glass bathroom tiles contain "20% more recycled content." Depending on the context, the claim could be a comparison either to the advertiser's immediately preceding product or to its competitors' products. The advertiser should have substantiation for both interpretations. Otherwise, the advertiser should make the basis for comparison clear, for example, by saying "20% more recycled content than our previous bathroom tiles."

Example 2: An advertiser claims that "our plastic diaper liner has the most recycled content." The diaper liner has more recycled content, calculated as a percentage of weight, than any other on the market, although it is still well under 100%. The claim likely conveys that the product contains a significant percentage of recycled content and has significantly more recycled content than its competitors. If the advertiser cannot substantiate these messages, the claim would be deceptive.

Example 3: An advertiser claims that its packaging creates "less waste than the leading national brand." The advertiser implemented the source reduction several years ago and supported the claim by calculating the relative solid waste contributions of the two packages. The advertiser should have substantiation that the comparison remains accurate.

Example 4: A product is advertised as "environmentally preferable." This claim likely conveys that the product is environmentally superior to other products. Because it is highly unlikely that the marketer can substantiate the messages conveyed by this statement, this claim is deceptive. The claim would not be deceptive if the marketer accompanied it with clear and prominent language limiting the environmental superiority representation to the particular attributes for which the marketer has substantiation, provided the advertisement's context does not imply other deceptive claims. For example, the claim "Environmentally preferable: contains 50% recycled content compared to 20% for the leading brand" would not be deceptive.

§ 260.4 General Environmental Benefit Claims.

It is deceptive to misrepresent, directly or by implication, that a product, package, or service offers a general environmental benefit.

Unqualified general environmental benefit claims are difficult to interpret and likely convey a wide range of meanings. In many cases, such claims likely convey that the product, package, or service has specific and far-reaching environmental benefits and may convey that the item or service has no negative environmental impact. Because it is highly unlikely that marketers can substantiate all reasonable interpretations of these claims, marketers should not make unqualified general environmental benefit claims.

Marketers can qualify general environmental benefit claims to prevent deception about the nature of the environmental benefit being asserted. To avoid deception, marketers should use clear and prominent qualifying language that limits the claim to a specific benefit or benefits. Marketers should not imply that any specific benefit is significant if it is, in fact, negligible. If a qualified general claim conveys that a product is more environmentally beneficial overall because of the particular touted benefit (s), marketers should analyze trade-offs resulting from the benefit (s) to determine if they can substantiate this claim.

Even if a marketer explains, and has substantiation for, the product's specific environmental attributes, this explanation will not adequately qualify a general environmental benefit claim if the advertisement otherwise implies deceptive claims. Therefore, marketers should ensure that the advertisement's context does not imply deceptive environmental claims. Example 1: The brand name "Eco-friendly" likely conveys that the product has farreaching environmental benefits and may convey that the product has no negative environmental impact. Because it is highly unlikely that the marketer can substantiate these claims, the use of such a brand name is deceptive. A claim, such as "Eco-friendly: made with recycled materials," would not be deceptive if: (1) the statement "made with recycled materials" is clear and prominent; (2) the marketer can substantiate that the entire product or package, excluding minor, incidental components, is made from recycled material; (3) making the product with recycled materials makes the product more environmentally beneficial overall; and (4) the advertisement's context does not imply other deceptive claims.

Example 2: A marketer states that its packaging is now "Greener than our previous packaging." The packaging weighs 15% less than previous packaging, but it is not recyclable nor has it been improved in any other material respect. The claim is deceptive because reasonable consumers likely would interpret "Greener" in this context to mean that other significant environmental aspects of the packaging also are improved over previous packaging. A claim stating "Greener than our previous packaging" accompanied by clear and prominent language such as, "We've reduced the weight of our packaging by 15%," would not be deceptive, provided that reducing the packaging's weight makes the product more environmentally beneficial overall and the advertisement's context does not imply other deceptive claims.

Example 3: A marketer's advertisement features a picture of a laser printer in a bird's nest balancing on a tree branch, surrounded by a dense forest. In green type, the marketer states, "Buy our printer. Make a change." Although the advertisement does not expressly claim that the product has environmental benefits, the featured images, in combination with the text, likely convey that the product has far – reaching environmental benefits and may convey that the product has no negative environmental impact. Because it is highly unlikely that the marketer can substantiate these claims, this advertisement is deceptive.

Example 4: A manufacturer's website states, "Eco – smart gas – powered lawn mower with improved fuel efficiency!" The manufacturer increased the fuel efficiency by 1/10 of a percent. Although the manufacturer's claim that it has improved its fuel efficiency technically is true, it likely conveys the false impression that the manufacturer has significantly increased the mower's fuel efficiency.

Example 5: A marketer reduces the weight of its plastic beverage bottles. The bottles' labels state: "Environmentally – friendly improvement. 25% less plastic than our previous packaging." The plastic bottles are 25 percent lighter but otherwise are no different. The advertisement conveys that the bottles are more environmentally beneficial overall because of the source reduction. To substantiate this claim, the marketer likely can analyze the impacts of the source reduction without evaluating environmental impacts throughout the packaging's life cycle. If, however, manufacturing the new bottles significantly alters environmental attributes earlier or later in the bottles' life cycle, i. e. , manufacturing the bottles requires more energy or a different kind of plastic, then a more comprehensive analysis may be appropriate.

§ 260.5 Carbon Offsets.

Given the complexities of carbon offsets, sellers should employ competent and reliable scientific and accounting methods to properly quantify claimed emission reductions and to ensure that they do not sell the same reduction more than one time.

It is deceptive to misrepresent, directly or by implication, that a carbon offset represents emission reductions that have already occurred or will occur in the immediate future. To avoid deception, marketers should clearly and prominently disclose if the carbon offset represents emission reductions that will not occur for two years or longer.

It is deceptive to claim, directly or by implication, that a carbon offset represents an emission reduction if the reduction, or the activity that caused the reduction, was required by law.

Example 1: On its website, an online travel agency invites consumers to purchase offsets to "neutralize the carbon emissions from your flight. " The proceeds from the offset sales fund future projects that will not reduce greenhouse gas emissions for two years. The claim likely conveys that the emission reductions either already have occurred or will occur in the near future. Therefore, the advertisement is deceptive. It would not be deceptive if the agency's website stated "Offset the carbon emissions from your flight by funding new projects that will begin reducing emissions in two years. "

Example 2: An offset provider claims that its product "will offset your own 'dirty' driving habits. " The offset is based on methane capture at a landfill facility. State law requires this facility to capture all methane emitted from the landfill. The claim is deceptive because the emission reduction would have occurred regardless of whether consumers purchased the offsets.

§ 260.6　Certifications and Seals of Approval.

It is deceptive to misrepresent, directly or by implication, that a product, package, or service has been endorsed or certified by an independent third party.

A marketer's use of the name, logo, or seal of approval of a third – party certifier or organization may be an endorsement, which should meet the criteria for endorsements provided in the FTC's Endorsement Guides, 16 C. F. R. Part 255, including Definitions (§ 255.0), General Considerations (§ 255.1), Expert Endorsements (§ 255.3), Endorsements by Organizations (§ 255.4), and Disclosure of Material Connections (§ 255.5). ①

Third – party certification does not eliminate a marketer's obligation to ensure that it has substantiation for all claims reasonably communicated by the certification.

A marketer's use of an environmental certification or seal of approval likely conveys that the product offers a general environmental benefit (see § 260.4) if the certification or seal does not convey the basis for the certification or seal, either through the name or some other means. Because it is highly unlikely that marketers can substantiate general environmental benefit claims, marketers should not use environmental certifications or seals that do not convey the basis for the certification.

Marketers can qualify general environmental benefit claims conveyed by environmental certifications and seals of approval to prevent deception about the nature of the environmental benefit being asserted. To avoid deception, marketers should use clear and prominent qualifying language that clearly conveys that the certification or seal refers only to specific and limited benefits.

Example 1: An advertisement for paint features a "GreenLogo" seal and

---

① The examples in this section assume that the certifiers' endorsements meet the criteria provided in the Expert Endorsements (255.3) and Endorsements by Organizations (255.4) sections of the Endorsement Guides.

the statement "GreenLogo for Environmental Excellence." This advertisement likely conveys that: (1) the GreenLogo seal is awarded by an independent, third-party certifier with appropriate expertise in evaluating the environmental attributes of paint; and (2) the product has far-reaching environmental benefits. If the paint manufacturer awarded the seal to its own product, and no independent, third-party certifier objectively evaluated the paint using independent standards, the claim would be deceptive. The claim would not be deceptive if the marketer accompanied the seal with clear and prominent language:

(1) indicating that the marketer awarded the GreenLogo seal to its own product; and (2) clearly conveying that the award refers only to specific and limited benefits.

Example 2: A manufacturer advertises its product as "certified by the American Institute of Degradable Materials." Because the advertisement does not mention that the American Institute of Degradable Materials ("AIDM") is an industry trade association, the certification likely conveys that it was awarded by an independent certifier. To be certified, marketers must meet standards that have been developed and maintained by a voluntary consensus standard body.[①] An independent auditor applies these standards objectively. This advertisement likely is not deceptive if the manufacturer complies with § 260.8 of the Guides (Degradable Claims) because the certification is based on independently-developed and -maintained standards and an independent auditor applies the standards objectively.

Example 3: A product features a seal of approval from "The Forest Prod-

---

① Voluntary consensus standard bodies are "organizations which plan, develop, establish, or coordinate voluntary consensus standards using agreed-upon procedures.... A voluntary consensus standards body is defined by the following attributes: (i) openness, (ii) balance of interest, (iii) due process, (iv) an appeals process, (v) consensus, which is defined as general agreement, but not necessarily unanimity, and includes a process for attempting to resolve objections by interested parties, as long as all comments have been fairly considered, each objector is advised of the disposition of his or her objection (s) and the reasons why, and the consensus members are given an opportunity to change their votes after reviewing the comments." Memorandum for Heads of Executive Departments and Agencies on Federal Participation in the Development and Use of Voluntary Consensus Assessment Activities, February 10, 1998, Circular No. A-119 Revised, Office of Management and Budget at www.whitehouse.gov/omb/circulars_a119.

ucts Industry Association," an industry certifier with appropriate expertise in evaluating the environmental attributes of paper products. Because it is clear from the certifier's name that the product has been certified by an industry certifier, the certification likely does not convey that it was awarded by an independent certifier. The use of the seal likely is not deceptive provided that the advertisement does not imply other deceptive claims.

Example 4: A marketer's package features a seal of approval with the text "Certified Non – Toxic." The seal is awarded by a certifier with appropriate expertise in evaluating ingredient safety and potential toxicity. It applies standards developed by a voluntary consensus standard body. Although non – industry members comprise a majority of the certifier's board, an industry veto could override any proposed changes to the standards. This certification likely conveys that the product is certified by an independent organization. This claim would be deceptive because industry members can veto any proposed changes to the standards.

Example 5: A marketer's industry sales brochure for overhead lighting features a seal with the text "EcoFriendly Building Association" to show that the marketer is a member of that organization. Although the lighting manufacturer is, in fact, a member, this association has not evaluated the environmental attributes of the marketer's product.

This advertisement would be deceptive because it likely conveys that the EcoFriendly Building Association evaluated the product through testing or other objective standards. It also is likely to convey that the lighting has far – reaching environmental benefits. The use of the seal would not be deceptive if the manufacturer accompanies it with clear and prominent qualifying language: (1) indicating that the seal refers to the company's membership only and that the association did not evaluate the product's environmental attributes; and (2) limiting the general environmental benefit representations, both express and implied, to the particular product attributes for which the marketer has substantiation. For example, the marketer could state: "Although we are a member of the EcoFriendly Building Association, it has not evaluated this product. Our lighting is made from 100 percent recycled metal and uses energy efficient LED technology."

Example 6: A product label contains an environmental seal, either in the form of a globe icon or a globe icon with the text "EarthSmart. " EarthSmart is an independent, thirdparty certifier with appropriate expertise in evaluating chemical emissions of products. While the marketer meets EarthSmart's standards for reduced chemical emissions during product usage, the product has no other specific environmental benefits. Either seal likely conveys that the product has far – reaching environmental benefits, and that EarthSmart certified the product for all of these benefits. If the marketer cannot substantiate these claims, the use of the seal would be deceptive. The seal would not be deceptive if the marketer accompanied it with clear and prominent language clearly conveying that the certification refers only to specific and limited benefits. For example, the marketer could state next to the globe icon: "EarthSmart certifies that this product meets EarthSmart standards for reduced chemical emissions during product usage. " Alternatively, the claim would not be deceptive if the EarthSmart environmental seal itself stated: "EarthSmart Certified for reduced chemical emissions during product usage. "

Example 7: A one – quart bottle of window cleaner features a seal with the text "Environment Approved," granted by an independent, third – party certifier with appropriate expertise. The certifier granted the seal after evaluating 35 environmental attributes. This seal likely conveys that the product has far – reaching environmental benefits and that Environment Approved certified the product for all of these benefits and therefore is likely deceptive. The seal would likely not be deceptive if the marketer accompanied it with clear and prominent language clearly conveying that the seal refers only to specific and limited benefits. For example, the seal could state: "Virtually all products impact the environment. For details on which attributes we evaluated, go to [a website that discusses this product] . " The referenced webpage provides a detailed summary of the examined environmental attributes. A reference to a website is appropriate because the additional information provided on the website is not necessary to prevent the advertisement from being misleading. As always, the marketer also should ensure that the advertisement does not imply other deceptive claims, and that the certifier's criteria are sufficiently rigorous to substantiate all material claims reasonably communicated by the certification.

Example 8: Great Paper Company sells photocopy paper with packaging that has a seal of approval from the No Chlorine Products Association, a non‑profit third‑party association. Great Paper Company paid the No Chlorine Products Association a reasonable fee for the certification. Consumers would reasonably expect that marketers have to pay for certification. Therefore, there are no material connections between Great Paper Company and the No Chlorine Products Association. The claim would not be deceptive.

§ 260.7 Compostable Claims.

It is deceptive to misrepresent, directly or by implication, that a product or package is compostable.

A marketer claiming that an item is compostable should have competent and reliable scientific evidence that all the materials in the item will break down into, or otherwise become part of, usable compost (e.g., soil‑conditioning material, mulch) in a safe and timely manner (i.e., in approximately the same time as the materials with which it is composted) in an appropriate composting facility, or in a home compost pile or device.

A marketer should clearly and prominently qualify compostable claims to the extent necessary to avoid deception if: (1) the item cannot be composted safely or in a timely manner in a home compost pile or device; or (2) the claim misleads reasonable consumers about the environmental benefit provided when the item is disposed of in a landfill.

To avoid deception about the limited availability of municipal or institutional composting facilities, a marketer should clearly and prominently qualify compostable claims if such facilities are not available to a substantial majority of consumers or communities where the item is sold.

Example 1: A manufacturer indicates that its unbleached coffee filter is compostable. The unqualified claim is not deceptive, provided the manufacturer has substantiation that the filter can be converted safely to usable compost in a timely manner in a home compost pile or device. If so, the extent of local municipal or institutional composting facilities is irrelevant.

Example 2: A garden center sells grass clipping bags labeled as "Compostable in California Municipal Yard Trimmings Composting Facilities." When the bags break down, however, they release toxins into the compost. The claim is deceptive if the presence of these toxins prevents the compost from being usable.

Example 3: A manufacturer makes an unqualified claim that its package is compostable. Although municipal or institutional composting facilities exist where the product is sold, the package will not break down into usable compost in a home compost pile or device. To avoid deception, the manufacturer should clearly and prominently disclose that the package is not suitable for home composting.

Example 4: Nationally marketed lawn and leaf bags state "compostable" on each bag.

The bags also feature text disclosing that the bag is not designed for use in home compost piles. Yard trimmings programs in many communities compost these bags, but such programs are not available to a substantial majority of consumers or communities where the bag is sold. The claim is deceptive because it likely conveys that composting facilities are available to a substantial majority of consumers or communities. To avoid deception, the marketer should clearly and prominently indicate the limited availability of such programs. A marketer could state "Appropriate facilities may not exist in your area," or provide the approximate percentage of communities or consumers for which such programs are available.

Example 5: A manufacturer sells a disposable diaper that states, "This diaper can be composted if your community is one of the 50 that have composting facilities." The claim is not deceptive if composting facilities are available as claimed and the manufacturer has substantiation that the diaper can be converted safely to usable compost in solid waste composting facilities.

Example 6: A manufacturer markets yard trimmings bags only to consumers residing in particular geographic areas served by county yard trimmings composting programs. The bags meet specifications for these programs and are labeled, "Compostable Yard Trimmings Bag for County Composting Programs." The claim is not deceptive. Because the bags are compostable where they are sold, a qualification is not needed to indicate the limited availability of composting facilities.

§ 260.8 Degradable Claims.

It is deceptive to misrepresent, directly or by implication, that a product or package is degradable, biodegradable, oxo – degradable, oxo – biodegradable, or photodegradable. The following guidance for degradable claims also applies to biodegradable, oxo – degradable, oxobiodegradable, and photodegradable claims.

A marketer making an unqualified degradable claim should have competent and reliable scientific evidence that the entire item will completely break down and return to nature (i. e. , decompose into elements found in nature) within a reasonably short period of time after customary disposal.

It is deceptive to make an unqualified degradable claim for items entering the solid waste stream if the items do not completely decompose within one year after customary disposal. Unqualified degradable claims for items that are customarily disposed in landfills, incinerators, and recycling facilities are deceptive because these locations do not present conditions in which complete decomposition will occur within one year.

Degradable claims should be qualified clearly and prominently to the extent necessary to avoid deception about: (1) the product's or package's ability to degrade in the environment where it is customarily disposed; and (2) the rate and extent of degradation.

Example 1: A marketer advertises its trash bags using an unqualified "degradable" claim. The marketer relies on soil burial tests to show that the product will decompose in the presence of water and oxygen. Consumers, however, place trash bags into the solid waste stream, which customarily terminates in incineration facilities or landfills where they will not degrade within one year. The claim is, therefore, deceptive.

Example 2: A marketer advertises a commercial agricultural plastic mulch film with the claim "Photodegradable," and clearly and prominently qualifies the term with the phrase "Will break down into small pieces if left uncovered in sunlight. " The advertiser possesses competent and reliable scientific evidence that within one year, the product will break down, after being exposed to sunlight, into sufficiently small pieces to become part of the soil. Thus, the qualified claim is not deceptive. Because the claim is qualified to indicate the limited extent of breakdown, the advertiser need not meet the consumer expectations for an unqualified photodegradable claim, i. e. , that the product will not only break down, but also will decompose into elements found in nature.

Example 3: A marketer advertises its shampoo as "biodegradable" without qualification. The advertisement makes clear that only the shampoo, and not the bottle, is biodegradable. The marketer has competent and reliable scientific evidence demonstrating that the shampoo, which is customarily disposed in sewage systems, will break down and decompose into elements found in nature in a reasonably short period of time in the sewage system environment. Therefore, the claim is not deceptive. Example 4: A plastic six – pack ring carrier is marked with a small diamond. Several state laws require that the carriers be marked with this symbol to indicate that they meet certain degradability standards if the carriers are littered. The use of the diamond by itself, in an inconspicuous location, does not constitute a degradable claim. Consumers are unlikely to interpret an inconspicuous diamond symbol, without more, as an unqualified photodegradable claim. ①

Example 5: A fiber pot containing a plant is labeled "biodegradable." The pot is customarily buried in the soil along with the plant. Once buried, the pot fully decomposes during the growing season, allowing the roots of the plant to grow into the surrounding soil. The unqualified claim is not deceptive.

§ 260. 9　Free – Of Claims.

It is deceptive to misrepresent, directly or by implication, that a product, package, or service is free of, or does not contain or use, a substance. Such claims should be clearly and prominently qualified to the extent necessary to a-

---

① The Guides' treatment of unqualified degradable claims is intended to help prevent deception and is not intended to establish performance standards to ensure the degradability of products when littered.

void deception.

A truthful claim that a product, package, or service is free of, or does not contain or use, a substance may nevertheless be deceptive if: (1) the product, package, or service contains or uses substances that pose the same or similar environmental risks as the substance that is not present; or (2) the substance has not been associated with the product category.

Depending on the context, a free – of or does – not – contain claim is appropriate even for a product, package, or service that contains or uses a trace amount of a substance if: (1) the level of the specified substance is no more than that which would be found as an acknowledged trace contaminant or background level;① (2) the substance's presence does not cause material harm that consumers typically associate with that substance; and (3) the substance has not been added intentionally to the product.

Example 1: A package of t – shirts is labeled "Shirts made with a chlorine – free bleaching process." The shirts, however, are bleached with a process that releases a reduced, but still significant, amount of the same harmful byproducts associated with chlorine bleaching. The claim overstates the product's benefits because reasonable consumers likely would interpret it to mean that the product's manufacture does not cause any of the environmental risks posed by chlorine bleaching. A substantiated claim, however, that the shirts were "bleached with a process that releases 50% less of the harmful byproducts associated with chlorine bleaching" would not be deceptive.

Example 2: A manufacturer advertises its insulation as "formaldehyde free." Although the manufacturer does not use formaldehyde as a binding agent to produce the insulation, tests show that the insulation still emits trace amounts of formaldehyde. The seller has substantiation that formaldehyde is present in trace amounts in virtually all indoor and (to a lesser extent) outdoor environments and that its insulation emits less formaldehyde than is typically present in

---

① "Trace contaminant" and "background level" are imprecise terms, although allowable manufacturing "trace contaminants" may be defined according to the product area concerned. What constitutes a trace amount or background level depends on the substance at issue, and requires a case – by – case analysis.

outdoor environments. Further, the seller has substantiation that the trace amounts of formaldehyde emitted by the insulation do not cause material harm that consumers typically associate with formaldehyde. In this context, the trace levels of formaldehyde emissions likely are inconsequential to consumers. Therefore, the seller's free – of claim would not be deceptive.

§ 260.10　Non – Toxic Claims.

It is deceptive to misrepresent, directly or by implication, that a product, package, or service is non – toxic. Non – toxic claims should be clearly and prominently qualified to the extent necessary to avoid deception.

A non – toxic claim likely conveys that a product, package, or service is non – toxic both for humans and for the environment generally. Therefore, marketers making non – toxic claims should have competent and reliable scientific evidence that the product, package, or service is non – toxic for humans and for the environment or should clearly and prominently qualify their claims to avoid deception.

Example 1: A marketer advertises a cleaning product as "essentially non – toxic" and "practically non – toxic." The advertisement likely conveys that the product does not pose any risk to humans or the environment, including household pets. If the cleaning product poses no risk to humans but is toxic to the environment, the claims would be deceptive.

§ 260.11　Ozone – Safe and Ozone – Friendly Claims.

It is deceptive to misrepresent, directly or by implication, that a product, package, or service is safe for, or friendly to, the ozone layer or the atmosphere.

Example 1: A product is labeled "ozone – friendly." The claim is deceptive if the product contains any ozone – depleting substance, including those substances listed as Class I or Class II chemicals in Title VI of the Clean Air Act Amendments of 1990, Pub. L. No. 101 – 549, and others subsequently designated by EPA as ozone – depleting substances. These chemicals include chlorofluorocarbons (CFCs), halons, carbon tetrachloride, 1, 1,

1trichloroethane, methyl bromide, hydrobromofluorocarbons, and hydrochlorofluorocarbons (HCFCs).

Example 2: An aerosol air freshener is labeled "ozone – friendly." Some of the product's ingredients are volatile organic compounds (VOCs) that may cause smog by contributing to ground – level ozone formation. The claim likely conveys that the product is safe for the atmosphere as a whole, and, therefore, is deceptive.

§ 260.12 Recyclable Claims.

It is deceptive to misrepresent, directly or by implication, that a product or package is recyclable. A product or package should not be marketed as recyclable unless it can be collected, separated, or otherwise recovered from the waste stream through an established recycling program for reuse or use in manufacturing or assembling another item.

Marketers should clearly and prominently qualify recyclable claims to the extent necessary to avoid deception about the availability of recycling programs and collection sites to consumers.

When recycling facilities are available to a substantial majority of consumers or communities where the item is sold, marketers can make unqualified recyclable claims.

The term "substantial majority," as used in this context, means at least 60 percent.

When recycling facilities are available to less than a substantial majority of consumers or communities where the item is sold, marketers should qualify all recyclable claims. Marketers may always qualify recyclable claims by stating the percentage of consumers or communities that have access to facilities that recycle the item. Alternatively, marketers may use qualifications that vary in strength depending on facility availability. The lower the level of access to an appropriate facility is, the more strongly the marketer should emphasize the limited availability of recycling for the product. For example, if recycling facilities are available to slightly less than a substantial majority of consumers or communities where the item is sold, a marketer may qualify a recyclable claim by stating: "This product [package] may not be recyclable in your area," or "Recycling facilities for this product [package] may not exist in your area." If recycling facilities are available only to a few consumers, marketers should use stronger clarifications. For example, a marketer in this situation may qualify its recyclable claim by stating: "This product [package] is recyclable only in the few communities that have appropriate recycling facilities."

Marketers can make unqualified recyclable claims for a product or package if the entire product or package, excluding minor incidental components, is recyclable. For items that are partially made of recyclable components, marketers should clearly and prominently qualify the recyclable claim to avoid deception about which portions are recyclable.

If any component significantly limits the ability to recycle the item, any recyclable claim would be deceptive. An item that is made from recyclable material, but, because of its shape, size, or some other attribute, is not accepted in recycling programs, should not be marketed as recyclable. ①

Example 1: A packaged product is labeled with an unqualified claim, "recyclable." It is unclear from the type of product and other context whether the claim refers to the product or its package. The unqualified claim likely conveys that both the product and its packaging, except for minor, incidental components, can be recycled. Unless the manufacturer has substantiation for both messages, it should clearly and prominently qualify the claim to indicate which portions are recyclable.

Example 2: A nationally marketed plastic yogurt container displays the Resin Identification Code (RIC)[6] (which consists of a design of arrows in a triangular shape containing a number in the center and an abbreviation identifying the component plastic resin) on the front label of the container, in close proximity to the product name and logo. This conspicuous use of the RIC constitutes a recyclable claim. Unless recycling facilities for this container are available to a

---

① Batteries labeled in accordance with the Mercury – Containing and Rechargeable Battery Management Act, 42 U. S. C. § 14322 (b), are deemed to be in compliance with these Guides. 6The RIC, formerly known as the Society of the Plastics Industry, Inc. (SPI) code, is now covered by ASTM D 7611.

substantial majority of consumers or communities, the manufacturer should qualify the claim to disclose the limited availability of recycling programs. If the manufacturer places the RIC, without more, in an inconspicuous location on the container (e. g. , embedded in the bottom of the container), it would not constitute a recyclable claim.

Example 3: A container can be burned in incinerator facilities to produce heat and power. It cannot, however, be recycled into another product or package. Any claim that the container is recyclable would be deceptive.

Example 4: A paperboard package is marketed nationally and labeled either "Recyclable where facilities exist" or "Recyclable – Check to see if recycling facilities exist in your area. " Recycling programs for these packages are available to some consumers, but not available to a substantial majority of consumers nationwide. Both claims are deceptive because they do not adequately disclose the limited availability of recycling programs. To avoid deception, the marketer should use a clearer qualification, such as one suggested in § 260. 12 (b) (2) .

Example 5: Foam polystyrene cups are advertised as "Recyclable in the few communities with facilities for foam polystyrene cups. " A half – dozen major metropolitan areas have established collection sites for recycling those cups. The claim is not deceptive because it clearly discloses the limited availability of recycling programs.

Example 6: A package is labeled "Includes some recyclable material. " The package is composed of four layers of different materials, bonded together. One of the layers is made from recyclable material, but the others are not. While programs for recycling the 25 percent of the package that consists of recyclable material are available to a substantial majority of consumers, only a few of those programs have the capability to separate the recyclable layer from the non – recyclable layers. The claim is deceptive for two reasons. First, it does not specify the portion of the product that is recyclable. Second, it does not disclose the limited availability of facilities that can process multilayer products or materials. An appropriately qualified claim would be "25 percent of the material in this package is recyclable in the few communities that can process multi – layer products."

Example 7: A product container is labeled "recyclable." The marketer advertises and distributes the product only in Missouri. Collection sites for recycling the container are available to a substantial majority of Missouri residents but are not yet available nationally. Because programs are available to a substantial majority of consumers where the product is sold, the unqualified claim is not deceptive.

Example 8: A manufacturer of one-time use cameras, with dealers in a substantial majority of communities, operates a take-back program that collects those cameras through all of its dealers. The manufacturer reconditions the cameras for resale and labels them "Recyclable through our dealership network." This claim is not deceptive, even though the cameras are not recyclable through conventional curbside or drop-off recycling programs.

Example 9: A manufacturer advertises its toner cartridges for computer printers as "Recyclable. Contact your local dealer for details." Although all of the company's dealers recycle cartridges, the dealers are not located in a substantial majority of communities where cartridges are sold. Therefore, the claim is deceptive. The manufacturer should qualify its claim consistent with § 260.11 (b) (2).

Example 10: An aluminum can is labeled "Please Recycle." This statement likely conveys that the can is recyclable. If collection sites for recycling these cans are available to a substantial majority of consumers or communities, the marketer does not need to qualify the claim.

§ 260.13 Recycled Content Claims.

It is deceptive to misrepresent, directly or by implication, that a product or package is made of recycled content. Recycled content includes recycled raw material, as well as used,① reconditioned, and re-manufactured components.

---

① The term "used" refers to parts that are not new and that have not undergone any re-manufacturing or reconditioning.

It is deceptive to represent, directly or by implication, that an item contains recycled content unless it is composed of materials that have been recovered or otherwise diverted from the waste stream, either during the manufacturing process (pre – consumer), or after consumer use (post – consumer). If the source of recycled content includes pre – consumer material, the advertiser should have substantiation that the pre – consumer material would otherwise have entered the waste stream. Recycled content claims may – but do not have to – distinguish between pre – consumer and post – consumer materials. Where a marketer distinguishes between pre – consumer and post – consumer materials, it should have substantiation for any express or implied claim about the percentage of pre – consumer or post – consumer content in an item. (c) Marketers can make unqualified claims of recycled content if the entire product or package, excluding minor, incidental components, is made from recycled material. For items that are partially made of recycled material, the marketer should clearly and prominently qualify the claim to avoid deception about the amount or percentage, by weight, of recycled content in the finished product or package.

(d) For products that contain used, reconditioned, or re – manufactured components, the marketer should clearly and prominently qualify the recycled content claim to avoid deception about the nature of such components. No such qualification is necessary where it is clear to reasonable consumers from context that a product's recycled content consists of used, reconditioned, or re – manufactured components.

Example 1: A manufacturer collects spilled raw material and scraps from the original manufacturing process. After a minimal amount of reprocessing, the manufacturer combines the spills and scraps with virgin material for use in production of the same product. A recycled content claim is deceptive since the spills and scraps are normally reused by industry within the original manufacturing process and would not normally have entered the waste stream.

Example 2: Fifty percent of a greeting card's fiber weight is composed from paper that was diverted from the waste stream. Of this material, 30% is post – consumer and 20% is pre – consumer. It would not be deceptive if the marketer claimed that the card either "contains 50% recycled fiber" or "contains 50% total recycled fiber, including 30% postconsumer fiber."

Example 3: A paperboard package with 20% recycled fiber by weight is labeled "20% post-consumer recycled fiber." The recycled content was composed of overrun newspaper stock never sold to customers. Because the newspapers never reached consumers, the claim is deceptive.

Example 4: A product in a multi-component package, such as a paperboard box in a shrink-wrapped plastic cover, indicates that it has recycled packaging. The paperboard box is made entirely of recycled material, but the plastic cover is not. The claim is deceptive because, without qualification, it suggests that both components are recycled. A claim limited to the paperboard box would not be deceptive.

Example 5: A manufacturer makes a package from laminated layers of foil, plastic, and paper, although the layers are indistinguishable to consumers. The label claims that "one of the three layers of this package is made of recycled plastic." The plastic layer is made entirely of recycled plastic. The claim is not deceptive, provided the recycled plastic layer constitutes a significant component of the entire package.

Example 6: A frozen dinner package is composed of a plastic tray inside a cardboard box. It states "package made from 30% recycled material." Each packaging component is one-half the weight of the total package. The box is 20% recycled content by weight, while the plastic tray is 40% recycled content by weight. The claim is not deceptive, since the average amount of recycled material is 30%.

Example 7: A manufacturer labels a paper greeting card "50% recycled fiber." The manufacturer purchases paper stock from several sources, and the amount of recycled fiber in the stock provided by each source varies. If the 50% figure is based on the annual weighted average of recycled material purchased from the sources after accounting for fiber loss during the papermaking production process, the claim is not deceptive.

Example 8: A packaged food product is labeled with a three-chasing-arrows symbol (a Möbius loop) without explanation. By itself, the symbol likely conveys that the packaging is both recyclable and made entirely from recycled material. Unless the marketer has substantiation for both messages, the claim should be qualified. The claim may need to be further qualified, to the extent necessary, to disclose the limited availability of recycling programs and/or the percentage of recycled content used to make the package.

Example 9: In an office supply catalog, a manufacturer advertises its printer toner cartridges "65% recycled." The cartridges contain 25% recycled raw materials and 40% reconditioned parts. The claim is deceptive because reasonable consumers likely would not know or expect that a cartridge's recycled content consists of reconditioned parts. It would not be deceptive if the manufacturer claimed "65% recycled content; including 40% from reconditioned parts."

Example 10: A store sells both new and used sporting goods. One of the items for sale in the store is a baseball helmet that, although used, is no different in appearance than a brand new item. The helmet bears an unqualified "Recycled" label. This claim is deceptive because reasonable consumers likely would believe that the helmet is made of recycled raw materials, when it is, in fact, a used item. An acceptable claim would bear a disclosure clearly and prominently stating that the helmet is used.

Example 11: An automotive dealer, automobile recycler, or other qualified entity recovers a serviceable engine from a wrecked vehicle. Without repairing, rebuilding, remanufacturing, or in any way altering the engine or its components, the dealer attaches a "Recycled" label to the engine, and offers it for sale in its used auto parts store. In this situation, an unqualified recycled content claim likely is not deceptive because reasonable consumers in the automotive context likely would understand that the engine is used and has not undergone any rebuilding.

Example 12: An automobile parts dealer, automobile recycler, or other qualified entity purchases a transmission that has been recovered from a salvaged or end-of-life vehicle. Eighty-five percent of the transmission, by weight, was rebuilt and 15% constitutes new materials. After rebuilding[1] the transmission in accordance with industry practices, the dealer packages it for resale in a box labeled "Rebuilt Transmission," or "Rebuilt

Transmission (85% recycled content from rebuilt parts)," or "Recycled Transmission (85% recycled content from rebuilt parts)." Given consumer perception in the automotive context, these claims are not deceptive.

§ 260.14 Refillable Claims.

It is deceptive to misrepresent, directly or by implication, that a package is refillable. A marketer should not make an unqualified refillable claim unless the marketer provides the means for refilling the package. The marketer may either provide a system for the collection and refill of the package, or offer for sale a product that consumers can purchase to refill the original package.

Example 1: A container is labeled "refillable three times." The manufacturer has the capability to refill returned containers and can show that the container will withstand being refilled at least three times. The manufacturer, however, has established no collection program. The unqualified claim is deceptive because there is no means to return the container to the manufacturer for refill.

Example 2: A small bottle of fabric softener states that it is in a "handy refillable container." In the same market area, the manufacturer also sells a large-sized bottle that consumers use to refill the smaller bottles. The claim is not deceptive because there is a reasonable means for the consumer to refill the smaller container.

§ 260.15 Renewable Energy Claims.

It is deceptive to misrepresent, directly or by implication, that a product or package is made with renewable energy or that a service uses renewable ener-

---

[1] The term "rebuilding" means that the dealer dismantled and reconstructed the transmission as necessary, cleaned all of its internal and external parts and eliminated rust and corrosion, restored all impaired, defective or substantially worn parts to a sound condition (or replaced them if necessary), and performed any operations required to put the transmission in sound working condition.

gy. A marketer should not make unqualified renewable energy claims, directly or by implication, if fossil fuel, or electricity derived from fossil fuel, is used to manufacture any part of the advertised item or is used to power any part of the advertised service, unless the marketer has matched such non-renewable energy use with renewable energy certificates.

Research suggests that reasonable consumers may interpret renewable energy claims differently than marketers may intend. Unless marketers have substantiation for all their express and reasonably implied claims, they should clearly and prominently qualify their renewable energy claims. For instance, marketers may minimize the risk of deception by specifying the source of the renewable energy (e.g., wind or solar energy).

It is deceptive to make an unqualified "made with renewable energy" claim unless all, or virtually all, of the significant manufacturing processes involved in making the product or package are powered with renewable energy or non-renewable energy matched by renewable energy certificates. When this is not the case, marketers should clearly and prominently specify the percentage of renewable energy that powered the significant manufacturing processes involved in making the product or package.

If a marketer generates renewable electricity but sells renewable energy certificates for all of that electricity, it would be deceptive for the marketer to represent, directly or by implication, that it uses renewable energy.

Example 1: A marketer advertises its clothing line as "made with wind power." The marketer buys wind energy for 50% of the energy it uses to make the clothing in its line. The marketer's claim is deceptive because reasonable consumers likely interpret the claim to mean that the power was composed entirely of renewable energy. If the marketer stated, "We purchase wind energy for half of our manufacturing facilities," the claim would not be deceptive.

Example 2: A company purchases renewable energy from a portfolio of sources that includes a mix of solar, wind, and other renewable energy sources in combinations and proportions that vary over time. The company uses renewable energy from that portfolio to power all of the significant manufacturing processes involved in making its product. The company advertises its product as "made with renewable energy." The claim would not be deceptive if the marketer clearly and prominently disclosed all renewable energy sources. Alternatively, the claim would not be deceptive if the marketer clearly and prominently stated, "made from a mix of renewable energy sources," and specified the renewable source that makes up the greatest percentage of the portfolio. The company may calculate which renewable energy source makes up the greatest percentage of the portfolio on an annual basis.

Example 3: An automobile company uses 100% non – renewable energy to produce its cars. The company purchases renewable energy certificates to match the non – renewable energy that powers all of the significant manufacturing processes for the seats, but no other parts, of its cars. If the company states, "The seats of our cars are made with renewable energy," the claim would not be deceptive, as long as the company clearly and prominently qualifies the claim such as by specifying the renewable energy source. Example 4: A company uses 100% non – renewable energy to manufacturer all parts of its product, but powers the assembly process entirely with renewable energy. If the marketer advertised its product as "assembled using renewable energy," the claim would not be deceptive.

Example 5: A toy manufacturer places solar panels on the roof of its plant to generate power, and advertises that its plant is "100% solar – powered." The manufacturer, however, sells renewable energy certificates based on the renewable attributes of all the power it generates. Even if the manufacturer uses the electricity generated by the solar panels, it has, by selling renewable energy certificates, transferred the right to characterize that electricity as renewable. The manufacturer's claim is therefore deceptive. It also would be deceptive for this manufacturer to advertise that it "hosts" a renewable power facility because reasonable consumers likely interpret this claim to mean that the manufacturer uses renewable energy. It would not be deceptive, however, for the manufacturer to advertise, "We generate renewable energy, but sell all of it to others."

§ 260. 16 Renewable Materials Claims.

It is deceptive to misrepresent, directly or by implication, that a product or package is made with renewable materials.

Research suggests that reasonable consumers may interpret renewable materials claims differently than marketers may intend. Unless marketers have substantiation for all their express and reasonably implied claims, they should clearly and prominently qualify their renewable materials claims. For example, marketers may minimize the risk of unintended implied claims by identifying the material used and explaining why the material is renewable.

Marketers should also qualify any "made with renewable materials" claim unless the product or package (excluding minor, incidental components) is made entirely with renewable materials.

Example 1: A marketer makes the unqualified claim that its flooring is "made with renewable materials." Reasonable consumers likely interpret this claim to mean that the flooring also is made with recycled content, recyclable, and biodegradable. Unless the marketer has substantiation for these implied claims, the unqualified "made with renewable materials" claim is deceptive. The marketer could qualify the claim by stating, clearly and prominently, "Our flooring is made from 100 percent bamboo, which grows at the same rate, or faster, than we use it." The marketer still is responsible for substantiating all remaining express and reasonably implied claims.

Example 2: A marketer's packaging states that "Our packaging is made from 50% plantbased renewable materials. Because we turn fast – growing plants into bio – plastics, only half of our product is made from petroleum – based materials." By identifying the material used and explaining why the material is renewable, the marketer has minimized the risk of unintended claims that the product is made with recycled content, recyclable, and biodegradable. The marketer has adequately qualified the amount of renewable materials in the product.

§ 260. 17 Source Reduction Claims.

It is deceptive to misrepresent, directly or by implication, that a product or package has been reduced or is lower in weight, volume, or toxicity. Marketers should clearly and prominently qualify source reduction claims to the extent necessary to avoid deception about the amount of the source reduction and the basis for any comparison.

Example 1: An advertiser claims that disposal of its product generates "10% less waste." The marketer does not accompany this claim with a general environmental benefit claim. Because this claim could be a comparison to the advertiser's immediately preceding product or to its competitors' products, the advertiser should have substantiation for both interpretations. Otherwise, the advertiser should clarify which comparison it intends and have substantiation for that comparison. A claim of "10% less waste than our previous product" would not be deceptive if the advertiser has substantiation that shows that the current product's disposal contributes 10% less waste by weight or volume to the solid waste stream when compared with the immediately preceding version of the product.

参考文献

[1] Ackerstein, D. S. and Lemon K. A. (1999), "Greening the Brand Environmental Marketing Strategies and the American Consumer", *Greener Marketing: A Global Perspective on Greening Marketing Practice*, 3: 233 – 254.

[2] Akerlof (1970), "The Market for Lemons: Quality Uncertainty and the Market Mechanism", *Quarterly Journal of Economics*, 84 (3):488 – 500.

[3] Albano and Lizzer (2001), "Strategic Certification and Provision of Quality", *International Economic Review*, 42 (1):267 – 283.

[4] Alan Pomering and Lester W. Johnson (2009), "Advertising Corporate Social Responsibility Initiatives to Communicate Corporate Image: Inhibiting Scepticism to Enhance Persuasion", *Corporate Communications*, 14 (4):420 – 425.

[5] Andrew Dbobson (2003), *Citizenship and the Environment*, Oxford: Oxford University Press.

[6] Arrow K. (1972), "Gifts and Exchange", *Philosophy and Public Affairs*, 4: 343 – 362.

[7] Arnfalk, Peter, and Ake Thidell (1992), *Environmental Management in the Swedish Manufacturing Industry*, Sweden: Lund University Press.

[8] Arial Rubinstein & Asher Wolinsky (1990), "Decentralized Trading, Strategic Behaviour and the Walrasian Outcome", *Review of Economic Studies*, 57 (1):63 – 78.

[9] Bansal, P., and Roth, K. (2000), "Why Companies Go Green: A Model of Ecological Responsiveness", *Academy of Management Journal*, 43: 717 – 747.

[10] Bazillier, R. (2007), "The Greenwashing Machine: Is CSR More Than Communication?" *Document de Recherche du LEO*, 10: 48 – 60.

[11] Beers, D., and Capellaro, C. (1991), "Greenwash", *Mother Jones*, 4 (3):25 – 28.

[12] Biglaiser and Freidman (1994), "Middleman as Guarantors of Quality", *International Journal of Industrial Organization*, 12: 509 – 531.

[13] Biglaiser (1993), "Middleman as Experts", *Rand Journal of Economics*, 24 (2): 212 – 223.

[14] Carlson, L., Stephen J. Grove and Norman Kangun (1993), "A Content Analysis of Environmental Advertising Claims: A Matrix Method Approach", *Journal of Advertising*, 22 (3): 122 – 151.

[15] Carrel, D. (1979), "A Three – dimensional Conceptual Model of Corporate Performance", *Acadamy of Management Review*, 4: 497 – 505.

[16] Chan, R. Y. K. and Lau, L. B. Y. (2000), "Antecedents of Green Purchases: A Survey in China", *Journal of Consumer Marketing*, 4: 338 – 357.

[17] Chen, Y. S. and Chang, C. – H. (2012), "Enhance Green Purchase Intentions: The Roles of Green Perceived Value, Green Perceived Risk, and Green Trust", *Management Decision*, 50 (3): 502 – 520.

[18] Chen, Y. – S. (2010), "The Drivers of Green Brand Equity: Green Brand Images, Green Satisfaction, and Green Trust", *Journal of Business Ethics*, 93 (2): 307 – 319.

[19] Chang, H. H. and Chen, S. W. (2008), "The Impact of Online Store Environment Cues on Purchase Intention: Trust and Perceived Risk as a Mediator", *Online Information Review*, 32 (6): 818 – 841.

[20] Chaudhuri, A. (1997), "Consumption Emotion and Perceived Risk: A Macro – analytic Approach", *Journal of Business Research*, 39 (1): 81 – 92.

[21] Christmann, P. and Taylor, G. (2006), "Firm Self – regulation Through International Certifiable Standards: Determinants of Symbolic versus Substantive Implementation", *Journal of International Business Studies*, 37 (6): 863 – 878.

[22] Darby, M. R. (1973), "Free Competition and the Optimal Amount of Fraud", *The Journal of Law and Economics*, 16 (1): 67 – 88.

[23] David, Gibson (2009), "Awash in Green: A Critical Perspective on Environmental Advertising", *Tulane Environmental Law Journal*, 22 (2): 423 – 440.

[24] Delmas, M. A. (2000), "Barriers and Incentives to the Adoption of

ISO14001 by Firms in the United States", *Duke Environmental Law and Policy Forum*, 11: 1 – 38.

[25] Delmas and Durbano (2011), "The Drivers of Greenwashing", *California Management Reviews*, 12 (1):45 – 66.

[26] Dybvig and Lutz (1993), "Warranties, Durability, and Maintenance", *Review of Economics Studies*, 60 (3):575 – 597.

[27] Eric, Lane (2010), "Consumer Protection in the Eco – Mark Era: A Preliminary Survey and Assessment of Anti – Greenwashing Activity and Eco – Mark Enforcement", *The John Marshall Review of Intellectual Property Law*, 9 (3):742 – 773.

[28] Ed Gillespie (2008), "Stemming the Tide of Greenwash", *Consumer Policy Review*, 18: 79 – 82.

[29] Foxman, E. R. and Cote, J. A. (1992), "Consumer Brand Confusion: A Conceptual Framework", *Psychology and Marketing*, 9 (2):123 – 140.

[30] Fukuyama, F. (1995), *Trust: The Social Virtues and the Creation of Prosperity*, New York: Free Press.

[31] Ganesan, S. (1994), "Determinants of Long – term Orientation in Buyer – seller Relationships", *Journal of Consumer Affairs*, 24 (1):170 – 189.

[32] Geoffrey, Frost (2007), "The Introduction of Mandatory Environmental Reporting Guidelines: Australian Evidence", *Abacus*, 43 (2):190 – 156.

[33] Gillespie, E. (2008), "Stemming the Tide of Greenwash", *Consumer Policy Review*, 18 (3):79 – 83.

[34] Ginger and Andrew (2006), "Price, Quality and Reputation", *Rand Journal of Economics*, 37 (4):983 – 1004.

[35] Greer, Jed and Kenny Bruno (1996), *Greenwash: The Reality Behind Corporate Environmentalism*. Penang, Malaysia: Third World Network and New York: the Apex Press.

[36] Grossmans (1981), "The Information Role of Warranties and Private Disclosure about Product Quality", *Journal of Law and Economics*, 24 (3):461 – 483.

[37] Hamann, R. and Kapelus, P. (2004), "Corporate Social Responsibil-

ity in Mining in Southern Africa: Fair Accountability or just Greenwash?" *Development*, 47 (3):85 – 92.

[38] Harridge – March, S. (2006), "Can the Building of Trust Overcome Consumer Perceived Risk Online?", *Marketing Intelligence & Planning*, 24 (7):746 – 761.

[39] Hass, Julei L. (1996), "Environmental Typologies: an Evolution, Operation and Empirical Development", *Business Strategy and the Environment*, 5: 10 – 19.

[40] Hendel and Lizzeri (2002), "The Role of Leasing Under Adverse Selection", *Journal of Political Economy*, 110 (1):113 – 143.

[41] Horiuchi, R. and Schuchard, R. (2009), *Understanding and Preventing Greenwash: A Business Guide*, London: Futerra Sustainability Communication.

[42] Horner (2002), "Reputation and Competition", *American Economic Review*, 92 (3):644 – 663.

[43] Igor, M. Alves (2009), "Green Spin Everywhere: How Greenwashing Reveals the Limits of the CSR Paradigm", *Journal of Global Change and Governance*, 2 (1):2 – 25.

[44] Jacob, Vos (2009), "Actions Speak Louder than Words: Greenwashing in Corporate America", *Notre Dame Journal of Law, Ethics and Public Policy*, 23: 673 – 697.

[45] Jeanne, Holcomb (2008), "Environmentalism and the Internet: Corporate Greenwashers and Environmental Groups", *Contemporary Justice Review*, 11 (3):203 – 211.

[46] Karman, J., Hansen, E., Juslin, H., Ahonen, V. (2001), "Green Advertising: Greenwash or a True Reflection of Marketing Strategy?", *Greener Management International*, 33: 59 – 70.

[47] Kalafatis, S. P., and Pollard, M. (1999), "Green Marketing and Ajzen's Theory of Planned Behaviour: A Cross – Market Examination", *Journal of Consumer Marketing*, 16 (4):441 – 460.

[48] Kambhu (1984), "Product Liability Rules and Moral Hazard", Discussion Paper, Department of Economics, New York University.

[49] Kapelus, M. (2004), "How Greenwashing Affect Green Purchasing", *Home Furnishings Business*, 2 (3): 25 – 29.

[50] Kent, Walker and Fang, Wan (2012), "The Harm of Symbolic Actions and Green – Washing: Corporate Actions and Communications on Environmental Performance and Their Financial Implications", *Journal of Business Ethics*, 109: 227 – 242.

[51] King, A. and Lenox, M. (2000), "Industry Self – regulation without Sanctions", *Academy of Management Journal*, 43: 698 – 716.

[52] Kirchhoff, S. (2000), "Green Business and Blue Angels", *Environmental and Resource Economics*, 15: 403 – 420.

[53] Kihlstrom and Riordan (1984), "Advertising as a Signal", *Journal of Political Economy*, 92 (3): 427 – 450.

[54] Klein and Leffler (1981), "The Role of Market Forces in Assuring Contractual Performance", *Journal of Political Economy*, 89 (4): 615 – 641.

[55] Koehn, D. (2003), "The Nature of and Conditions for Online trust", *Journal of Business Ethics*, 43 (1): 3 – 19.

[56] Kollman, K., and Prakash, A. (2001), "Green by Choices? Cross National Variations in Firms' Responses to EMS – based Environmental Regimes", *World Policies*, 53: 399 – 430.

[57] Kreps, D., P. Milgrom, J. Roberts and R. Wilson (1982), "Rational Cooperation in the Finitely Repeated Prisoners Dilemma", *Journal of Economic Theory*, 27: 245 – 252.

[58] Langer, A., Eisend and Kub, A. (2008), "The Impact of Eco – labels on Consumers: Less Information, More Confusion?", *European Advances in Consumer Research*, 8: 338 – 339.

[59] Langinier and Babcock (2005), "Producers' Choice of Certification", Working Paper, Iowa State University.

[60] Laufer, W. S. (2003), "Social Accountability and Corporate Greenwashing", *Journal of Business Ethics*, 43 (3): 253 – 261.

[61] List (2006), "The Behaviorist Meets the Market", *Journal of Political Economy*, 114 (1): 1 – 37.

[62] Lizzeri (1999), "Information Revelation and Certification Intermediar-

ies", *Rand Journal of Economics*, 30 (2): 214 – 231.

[63] Lyon, T. P., and Maxwell, J. W. (2011), "Greenwash: Corporate Environment Disclosure under Threat of Audit", *Journal of Economics and Management Strategy*, 20 (1): 3 – 41.

[64] Lyon, T. P., and Maxwell, J. W. (2004), "Astroturf: Interest Group Lobbying and Corporate Strategy", *Journal of Economics and Management Strategy*, 13 (2): 561 – 597.

[65] Magali A. Delmas and Vanessa Cuerel Burbano (2011), "The Drivers of Greenwashing", *California Management Review*, 54 (1): 64 – 87.

[66] Melody E. Schuhwerk and Roxanne Lefkoff – Haguius (1995), "Green or non – green? Does Type of Appeal matter when Advertising a Green Product?", *Jounral of Advertising*, 24 (2): 45 – 54.

[67] Meffert, Heribert C. (1993), *Ecological Management and Green Marketing*, Germany: University of Munster Press.

[68] Milgrom and Roberts (1986), "Price and Advertising Signals of Product Quality", *Journal of Political Economy*, 94 (4): 796 – 821.

[69] Milgrom P. and Holmstrom, B. (1990), "Regulating Trade Among Agents", *Journal of Institutional and Theoretical Economics*, 146: 85 – 105.

[70] Miriam A. Cherry and Judd F. Sneirson (2011), "Beyond Profit: Rethinking Corporate Social Responsibility and Greenwashing After the BP Oil Disaster", *Tulane Law Review*, 85: 983 – 1038.

[71] Mitchell, V. – W. (1999), "Consumer Perceived Risk: Conceptualizations and Models", *European Journal of Marketing*, 33 (1): 163 – 195.

[72] Mitchell, V. – W., and Papavassiliou, V. (1999), "Marketing Causes and Implications of Consumer Confusion", *Journal of Product and Band Management*, 8 (4): 319 – 339.

[73] Mitchell, V. – W. (2005), "Towards a Conceptual Model of Consumer Confusion", *Advances in Consumer Research*, 32 (1): 143 – 150.

[74] Murphy, P. E., and Enis, B. M. (1986), "Classifying Products Strategically", *Journal of Marketing*, 50: 24 – 42.

[75] Nancy Furlow (2009), "New Model of Consumer Confusion", *Advances in Consumer Research*, 16 (2): 125 – 148.

[76] Nelson (1974), "Advertising as Information", *Journal of Political Economy*, 82 (4):729 – 754.

[77] Parguel, B., and Larceneus, F. (2011), "How Sustainability Ratings might Deter 'Greenwashing': A Closer Look at Ethical Corporate Communication", *Journal of Business Ethics*, 102 (1):15 – 28.

[78] Polonsky, M. J., Grau, S. L., and Garma, R. (2010), "The New Greewash? Potential Marketing Problems with Carbon Offsets", *International Journal of Business Studies*, 18 (1):49 – 54.

[79] Ramus, C. A. and Montiel, I. (2005), "When are Corporate Environmental Policies a form of Greenwashing?", *Business and Society*, 44 (4):377 – 414.

[80] Ramus, C. A. and Steger U. (2000), "The Role of Supervisory Support Behaviors and Environment Policies", *Academy of Management Journal*, 43: 605 – 626.

[81] Remi Bazillier (2009), *The Greenwashing Machine*, Laboratoire D'économie Press.

[82] Rohmer, Bradford (2007), Greenwashing Confronted Misleading Advertising Regulation in the EU and Its Member States, http://www.foeeurope.rg/corporates/greenwash/MPOC/indexMPOC.html. 2007 – 11 – 20.

[83] Self, R. M., Self, D. R., and Bell – Haynes, J. (2010), "Marketing Tourism in the Galapagos Islands: Ecotourism or Greenwashing?", *International Business and Economics Research Journal*, 9 (6):111 – 125.

[84] Sharon Beder (2002), "Environmentalists Help Manage Corporate Reputation: Changing Perceptions not Behaviour", *Ecopolitics*, 1 (4): 60 – 72.

[85] Sharfman, M. P. and Tihanyi, L. (2004), "A Model of the Global and Institutional Antecedents of High – level Corporate Environmental Performance", *Business and Society*, 43 (1):6 – 36.

[86] Slaughter, P. (2008), "Avoid the Pitfalls of Greenwash", *Home Furnishings Business*, 3 (2):32 – 36.

[87] Tanner, C. and Cast, S. W. (2003), "Promoting sustainable Consumption: Determinants of Green Purchases by Swiss Consumer", *Psy-*

chology and Marketing, 20 (10):883 - 902.

[88] Terra Choice (2009), *The Seven Sins of Greenwashing*, Ottawa, ON: Terrachoice Environment Marketing Inc..

[89] Terra Choice (2010), *The Sins of Greenwashing*, Ottawa, On: Terrachoice Environment Marketing Inc..

[90] Thompson, G. and Kidwell, J. (1998), "Explaining the Choice of Organic Produce: Cosmetic Defects, Prices, and Consumer Preferences", *American Journal of Agricultural Economics*, 16 (5):13 - 36.

[91] Wartick, Steven L., and Philip Cochran (1985), "The Evolution of the Corporate Social Performance Model", *Academy of Management review*, 10 (4):758 - 769.

[92] Walsh, G., Henning - Thurau, T., and Mitchell, V. - W. (2007), "Consumer Confusion proneness: Scale Development, Validation, and Application", *Journal of Marketing Management*, 23 (7 - 8): 698 - 721.

[93] Walsh, G., and Mitchell, V. - W (2010), "The Effect of Consumer Confusion Proneness on Word of Mouth, Trust, and Customer Satisfaction", *European Journal of Marketing*, 40 (6):838 - 859.

[94] Williamson, O. (1993), "Caculativeness, Trust, and Economic Organization", *Journal of Law and Economics*, (2):124 - 138.

[95] Winn, Monika I. (1995), "Corporate Leadership and Policies for the Natural Environment", *Research in Corporate Social Performance and Policy*, (3): 213 - 230.

[96] Wood, Donna (1991), "Corporate Social Performance", *Academy of Management Review*, 16 (4):691 - 718.

[97] Wood, C. M. and Scheer, L. K. (1996), "Incorporating Perceived Risk into Models of Consumer Deal Assessment Purchase Intent", *Advances in Consumer Research*, 23: 399 - 406.

[98] http://www.greenpeace.org.

[99] http://www.greenlife.org.

[100] 白光林、万晨阳:《城市居民绿色消费现状及影响因素分析》,《消费经济》2012年第2期,第92~94页。

[101] 白光林、李国昊：《绿色消费认知、态度、行为及其相互影响》，《城市问题》2012第9期，第64~68页。

[102] 毕思勇、张龙军：《企业漂绿行为分析》，《财经问题研究》2010年第10期，第97~100页。

[103] 陈健：《社会资本结构分析》，《经济研究》2007年第11期，第104~111页。

[104] 陈宏波：《培育生态公民：漂绿广告监管的新视角》，人民网2012年11月12日。

[105] 陈晓春：《论低碳消费方式》，《光明日报》2009年5月5日。

[106] 程启智：《内部性与外部性及其政府管制的产权分析》，《管理世界》2002年第12期，第62~68页。

[107] 丛建辉、刘呈庆：《漂绿行为研究述评与展望》，《理论探讨》2011年第3期，第24~25页。

[108] 崔彬、伊静静：《消费者食品安全信任形成机理实证研究——基于江苏省862份调查数据》，《经济经纬》2012年第2期，第115~119页。

[109] Case Scot：《"漂绿"环保六宗罪》，《WTO经济导刊》2010年第2期，第86~87页。

[110] 戴鑫：《绿色广告传播策略与管理》，科学出版社，2010。

[111] 伏浩：《中国乳品消费研究》，中国农业大学经管学院博士论文，2003。

[112] 郭冬乐：《绿色商品市场——保障消费安全的最后环节》，《浙江树人大学学报》2007年第6期，第28~33页。

[113] 高良谋、胡国栋：《模块化生产网络中的劳资关系嬗变：层级分化与协同治理》，《中国工业经济》2012年第10期，第96~107页。

[114] 高倩、王远、贺晟晨、陆根法：《绿色消费研究进展及政策分析》，《生态经济》2008年第10期，第57~59页。

[115] 韩杨：《中国绿色食品产业演进及其阶段特征与发展战略》，《中国农村经济》2010年第2期，第33~43页。

[116] 黄中伟：《对我国企业实施绿色营销的思考》，《管理科学文摘》2004年第4期，第35~40页。

[117] 洪涛：《绿色流通科技、构成及政策建议》，《中国流通经济》2010

年第 12 期，第 25~30 页。

[118] 首届全球绿色经济峰会发表《天津宣言》（2009/06/08），http://www.022net.com/2009/6-8/555674182784535.html.

[119] 何海宁：《不诚实，永远不能提高环保水平》，《南方周末》2009年月11月11日。

[120] 纪宝成、刘元春：《市场秩序的构建模式及其治理的基本原则》，《经济学动态》2004 年第 2 期，第 3~9 页。

[121] 纪宝成等：《转型经济条件下的市场秩序研究》，中国人民大学出版，2003。

[122] 科尔曼：《生态政治——建设一个绿色社会》，上海译文出版社，2006。

[123] 孔祥俊：《反不正当竞争法原理》，知识产权出版社，2005。

[124] 柳思维、李陈华：《"绿色经济"中环保产品正外部性失灵问题及对策分析》，《消费经济》2002 年第 1 期，第 24~27 页。

[125] 刘光岭：《信息不对称对绿色产品市场的影响》，《山西财经大学学报》2007 年第 8 期，第 68~72 页。

[126] 刘呈庆：《绿色品牌发展机制实证研究》，山东大学博士论文，2010.

[127] 劳可夫、吴佳：《基于 Ajzen 计划行为理论的绿色消费行为的影响机制》，《财经科学》2013 年第 2 期，第 91~100 页。

[128] 李学军、李飞：《漂绿：对企业社会责任的亵渎》，《中外企业文化》2010 年第 2 期，第 15~17 页。

[129] 李伟阳、肖红军：《企业社会责任的逻辑》，《中国工业经济》2011年第 10 期，第 34~45 页。

[130] 刘晓薇、郭晓航：《绿色消费的制度选择》，《当代经济研究》2011年第 3 期，第 39~42 页。

[131] 李波：《发展绿色消费促进低碳经济发展策略研究》，《现代管理科学》2011 年第 10 期，第 85~86 页。

[132] 牟晶：《绿色消费中的信息不对称问题探究》，《中南财经政法大学研究生学报》2006 年第 3 期，第 25~31 页。

[133] 诺斯：《经济增长理论：一种解说》，上海三联书店，1994。

[134] 青木昌彦：《比较制度分析》，上海远东出版社，2001。

[135] 宋则:《中国经济转型时期市场交易行为的规范化调整》,《财贸经济》1999 年第 9 期,第 46~50 页。

[136] 苏晓红:《内部性解决机制的比较分析》,《经济学家》2008 年第 5 期,第 89~95 页。

[137] 王豫刚:《公司企业"漂绿"忙》,《环球》2008 年第 21 期,第 27~28 页。

[138] 王德章等:《黑龙江绿色食品产业竞争优势研究》,《农业经济问题》2011 年第 1 期,第 39~44 页。

[139] 王德章等:《中国绿色食品产业结构优化与政策创新》,《中国工业经济》2009 年第 9 期,第 67~76 页。

[140] 王晓东:《假冒伪劣的经济学分析》,《经济理论与经济管理》2004 年第 5 期,第 16~20 页。

[141] 王学评:《关于绿色消费行为的思考》,《生态经济》2002 年第 1 期,第 59~60 页。

[142] 王永齐:《柠檬市场与绿色食品贸易政策效应》,《国际贸易问题》2004 年第 4 期,第 27~31 页。

[143] 王志刚:《食品安全的认知和消费决定:关于天津市个体消费者的实证分析》,《中国农村经济》2003 年第 4 期,第 41~48 页。

[144] 吴红军:《基于信号传递理论的自愿环境披露研究》,http://mba.xmu.edu.cn/UploadFiles/2010426105046485.pdf,2010-4-26/2010-10-23。

[145] 王积龙、刘传红:《环保类虚假广告及其治理》,《新闻大学》2013 年第 1 期,第 92~98 页。

[146] 万方:《绿色消费偏好形成的理性过程及其对外部性问题的纠正——基于环境标志制度的分析》,《消费经济》2010 年第 6 期,第 90~93 页。

[147] 徐从才、李颋:《构建社会主义市场秩序的内涵与政策建议》,《南京财经大学学报》2005 第 5 期,第 1~6 页。

[148] 解铭:《漂绿及其法律规制》,《新疆大学学报》2012 第 2 期,第 58~62 页。

[149] 肖红军、张俊生、李伟阳:《企业伪社会责任行为研究》,《中国工业经济》2013 年第 6 期,第 109~122 页。

[150] 尹向东、刘敏：《以扩大绿色消费需求推进湖南"两型社会"纵深发展》，《湖南社会科学》2011年第3期，第114~117页。

[151] 杨波：《大型零售商漂绿的危害、成因与治理》，《广东商学院学报》2010年第2期，第12~16页。

[152] 杨波：《我国消费品市场中治理漂绿的对策分析：基于信任的视角》，《财贸研究》2012年第5期，第46~51页。

[153] 杨波：《郑州市居民对低碳商品的认知状况和消费意愿影响因素分析——基于居民调查数据的实证研究》，《经济经纬》2012年第1期，第106~111页。

[154] 杨波：《环境承诺为什么演变为漂绿》，《管理现代化》2012年第4期，第37~41页。

[155] 杨波：《漂绿的形态多样化及演化研究》，《管理现代化》2014年第1期，第27~29页。

[156] 杨波：《漂绿的第三部门治理》，《商业时代》2014年第14期，第18~20页。

[157] 杨波：《消费者对生态标签低信任度下绿色产品市场的运行与消费者选择》，《北京工商大学学报》2014年第4期，第56~61页。

[158] 杨通进：《生态公民：生态文明的主体基础》，《光明日报》2008年11月11日。

[159] 袁志彬：《中国绿色消费的主要领域和对策探索》，《消费经济》2012年第3期，第8~11页。

[160] 杨晓燕：《消费型排放视角绿色消费及其效应》，《重庆社会科学》2010年第6期，第89~93页。

[161] 杨智、董学兵：《价值观对绿色消费行为的研究》，《华东经济管理》2010年第10期，第110~113页。

[162] 杨育敏等：《行业协会的市场作用》，《财经研究》2009年第5期，第104~115页。

[163] 伊志宏：《消费经济学》，中国人民大学出版社，2005。

[164] 于立等：《信用、信息与规制：守信/失信的经济学分析》，《中国工业经济》2002年第6期，第68~73页。

[165] 赵晓丽、赵越、王玫：《演化经济学视角下的环境管制政策与企业竞争力》，《管理学报》2013年第4期，第31~35页。

[166] 张贯一等：《信任问题研究综述》，《经济学动态》2005 年第 1 期，第 99~102 页。

[167] 郑永年、黄彦杰：《中国的社会信任危机》，《文化纵横》2011 年第 2 期，第 16~23 页。

[168] 张维迎：《法律制度的信誉基础》，《经济研究》2002 第 1 期，第 3~13 页。

[169] 张茂桂、郑永年：《两岸社会运动分析》，台湾新自然主义股份有限公司，2003。

[170] 郑友德、李薇薇：《"漂绿营销"的法律规制》，《法学》2012 年第 1 期，第 115~125 页。

[171] 张新国、涂红：《我国绿色产品市场的无序化及原因分析》，《中南财经大学学报》2001 年第 3 期，第 17~19 页。

[172] 张新国、杨梅：《论绿色产品市场的监控和管理》，《财贸经济》2001 年第 9 期，第 78~81 页。

[173] 郑春勇：《协同演化理论的新进展》，《经济界》2011 年第 7 期，第 16~18 页。

[174] 钟甫宁：《消费者对转基因食品的认知情况及潜在态度初探》，《中国农村观察》2004 年第 1 期，第 22~28 页。

[175] 周培勤：《警惕：欧美漂绿营销来袭》，《环境保护》2009 年第 19 期，第 15~17 页。

[176] 周应恒：《食品安全：消费者态度、购买意愿及信息的影响》，《中国农村经济》2004 年第 11 期，第 53~59 页。

[177] 张晓勇：《中国消费者对食品安全的关切》，《中国农村观察》2004 年第 1 期，第 14~23 页。

[178] 张莉：《绿色消费的模型建立及相关探讨》，《社会主义研究》2001 年第 5 期，第 67~69 页。

[179] 周波：《柠檬市场治理机制研究述评》，《经济学动态》2010 年第 3 期，第 131~135 页。

索　引

第三部门治理　8
多中心治理　7
绿色保证机制　11
绿色标识　5
绿色感知风险　12
绿色声誉机制　11
绿色消费困惑　12
绿色消费倾向　11
绿色信号显示机制　91
绿色信任　8
绿色溢价　2
内部性　46
逆向选择　3

柠檬效应　46
漂绿　9
企业社会责任　3
强制性信息披露　102
囚徒困境　59
生产者组织　118
生态公民　7
搜寻成本　12
消费品市场　1
消费者组织　115
协同演化　34
信号发送　60
信任　5

图书在版编目(CIP)数据

消费品市场漂绿问题及治理/杨波著 . —北京：社会科学文献出版社，2014.10

国家社科基金后期资助项目

ISBN 978 - 7 - 5097 - 6467 - 1

Ⅰ.①消⋯　Ⅱ.①杨⋯　Ⅲ.①消费品市场 -研究 -中国　Ⅳ.①F723

中国版本图书馆 CIP 数据核字（2014）第 207393 号

·国家社科基金后期资助项目·

消费品市场漂绿问题及治理

著　　者 /	杨　波
出 版 人 /	谢寿光
项目统筹 /	恽　薇
责任编辑 /	陈凤玲
出　　版 /	社会科学文献出版社·经济与管理出版中心(010)59367226 地址：北京市北三环中路甲29号院华龙大厦　邮编：100029 网址：www.ssap.com.cn
发　　行 /	市场营销中心（010）59367081　59367090 读者服务中心（010）59367028
印　　装 /	北京季蜂印刷有限公司
规　　格 /	开　本：787mm × 1092mm　1/16 印　张：13.5　字　数：247 千字
版　　次 /	2014 年 10 月第 1 版　2014 年 10 月第 1 次印刷
书　　号 /	ISBN 978 - 7 - 5097 - 6467 - 1
定　　价 /	49.00 元

本书如有破损、缺页、装订错误，请与本社读者服务中心联系更换

▲ 版权所有 翻印必究